KB125417

경제학
콘서트
❷

일상의 이면을 들추는 쓸모 있는 경제학

경제학

The Logic of Life

Tim Harford ②

콘서트

팀 하포드 지음
이진원 옮김

웅진 지식하우스

경제 공부를 하다 보면 구름 위를 걷는 듯한 내용들이 많다고 느끼게 되죠. 15년 전 저 역시 그런 초심자 중 한 명이었습니다. 그런 저에게 발이 땅에 닿는 느낌을 준 경제학 서적이 바로 『경제학 콘서트』였습니다. 지루해 보이는 이론적인 경제 담론들을 쉬운 사례로 하나하나 풀어낸 경제학 공부의 바이블 같은 책이죠. 경제 공부 초심자들이 꼭 읽어야 할 필독서로 추천합니다.

_오건영, 신한은행 WM그룹 부부장, 『위기의 역사』 저자

이 책은 독신의 증가와 이혼율의 변화, 청소년의 성도덕, 게임 중독증까지 현대인의 삶을 규정하는 각종 양식들이 경제적 제도 변화에 따른 '합리적 선택'의 집단적 결과이며 경제학적 합리성에 대한 훈련을 거친 사람이 왜 결혼과 직장 생활, 자기 절제에서 그렇지 못한 사람보다 우월한 선택을 하는지를 극명하게 보여준다. 소재가 흥미로울 뿐 아니라 주제를 논증하는 탄탄한 서술의 힘과 미시경제학적 이론이 돋보이는 책이기도 하다.

_홍은주, NH투자증권 사외이사

산다는 것은 참 잔인하다. 다른 새보다 빨리 나는 새, 다른 물고기보다 빨리 헤엄치는 물고기, 다른 사람보다 영악한 사람만이 살아남는다. 경제학은 외면하고 싶은 이런 삶의 잔인한 측면을 여과 없이 적나라하게 보여준다. 하지만 이런 잔인함에서 아름다운 새의 날갯짓과 물고기의 매혹적인 몸놀림이 탄생하듯이, 경제학을 통하여 보는 우리의 인생도 지극히 논리적이면서 아름다운 것이다.

_한순구, 연세대 경제학과 교수

팀 하포드는 한편으로는 웃기고 한편으로는 심각한 일상생활의 여러 단면들을 설명하기 위해 현대 경제학 이론을 어떻게 제대로 활용해야 하는지에 대한 흥미로운 논의를 제공한다. 그는 무엇보다도 이러한 논리가 강력 범죄 방지, 남자들이 콘돔 없이 섹스를 즐기기 위해 창녀들에게 더 많은 돈을 주어야 하는 이유, 피임약 출시와 기혼 여성의 취업률 증가와 이혼율 급증의 상관관계를 어떻게 설명하는지를 보여준다. 경제학이 즐겁기를 바라는 사람들에게 특히 이 책을 강력히 추천하고 싶다.

_게리 베커, 노벨 경제학상 수상자 · 전 시카고대 경제학과 교수

팀 하포드의 전작 『경제학 콘서트 1』과 마찬가지로 여러분이 이 책을 아직까지 사서 보지 않았다면 당장 그래주기를 바란다. 이 책은 합리적 선택의 기초 이론을 통해서 일상적이지만 수수께끼 같은 현상 뒤에 놓인 논리를 명확하게 보여준다. 경제학 훈련을 받은 경제학자들도 자신이 아는지조차 몰랐던 것을 깨닫는 즐거움을 누릴 수 있다. 나 역시 마찬가지였다.

_토머스 셸링, 노벨 경제학상 수상자 · 전 메릴랜드대 경제학과 교수

팀 하포드는 경제학자이지만, 하느님이 보우하사 그는 경제학자처럼 글을 쓰지 않는다. 이 책은 기발하면서 매력적이고, 예리하면서도 생동감이 넘친다. 세상이 어떻게 돌아가는지에 대해서 지금 알고 있는 것보다 진정으로 더 많은 걸 알고 싶다면 팀 하포드보다 더 뛰어난 안내자를 만날 수는 없을 것이다.

_스티븐 더브너, 『괴짜경제학』 공저자

이 위트 넘치고 지적인 책을 통해서 저자인 팀 하포드는 섹스, 라스베이거스, 이혼, 직장 생활 뒤에 숨겨진 사회적 질서 등 한마디로 여러분이 인생에서 신경 써야 할 모든 것들을 명쾌하게 조명한다. 아주 단순화시켜서 말하자면, 이 책은 여러분이 새로운 시각으로 온 세상을 바라볼 수 있게 도와줄 것이다. 나는 이 책을 사랑한다.

_타일러 코웬, 조지 메이슨대 경제학과 교수

경제학자들은 가끔 무시무시한 이론들로 사람들을 기만하지만, 팀 하포드는 우리의 일상생활에 적용시킨 경제학 아이디어들을 조심스럽게 꺼내 보여준다. 그는 경제학을 잘 모르는 독자들에게 거만하지 않게, 그렇다고 수준 낮지도 않게 경제학을 설명하는 친절하고 상냥한 가이드다. 그는 쉽게 경제학을 설명하지만, 그의 연구는 다른 경제학자들에게 더 많은 새로운 것을 발견할 기회를 가져다준다.

_《이코노미스트》

팀 하포드는 『경제학 콘서트 2』에서 세상의 다양한 문제들에 합리적 선택 이론을 흥미롭고 재치 있게 적용해 풀어낸다. 그는 쉽고도 재미있게 경제 이론을 설명하는 놀라운 능력을 지닌 사람이다.

_《뉴욕 타임스》

『티핑포인트』나 『괴짜경제학』을 흥미롭게 읽은 사람이라면, 분명 이 책에 매혹될 것이다. 이 책은 사람들이 우리 생각보다 훨씬 합리적이라고 이야기한다. 이 책을 읽고 나면 당신은 그동안 이해하지 못했던 다양한 사람들(당신의 아이, 동료, 시어머니)의 행동이 실은 얼마나 합리적이었는지 발견하게 될 것이다.

_《파이낸셜 타임스》

팀 하포드는 수많은 신진 경제학자들을 연구해 알기 쉽게 그려냈다. 그는 복잡한 질문을 하는 것을 두려워하지 않으며 또한 종종 그 질문에 대한 눈부신 해답을 이끌어낸다.

_《선데이 텔레그래프》

이 책의 가장 큰 장점은 팀 하포드가 풀어놓는 '모든 것에 대한 새로운 경제학'으로 게리 베커나 토머스 셸링 같은 괴물 경제학자들을 견딜 수 있게 해준다는 것이다. 『경제학 콘서트 2』는 즐겁게 읽을 수 있으며, 팀 하포드는 복잡한 문제들을 명쾌함과 재치로 설명한다.

_《선데이 타임스》

이 책을 읽는 독자들은 경제학을 더 쉽고 재미있게 만들어주는 다양한 이야기들에 매료될 것이다. 이 책은 스티븐 레빗이나 제임스 서로위키의 책처럼 매력적이고 유익하다. 연구 주제에 대한 팀 하포드의 깜짝 놀랄 만한 열정과 노벨 경제학상 수상자들의 위대한 업적이 녹아 있는 책이다.

_《블룸버그》

'아하'라는 탄성이 곳곳에서 터지는 황홀한 책이다.

_《북리스트》

차례

일러두기

개정판의 본문은 2008년 초판 출간 당시 기준의 사회 상황과 상품 가격, 환율, 통계를 유지
하고 있다. 현재와 다소 차이가 있으나 저자가 설명하려는 경제 개념을 이해하는 데 무리가
없으므로 내용을 그대로 두었음을 밝힌다.

모든 선택에는 마땅한 이유가 있다

오늘 아침 두 살배기 딸아이를 유모차에 태우고 동네 문화센터로 향했다. 유아 미술 수업이 있어서였다. 내가 살고 있는 해크니 마을은 너저분하다. 도시계획가라면 길게 늘어선 주택들 끝에 고물이 잔뜩 쌓여 있는 야적장을 보고 눈살을 찌푸릴지 모른다. 사회학자라면 사설 마권 판매소와 안마 시술소, 아니면 술집 밖 도랑에 말라붙어 있는 토사물에 관심을 가질지도 모르겠다. 소설가라면 6월의 밝은 햇살 아래 말라버린 꽃다발을 보고 멈춰 서서 생각에 잠길 수도 있다. 이 꽃다발은 최근 총격으로 숨진 젊은이를 추모하기 위해 나이트클럽 벽에 기대어 놓았던 것이다.

여러분은 내가 주식시장이나 인플레이션 지표 같은 것에 정신이 팔려 있을 거라고 생각할지 모르지만, 나 역시 도박꾼, 창녀와 술꾼 그리고 폭력배를 주시한다. 다만 남들과는 다른 시각으로 바라볼 뿐이다. 경제학자들은 항상 이면에 숨겨진 논리를 궁금해하며, 우리 눈에 보이지 않는 무수한 합리적인 결정들이 어떻게 그런 논리를 형성하는지 밝혀내려 한다. 합리적인 결정들은 어떤 경우 삶을 개선시키기도 하고, 어떤 경우 악화시키기도 한다. 우리가 살고 있는 세상에 대해, 그리고 그러한 세상을 바꾸는 방법에 대해 알고 싶다면 우선 세상을 이루는 합리적인 선택들을 이해하는 게 좋은 출발점이 될 것이다.

문화 센터에 가려면 붐비는 도로를 건너야 한다. 길을 건너는 것은 생각보다 어렵다. T자형 입체 교차로에 세워진 신호등은 보행자가 길을 건널 시간을 충분히 주지 않기 때문이다. 나는 길 한가운데에 있는 안전지대까지 허겁지겁 달려간 후 유모차를 돌려 정차 중인 버스 앞을 걸으면서 재빨리 반대편으로 건너갈 틈을 찾는다.

이처럼 위험하게 길을 건너게 된 건 정치적 실패의 결과물이다. 우리 동네에서 2킬로미터 정도 떨어져 있는 부자 동네에는 새로 도색한 횡단보도가 세 개나 있어 쉽게 길을 건널 수 있다. 우리 동네나 그쪽 동네나 같은 행정구역에 속해 있는데 왜 이런 차이가 생기는 걸까? 합리적인 인센티브를 찾아보지 않았다면 나는 그저 부유한 백인 동네 사람들이 연줄을 이용해서 쉽게 정부 고위 인사들과 친해진다는 사실에 불만을 터뜨리는 걸로 그쳤을 것이다. 혹은 가난한 동네 주민들을 무능하고 멍청하다고 흉보았을 수도 있다.

이러한 두 관점은 오늘날 유행하는 대부분의 통념들과 마찬가지로 깊이가 없다. 경제학자의 사고방식에서는 훨씬 깊이 있는 답변을 찾을 수 있다. 부자 동네 주민들은 그곳에서 오랫동안 살 생각이기 때문에 주변 환경이 개선될 경우 많은 혜택을 보게 된다. 즉 그들은 정치적으로 활발하게 활동해야 할 인센티브가 강하기 때문에 정치적 영향력도 큰 것이다. 반면 우리 동네 사람들은 이동이 잦다. 따라서 횡단보도를 개선해달라고 싸우는 것은, 그곳에 살지 않는 집주인이나 그곳에 잠시 머물다 가는 세입자 누구에게도 제대로 된 혜택을 주지 못하는 시간 낭비에 불과할 뿐이다.

이것은 유모차를 밀고 동네 어귀에 있는 상점들을 지나면서 생각해본 답변의 힌트에 불과하다. 물론 개혁 의지가 있는 사람에게는 단순히 억울함을 호소하는 것보다는 이런 생각들이 도움이 된다. 그러나 나는 여러분이 추측보다는 증거를 더 많이 찾길 바란다.

신진 경제학자들은 세상의 이면에 숨은 진실을 밝혀 그런 증거를 모으고 있다. 나나 내 이웃들이 위험한 횡단보도, 나이트클럽의 총격전, 집 근처의 시끄러운 술집에 정말 신경을 쓰는 걸까? 이웃들에게 묻지는 마라. 과장해서 답할 테니까. 차라리 부동산 중개인에게 물어보라. 경제학자들은 이처럼 간단한 원칙을 통해 놀라운 결과를 얻어냈다. 예를 들어 아동 성범죄자가 이사해올 경우 집값은 하락하지만 그 하락폭은 4퍼센트에 불과하다는 사실을 알아냈던 것이다.

첩보 영화의 주인공들은 에어로졸을 뿌려 보안 레이저망을 찾아낸다. 경제학자는 집값으로 진실을 찾아낸다. 영화 주인공에게 정말 중요한 것은 에어로졸이 아닌 보안 레이저망이듯이, 경제학자가 정말 관심을 두는 건 집값이 아니라 우리의 선택과 가치다. 사실 이런 가치들은 종종 감춰지기 일쑤다. 예를 들어 여러분은 아동 성범죄자가 동네로 이사를 왔다는 사실에 화가 나다가도 정부가 그 대가로 모기지 금리를 약간이나마 낮춰준다면 화가 풀리지 않겠는가?

실제로 사람들이 이런 종류의 일대일 거래를 한다는 사실(아동 성범죄자 사례에서는 아이가 없는 부부들이 그러한 거래를 할 것이다)은 중요하다. 이 책에서 탐구하게 될 합리성의 전제이기 때문이다. 그러나 이런 일대일 거래는 논의되지 않는 경우가 많고 심지어 무의식적으로 이루어지는 경우도 있다. 그러나 그런 거래가 이루어지는 한 합리적인 선택의 '틀'은 세계를 이해하는 데 매우 유용하다.

이 책에서 나는 다음과 같은 사실들을 주장할 것이다. 첫째, 합리적인 행동은 우리가 생각하고 있는 것보다 훨씬 더 광범위하게 일어나고 있어서, 성에 관심이 많은 10대의 머릿속처럼 전혀 예상하지 못했던 장소에서 갑자기 나타날 수 있다. 둘째, 합리성에 대한 경제학자들의 신념('신념'이라는 말이 잘 어울리는 것 같다)은 실질적인 통찰을 제공한다. 사실 우리 행동의 근간을 이루는 합리적 선택을 이해하지 못한다면 우리는 이 세상을 이해할 수 없다.

마약 중독자들과 10대 살인범들도 합리적일 수 있다. 도시가 무질서하게 확산되는 스프롤 현상이나 도심 공동화 현상도 분명 합리적이다. 그렇다면 사무실에서 끊임없이 계속되는 회의와 회사 생활 중 겪게 되는 엽기적인 부당함도 합리적인 것일까? 물론이다. '합리적 선택 이론'은 인간의 삶을 적나라하게 드러내는 엑스레이 사진과 같다. 물론 합리적 선택 이론이 모든 걸 보여주는 건 아니다. 게다가 바람직한 모습만 보여주는 것도 아니다. 그럼에도 중요하지만 과거에는 볼 수 없었던 뭔가를 보여준다.

목적지에 도착하자 딸아이는 유모차에서 낑낑대며 내리더니 밝은 파란색 포스터를 향해 뛰어갔다. 나는 아이를 데려온 31명의 부모 가운데 아빠는 왜 두 명밖에 없는지 합리적인 이유를 생각하면서 구석에 앉아 있었다(3장에서 그 이유를 살펴볼 것이다). 딸아이가 과자를 사달라고 보채는 바람에 내 사색은 멈췄다. 우리는 과자를 사서 나눠먹었다. 그다음 나는 딸아이가 미끄럼틀에 올라갈 수 있도록 손을 잡아줬고, 트램펄린에도 올려주었다. 이윽고 우리는 우주선과 우주인의 사진들을 종이 접시에 붙인 다음 파란색 반짝이를 덧씌웠다. 잠시 후 아이는 내게 얼굴을 돌리더니, 그 작은 코를 내 코에 비벼댔다. 더 바랄 것 없는 완벽한 30분이었다.

사랑에도 비합리적인 것은 아무것도 없다. 사실 열정과 원칙이 없다면 무슨 일에든 합리적인 선택을 해야겠다는 생각이 어디서 나오겠는가? 따라서 경제학자들이 말하는 세계는 사랑이나 증오 등의 감정이 결핍된 곳이 아니다. 오히려 사람들이 합리적 선택을 할 것으로 기대할 수 있고, 그런 합리적 선택으로 생활 속의 미스터리들을 설명할 수 있는 세상이다. 내가 보여주고 싶은 세상은 바로 그런 곳이다.

CHAPTER 1

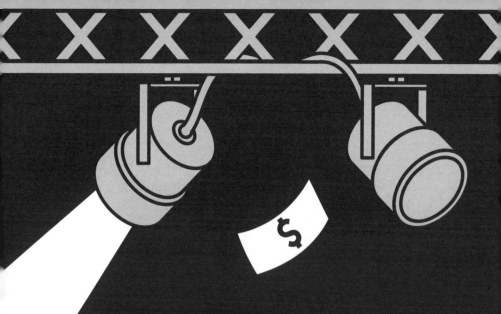

현명한 사람들이 선택한 똑똑한 섹스

합리적 선택 이론

10대들의 구강성교가 늘고 있다는 뉴스를 접했을 때 대부분의 사람들은 말세라며 탄식을 내뱉을 것이다. 코카콜라 값이 올라 펩시를 마시는 사람이 늘어났다는 이야기를 들었을 때는 과연 어떤 반응을 보일까? 이 두 가지 현상을 바라보는 데는 단 한 가지 공통점이 존재한다. 바로 '합리적인 사람은 인센티브에 반응한다'는 것. 이것이 세상을 이해하는 경제학 제1법칙이다.

10대들은 변태인가 천재인가

"부모님들, 긴장하세요!" 오프라 윈프리는 이렇게 말한 뒤 10대들의 구강성교에 대한 충격적인 영상을 보여주었다. 작가이자 사회비평가인 케이틀린 플래너건Caitlin Flanagan은 잡지 《애틀랜틱 먼슬리》에 이런 글을 썼다. "내 또래 엄마들은 미국 전역에 걸쳐서, 심지어 명문학교, 명문가라는 곳에서조차 중학생 소녀들이 수많은 남자아이들과 구강성교를 하고 있다는 사실을 잘 알고 있다." 플래너건은 농담조로 말했지만 정말로 웃는 건 아니었다. 실제로 미국인들 사이에 퍼진 '펠라티오 (남성의 성기를 애무하는 구강성교-옮긴이) 열풍'은 PBS의 다큐멘터리에서 《뉴욕 타임스》의 사설에 이르기까지 어디에서나 다뤄졌다. 어떤 경우에는 아찔하면서도 관음적인 공포심을 곁들여서, 또 어떤 경우에는 단순한 신화에 불과하다는 확신을 갖고서 다뤄졌다.

구강성교 열풍에 대해 다소 과장된 면은 있지만 그렇다고 신화는 아니다. 존스 홉킨스 의학센터의 연구원들이 최근 실시한 연구 결과에 따르면 1994년부터 2004년까지 12~24세의 젊은이들 중 구강성교를 경험한 수가 두 배 이상 늘었다고 한다. 남자의 경우 구강성교 경험이 있다고 응답한 비율은 16퍼센트에서 32퍼센트로 증가했고, 여자는 14퍼센트에서 38퍼센트로 높아졌다. 이런 단편적인 증거는 실제 증가율이 조사 결과보다 훨씬 더 높을 수 있음을 시사한다. 존스 홉킨스 대학교의 성병 전문가인 조너선 제닐먼Jonathan Zenilman 교수는 1990년 자신의 병원을 찾은 여성 중 50퍼센트, 그리고 남성 중 25퍼센트가 구강성교를 즐긴다고 설명했다. 그는 최근에는 구강성교가 더 보편화되었을 것이라고 믿는다. 그는 "현재 구강성교를 하는 사람의 비율은 75퍼센트에서 80퍼센트에 이를 것이다"라고 말했다. 사람들은 구강성교에 공포심을 느끼는 것 같지만, 현재 구강성교를 즐기는 10대 소년과 10대 소녀의 비율은 1990년대에 비해 훨씬 더 비슷해졌다. '전염'이라고 하면 지나친 감이 있을지 모르지만, 어쨌든 구강성교가 일반화된 건 사실이다.

그럼에도 사람들은 "왜?"란 질문을 거의 던지지 않았다. 아이들이 더 타락한 걸까? 아니면 더 똑똑해진 걸까? 합리적인 구강성교란 없는 걸까?

여기서는 성을 탐닉하는 10대들에 대해 좀 더 알아본 후 '합리적'이라는 게 정확히 무엇을 뜻하는지를 구체적으로 설명하겠다. 기본적인 생각은 복잡하지 않다. 합리적인 사람들은 일대일 거래와 인센티브에 반응한다는 것이다. 어떤 것의 비용이나 가치가 변했을 때 사람들은 행동을 바꾼다. 합리적인 사람들은 불확실한 세상 속에서 자신의 행동이 초래할 결과를 예측하면서 현재뿐 아니라 미래까지도 고민한다(물론 항상 의식적으로 그러는 것은 아니지만).

　이제 합리성에 대한 기본적인 정의로 무장했다면, 다음과 같은 질문을 던질 차례다. "구강성교의 비용과 혜택 그리고 결과는 무엇일까?" 아마도 혜택은 설명하기조차 민망할 정도로 너무나 분명할지 모른다. 특히 구강성교를 하는 사람들에게는 말이다. 반면 구강성교의 대안, 즉 일반성교의 비용은 과거보다 더 비싸졌다. 에이즈의 확산 때문이다. 에이즈 바이러스인 HIV는 구강성교보다 일반성교를 통해 확산될 가능성이 훨씬 높다. 많은 10대들은 그 사실을 알고 있다. 최근 실시한 성교육에 대한 연구 결과 미국 아이들은 피임보다는 에이즈에 대해서 더 많이 배우는 것으로 드러났다. 또한 10대들은 임질 같은 다른 성병에 대해서도 잘 알고 있을 것이다. 여자가 일반성교를 통해 임질에 감염될 경우에는 불임이 될 수 있지만 구강성교를 통해 감염될 경우에는 가벼운 인두염 등으로 그칠 확률이 높다. 다시 말해 구강성교로 인해 치러야 할 비용이 일 반성교로 치러야 할 비용보다 훨씬 적다.

10대 소녀들이 성관계를 맺기 전에 정말로 그런 비용과 혜 택을 따져본다면 그것은 구강성교의 인기가 높아지는 것을 뒷받침할 명확한 근거가 될 것이다. 과거에 비해 일반성교의 위험은 높아졌지만, 10대들은 섹스를 포기하지 않았기 때문 에 경제학의 기본 원리가 적용된 것이다. 코카콜라 값이 올라 가면 합리적인 사람들은 펩시를 더 많이 마신다. 대도시의 아 파트 값이 상승하면 합리적인 사람들은 교외로 이사한다. 그 리고 일반성교의 대가가 커질 경우 합리적인 10대들은 구강 성교를 더 많이 하게 된다!

10대들이 덜 위험한 성행위로 옮겨가고 있다는 증거는 여 기저기서 찾아볼 수 있다. 미국질병관리통제센터US Centers for Disease Control and Prevention에 따르면 1990년대 초 이후 10대 처녀 들의 숫자는 15퍼센트 이상 늘어났다. 물론 섹스를 포기하지 않은 10대들은 여전히 수백만 명에 이르지만 그들은 성병의 위협에서 스스로를 지킬 수 있는 피임 도구의 사용을 늘렸다. 1990년대 초 이후 피임약 복용 건수는 20퍼센트 정도 줄었지 만 콘돔 사용 건수는 33퍼센트 이상 증가했다.

어쩌면 오프라 윈프리는 그렇게 걱정할 필요가 없을지 모 른다. 구강성교는 10대들이 난삽한 섹스에 탐닉하고 있다는 증거가 아니라 좀 더 책임감 있고, 열정적이고, 합리적으로 위험해진 섹스에 대처하고 있다는 의미이기 때문이다.

이러한 사실은 당신의 취향에 따라 매우 깜찍해 보이거나 아니면 매우 끔찍해 보일 것이다. 어쨌든 이것도 개연성 있는 설명이다. 다만 진짜 경제학자라면 일반성교의 위험을 잘 알고 있는 합리적인 10대들이 구강성교를 선호하게 되었다는 맹목적인 주장을 하기 전에 그러한 주장을 뒷받침할 수 있는 더 엄격한 가정과 신중한 데이터를 원할 것이다.

법학 교수인 조너선 클릭Jonathan Klick과 함께 10대들의 성적 욕구의 합리성을 규명한 토머스 스트라트만Thomas Stratmann이 바로 그런 사람이다. 위험한 섹스로 인한 비용이 증가할 경우 합리적인 10대들이 실제로 덜 위험한 섹스를 하는지 확인할 수 있는 방법은 무엇일까? 이 의문을 해결하기 위해서는 정확히 어디에서 비용이 증가했는지 측정할 방법, 다시 말해 에이즈에 대한 교육이 늘었다는 일반적인 증거보다 좀 더 계량화가 가능한 뭔가가 필요하다.

위험한 섹스에 대처하는 방법

미국 헌법에 따르면 주정부가 10대의 낙태와 관련된 법규를 결정할 수 있다. 따라서 10대들이 부모로부터 동의를 얻거나 부모에게 알리지 않고도 낙태를 할 수 있게 허용하는 주가 있는가 하면 그렇지 않은 주도 있다. 이러한 법규는 정치적으로 논란의 소지가 크지만 연구자들에게는 훌륭한 연구 기회를 제공한다. 낙태 고지법은 10대들(성인들은 대상이 아니다)의 낙태를 어렵게 함으로써 10대들의 위험한 섹스를 막아줄지도 모른다. 10대들이 이성적이라면 말이다.

부모에게 말하지 않고 낙태할 수 있었던 10대들은 낙태 고지법으로 어려움에 처하게 되었다. 10대들이 앞을 내다보고 이 모든 문제를 피해 가려면 우발적인 임신을 막기 위한 별도의 조치를 취해야 한다. 예를 들어 구강성교 외에도 콘돔을 사용한다거나 섹스를 아예 하지 않는 등의 조치들이 있을 수 있다.

섹스는 계산하고 하는 행동이 아니기 때문에 추후 벌어질 일을 예측하고 섹스를 한다는 말은 설득력이 없을 수도 있다. 그러나 클릭과 스트라트만은 낙태 고지법이 10대들의 위험한 섹스를 억제해준다는 설득력 있는 증거를 찾아냈다. 통계를 살펴본 결과 낙태 고지법이 있는 주의 경우 10대의 임질 발병률이 성인에 비해 낮았던 것이다. 이를 토대로 유추해보면 낙태 고지법으로 인해 임신의 위험이 높아질 경우 10대들은 합리적으로 그런 위험에 대처하는 것 같다.

이와 같이, 섹스에는 대가가 따른다. 에이즈의 위험성과 그에 대한 강도 높은 교육 덕분에 10대들은 비용이 덜 드는 다른 대안, 즉 구강성교에 관심을 갖게 되었을지 모른다. 또한 부주의로 임신을 하게 될 경우 이를 부모에게 알려야 한다는 생각 역시 소녀들이 구강성교에 관심을 두게 하는 데 공헌했다.

앤드루 프랜시스Andrew Francis라는 젊은 경제학자는 여기서 한 걸음 더 나아가, 구강성교가 일반성교의 대안이라면 이성애자와의 섹스는 동성애자와의 섹스에 어느 정도 대안이 될 수 있지 않을까 생각했다. 에이즈 환자가 늘어나면서 남성과의 섹스는 과거보다 위험해졌다. 즉 남성의 경우 동성애가, 여성의 경우 이성애가 더 위험해졌다는 것이다. 성적 기호로 인해 치러야 할 비용이 증가할 경우 합리적인 사람이라면 당연히 이에 대한 대처법을 내놓지 않을까?

1990년대 초 앤드루 프랜시스는 성인 남녀 약 3500명을 대상으로 섹스 기호와 섹스 경력을 조사한 결과 그럴 가능성이 있음을 발견했다(이 가능성은 아직 추정으로 남아 있다). 당시 프랜시스는 조사 대상자들에게 주변에 에이즈 환자가 있느냐는 질문을 던졌다. 그다음에는 친척들 중 에이즈 환자가 있느냐는 질문도 던졌다(친구는 선택할 수 있어도 친척은 선택할 수 없기 때문이다). 조사 결과, 남성의 경우 동성애자가 이성애자보다 에이즈 환자를 더 많이 알고 있었다. 그러나 이 사실은 그리 놀랄 만한 것은 아니었다.

　프랜시스는 친척 중 에이즈 환자가 있을 경우 남녀 모두 남성과 섹스를 하거나 남성에게 끌리는 경향이 낮다는 사실을 알아냈다. 처음에는 이런 사실이 썩 납득이 가지 않았다. 에이즈에 걸린 불운한 친척은 남성 동성애자일 확률이 아주 높았고, 유전학 이론에 따르면 친척 중에 동성애자가 있을 경우 조사 대상자도 동성애자가 될 가능성이 높은데 말이다. 그러다가 그는 명확히 이해했다. "오 이런, 그들은 에이즈를 두려워

했던 거예요!"《뉴욕 타임스 매거진》에 실린 스티븐 레빗과 스티븐 더브너와의 대담에서 프랜시스는 이렇게 말했다.

이러한 통찰은 모든 것을 설명해준다. 친척 중 에이즈 환자가 있는 사람들은 에이즈가 얼마나 무서운 병인지 누구보다 잘 알고 있을 것이다. 특히 1990년대 초에는 치료법이 딱히 없어 에이즈 환자들이 감염 후 2년을 넘기지 못하고 사망하는 경우가 많았다. 그리하여 친척 중에 에이즈 환자가 있는 남성들은 동성애를 매력적이라고 말하는 경향이 낮았다. 마찬가지로 친척 중 에이즈 환자가 있는 여성들 역시 남성과의 섹스를 달갑지 않게 여겨 차라리 자신은 동성애자나 양성애자라고 대답할 가능성이 높았다. 에이즈의 위험성을 확실히 알고 있는 남성과 여성은 그것에 걸릴 확실한 위험을 기피하고 있었던 것이다.

프랜시스는 이런 설명을 뒷받침해줄 흥미로운 자료들을 몇 가지 찾아냈다. 남성과의 섹스를 기피하지 않았던 사람들도 친척이 에이즈에 걸린 후에는 달라졌다. 즉 어느 시점까지 남성과 섹스할 가능성이 높았던 사람들도 그 위험성을 알게 된 후에는 남성과의 섹스를 중단했다. 아울러 친척 중 에이즈 환자가 있는 사람들은 구강성교를 선호한 덕분에 매독에도 적게 걸렸다. 에이즈 환자를 가까이에서 본 개인적 경험이 그들을 더 안전한 섹스로 유도했던 것이다.

그리고 무엇보다 특이한 사실은 친척 중 에이즈 환자가 있는 남성들은 그 누구도 자신을 동성애자라 생각하지도, 다른 남성과의 섹스에 흥미를 느낀다고도 대답하지 않은 반면, 자칭 이성애자라는 남성들보다 여성들과 더 많은 항문성교를 하는 경향을 보였다. 아마도 동성애를 선호했던 남성들은 이것이 더 합리적이고 안전한 대안이라고 느꼈던 것 같다.

여러분은 지금 구강성교와 미성년자 낙태, 에이즈와 동성애의 경제학에 대해 읽고 있다. 문득 이런 의문이 떠오를지도 모르겠다. "왜 이런 문제를 꼬치꼬치 캐묻는 거야?"

합리적으로 생각한다는 것

신진 경제학자들은 섹스, 범죄, 도박, 전쟁, 결혼, 빈민가, 인종주의, 정치를 포함하여 지난 100만 년간 인간의 역사와 관련을 맺었던 모든 주제를 파헤치며 새로운 뭔가를 찾아내고 있다. 그들은 이 복잡 미묘한 주제들을 합리적인 행동이라는 틀로 분석한다. 그렇다고 우리가 심리학, 역사학, 사회학 등 세상을 이해하는 데 필요한 다른 방법들을 무시하는 것은 아니다. 그러나 이 모든 방법을 한꺼번에 적용할 수는 없으므로 가능하면 분석의 틀을 단순화해야 한다. 경제학자들은 세상을 단순화함으로써 더 많은 통찰을 얻을 것이라 기대한다. 그렇다면 왜 우리는 그들을 믿어야 하고, 왜 그들의 말에 귀를 기울여야 하는가?

첫째, 그렇게 하는 것이 도움이 되기 때문이다. '사람들은 합리적'이라는 전제는 우리로 하여금 세상을 움직이는 명확하고 검증 가능한 이론들에 접할 수 있게 한다. 그리하여 도시의 슬럼화 같은 골치 아프고 복잡한 문제에 단계적으로 접근하여 해결책을 찾을 수 있게 한다. 합리적 선택 이론에 따르면 어떤 지역의 범죄율이 높을 경우 범죄에 대해 값비싼 대가를 치르게 해야 한다. 즉 범죄를 저질렀을 경우 치러야 할 비용은 올리되, 범죄로 인해 얻게 되는 혜택은 줄여야 한다. 또한 대도시 빈민가에 사는 10대들이 자격증 하나 없다면 합리적 선택 이론은 그들이 자격증을 따게 될 때 얻는 혜택을 제대로 알려 자격증을 따기 위해 드는 비용보다 자격증이 있을 때 얻는 혜택이 더 크다는 것을 인정할 수 있게 해야 한다고 말한다. 이처럼 단순화된 세계관은 지나치게 단순해졌을 때조차 유용하다. 우리의 생각 속에 담긴 예상치 못했던 의미를 포착하고, 우리의 세계관에 담긴 모순을 파헤치고, 증거에 입각해서 우리의 생각을 검증하는 일을 더 수월하게 해주기 때문이다.

물론 항상 틀리는 이론은 쓸모가 없을 것이다. 그러나 사람들의 합리성에 대한 경제학자들의 이론은 대개 들어맞는다.

그렇다고 사람들이 항상 합리적이라는 뜻은 아니다. 앞으로 살펴보겠지만 그렇지 않은 경우도 쉽게 찾아낼 수 있다. 그러나 사람들은 대개 합리적이기 때문에 합리적 선택 이론이 아주 유용하게 활용될 수 있다. 이 점에 대해서는 1장 뒷부분에서 자세히 살펴볼 것이다.

합리적 선택 이론은 유용할 뿐 아니라 재미도 있다. 섹스와 범죄, 인종주의와 사무실 정치 등 모든 것과 관련된 새로운 경제학은 우리가 예상치 못한, 반직관적이고 통념을 뒤집는 통찰을 선사한다. 이렇게 인습에 반기를 드는 흥미로운 경제학자들을 우리는 이 책 여기저기에서 만나게 될 것이다.

이번 장에서는 수집용 스포츠 카드부터 멕시코의 창녀에 이르기까지 좀 더 많은 사례를 통해 합리성이란 개념을 더 자세히 설명하고자 한다. 그러나 그보다 먼저 '합리적인 행동'이라는 말이 어떤 의미로 쓰이는지, 그리고 그 말이 왜 종종 논란거리가 되는지를 좀 더 자세히 살펴보겠다.

먼저 합리성에 대해 간단히 살펴보자. 합리적인 사람들은 인센티브에 반응한다. 다시 말해 어떤 일에 많은 비용이 따른다면 사람들은 그 일을 더 적게 한다. 반대로 그 일을 하는 게 쉽거나 저렴하거나 혜택이 크다면 사람들은 그 일을 더 많이 하게 된다. 이처럼 사람들은 자신의 선택을 저울질할 때 선택에 수반되는 모든 제약을 고려한다. 다시 말해 하나의 선택에 따르는 비용과 혜택뿐만 아니라 전체 예산도 염두에 둔다. 그리고 현재의 선택이 가져올 미래의 결과도 고려할 것이다. 나의 정의대로라면 그럴 가능성이 아주 크다(경제학자들은 가끔 이보다 광범위한 의미로 '합리성'이란 단어를 사용하는데, 굳이 여기서 설명할 필요는 없을 것 같다).

합리성의 정의는 너무 분명하고, 너무 사실적이라 논란의 여지가 없을 것 같다. 예를 들어 도요타 자동차의 가격이 올라가면 사람들은 대신 혼다 자동차를 산다(사람들은 인센티브에 반응한다). 반면 소득이 늘어나면 사람들은 페라리로 관심을 돌린다(사람들은 자신의 예산을 고려한다). 사람들은 페라리를 사기 위해서 대출을 받을 경우 나중에 그 대출금을 갚아야 한다는 사실을 알고 있다(사람들은 미래의 결과에 대해 생각한다). 이것은 너무나 뻔한 사실들이다. 그러나 그렇게 뻔하다면 무엇 때문에 앞으로 만나게 될 몇몇 경제학자들은 곳곳에서 인센티브를 설명하려 하는 것일까?

자동차 구매 같은 단순한 금전 거래만을 분석의 대상으로 삼지 않는다는 걸 사람들이 깨닫게 될 때 논란이 일어난다. 비용은 단순히 돈과 관련된 것만은 아니다. 예를 들어 섹스의 대가로는 에이즈에 걸릴 위험과 원하지 않은 임신 등이 포함된다. 이러한 비용이 증가할 경우 사람들은 더 안전한 섹스를 찾게 된다. '예산'이란 은행 계좌에 들어 있는 현금만을 의미하는 게 아니다. 예산은 시간, 에너지, 재능, 관심 등을 포함하며, 여러분이 어떤 자동차를 살지, 어떤 배우자를 선택할지 등과도 관련된다. 흡연에 따른 미래의 비용은 미래의 대출 상환액만큼 크다. 이쯤 되면 여러분은 "사람들이 합리적"이라는 내 주장에 대해 진부하기는커녕 오히려 약간 위험하다고 생각하던 것을 멈출지도 모르겠다.

합리성 vs 이기심

경제학에 대한 비판적 글을 약간이나마 읽은 적이 있다면 '이 책이 악명 높은 호모 이코노미쿠스Homo economicus에 대한 것은 아닌가' 하는 두려움을 느낄지 모른다. 호모 이코노미쿠스는 경제학자들이 일반적으로 가정하는 인간상을 희화한 것이다. 호모 이코노미쿠스는 사랑, 우정, 자선뿐 아니라 심지어 질투, 증오, 분노 같은 인간적인 감정을 이해하지 못하고 이기적인 데다 탐욕스럽기까지 하다. 그는 자신의 생각을 명확하게 인지하고 결코 실수하지 않으며 무한한 의지력이 있다. 그리고 그는 불가능하리만큼 복잡한 재무 계산도 순식간에 해낸다. 호모 이코노미쿠스는 1달러를 벌기 위해서라면 자기 할머니도 교살할 수 있는 그런 인간이다. 다만 할머니를 교살하는 데 드는 시간의 가치가 1달러의 가치보다 낮아야 한다.

천연가스 회사 엔론 경영진의 탐욕, 영화 〈스타트렉〉에 등장하는 미스터 스포크의 냉정한 판단력, 그리고 안락의자만큼의 감성지능밖에 갖추지 못한 호모 이코노미쿠스는 사람들에게 인기가 없어서 파티에 자주 초대받지 못한다. 그는 내 책에도 초대받을 자격이 없다. 나는 호모 이코노미쿠스를 염두에 두고 "사람들은 합리적"이라는 말을 하는 게 아니다. 경제학자들은 오랫동안 이 특이한 인간에 대해서 격론을 벌였다. 1939년 피터 드러커가 쓴 『경제인의 종말The End of Economic Man』에도 이런 논란이 등장한다. 그리고 호모 이코노미쿠스와 관련된 일부 비판은 거시경제와 금융 이론에 유용하게 적용되기도 한다. 반면 일부 경제학자들은 사람들이 임금 협상을 하거나 새 냉장고를 살 때 물가 상승률과 향후 정부 지출 등 복잡한 변수들을 모두 고려한다는, 비현실적인 가정을 하기도 한다. 다행히 이 책에서는 호모 이코노미쿠스를 다룰 필요가 없을 것 같다.

그러나 호모 이코노미쿠스는 경제학자들에 대한 비난은 물론이고 합리적 선택 이론과 관계가 있기 때문에 내가 "사람들이 합리적"이라고 말할 때의 '사람'과 이 조악한 인간상 사이에 어떤 차이가 있는지를 먼저 정리해보아야 한다.

첫째, 나는 사람들이 완전히 이기적이거나 돈에만 집착한다는 말을 하는 게 아니다. 앞에서 보았듯이 사람들은 에이즈에 대한 공포나 부모에 대한 두려움 또는 앞으로 보게 될 낭만적인 사랑이나 합리적인 증오 같은 감정에 의해 동기를 부여받는다. 이 동기들은 경제적인 문제와는 상관이 없으며, 항상이기적인 것도 아니다(다만 이 동기들에 대한 우리의 반응은 합리적이다). 앞에서 만난 10대를 보아도 알 수 있듯이 우리는 감정 문제도 돈 문제 못지않게 계획하고, 계산하고, 전략을 세운다.

둘째, 나는 우리가 미스터 스포크처럼 의식적으로 계산하고 행동에 나선다고 주장하는 게 아니다. 합리적으로 행동할 때 우리는 비용과 혜택에 대해서 복잡한 계산을 한다. 그러나 그런 계산은 종종 무의식적으로 이루어진다. 누군가 공을 던졌을 때 우리의 뇌는 여러 방정식을 동원하여 그 공이 어디에 떨어질지 계산하지만 우리는 미처 그 사실을 깨닫지 못한다. 펜과 종이를 쥐여줘도 우리들 대부분은 공을 잡을 때 필요한 계산을 해낼 수가 없다. 그러나 우리의 뇌는 무의식적으로 그런 계산을 해낸다. 비용과 혜택에 대한 계산 역시 이런 식으로 이루어지는 경우가 종종 있다. 호모 이코노미쿠스라면 저축한 돈으로 새 냉장고를 살 경우 더 이상 은행 이자를 받을 수 없고, 콘돔 없이 섹스를 할 경우 온갖 위험에 노출될 수 있다는 사실을 머릿속으로 즉각 계산해낼지 모른다. 이 책에 등장할 사람들은 그렇게는 못 하겠지만, 그렇다고 비용을 전적으로 무시하지는 않는다.

셋째, 나는 인간이 전지전능하거나 완벽한 자기 통제력을 갖추었다고 말하려는 게 아니다. 호모 이코노미쿠스는 후식을 주문하고 결코 후회하지 않는다. 그는 후식을 먹음으로써 늘어날 체중과 후식을 먹지 못함으로써 잃게 될 즐거움을 미리 저울질해보았을 테니까. 인지적 제한을 극복하고 미리 계산하고 예측하는 데는 분명 한계가 존재한다. 또한 우리의 의지력에도 한계가 있다. 우리는 쉽게 결심을 깨뜨린다. 이러한 인간의 나약함은 다음 장에서 다룰 것이다. 어쨌든 우리는 너무나 쉽게 우리의 행동을 비합리적이라고 낙인찍곤 한다. 후식의 예를 좀 더 생각해보자. 후식은 분명 몸에는 안 좋지만 맛은 좋다. 만일 여러분이 고차원적인 건강관리 서비스를 받고 있다면 후식이 건강에 나쁘다 해도 그리 걱정할 필요는 없다. 실제로 비만에 의한 위험은 줄어든 반면 운동을 하기는 더 어려워졌고 우리가 그 사실을 합리적으로 인식하기 때문에 비만 인구가 늘어난 것이라는 경제학 연구 결과도 있다.

반면 흡연의 경우 건강상의 위험이 널리 알려진 데다가 의학적 발전으로도 그러한 위험을 감소시키지 못했기 때문에 흡연율은 크게 떨어졌다. 이렇게 따져보면 담배와 후식에 대한 우리의 태도는 합리적으로 보인다. 그러나 우리가 얼마나 합리적인지를 정확히 알고 싶다면 안락의자에 앉아서 생각에 골몰하는 대신 실질적인 연구에 나서야 한다.

넷째, 호모 이코노미쿠스와 달리 우리 인간은 비합리적인 변덕과 약점을 갖고 있다. 앤드루 프랜시스가 찾아냈을 법한 행동을 예로 들어보자. 성적 취향도 인센티브에 반응한다는 사실을 찾아낸 것은 놀랍다. 그러나 그 안에 내포된 합리성은 제한적인 것이다. 그 이유는 에이즈에 걸린 친척이 있다고 해서 에이즈에 걸릴 확률이 높아지는 건 아니기 때문이다. 위험한 섹스에 따른 실제 비용과 혜택이 아니라 단지 그런 것들에 대한 인식이 변하는 것뿐이다. 남성 동성애자가 에이즈로 고통받는 친척을 보고 이제부터 여성과 섹스를 하기로 결심했다면, 그는 에이즈의 위험성에 대해 과도한 반응을 보이는 것이거나 에이즈를 직접 경험하기 전부터 동성애에 대해 미온적인 반응을 보이는 것이다. 그렇다면 이러한 반응들 가운데 하나는 '실수'다. '실수'는 완벽한 합리성에 대한 사례연구와는 거리가 멀다.

이것이 합리적 선택 이론은 '지구가 평평하다'는 주장처럼 많이 활용된다는 의미인가? 그렇지 않다. 오히려 합리적 선택 이론은 '지구가 완벽하게 둥글다'는 주장과 비슷하다. 즉 지구는 완벽한 구체가 아니지만 거의 구체이기 때문에 단순화시켜서 지구는 둥글다고 말하는 것도 괜찮다는 뜻이다.

대니얼 카너먼의 선택 실험실

우리는 똑똑하지만 실수도 저지른다. 심리학자들과 '행동주의' 경제학자들이 실시한 온갖 실험에서 그러한 증거들이 드러난다. 그중 대니얼 카너먼Daniel Kahneman과 에이머스 트버스키Amos Tversky의 실험이 가장 유명하다. 실험에서는 선택의 틀이 어떻게 주어지느냐에 따라서 사람들의 선택이 달라지는 것으로 드러났다(카너먼은 심리학자지만 2002년에 노벨 경제학상을 받았다. 트버스키는 그보다 몇 년 전에 타계했다. 그렇지 않았다면 카너먼과 노벨 경제학상을 공동 수상했을 것이다). 카너먼과 트버스키는 첫 번째 집단에게 다음과 같은 상황을 제시했다.

> 미국은 600명의 사망자를 낼 것으로 예상되는 희귀한 질병에 대비하고 있다. 이 질병을 퇴치하는 방법은 두 가지다.
> • A방법을 선택하면 200명이 목숨을 건진다.
> • B방법을 선택하면 600명 모두 생존할 확률이 3분의 1이고, 한 명도 생존하지 못할 확률이 3분의 2다.
> A와 B 중 어느 것이 더 마음에 드는가?

카너먼과 트버스키는 두 번째 집단에게도 똑같은 상황을 가정하게 한 뒤 다음과 같은 대안을 제시했다.

- C방법을 선택하면 400명이 숨질 것이다.
- D방법을 선택하면 아무도 죽지 않을 확률이 3분의 1이고, 600명 모두 사망할 확률이 3분의 2다.

C와 D 중 어느 것을 선택하겠는가?

A와 B 중 하나를 선택하는 것이나 C와 D 중 하나를 선택하는 것이나 똑같다. 문장들을 자세히 비교해보면 그 사실을 어렵지 않게 확인할 수 있다. 그러나 응답자들의 선택은 문장을 어떻게 쓰느냐에 따라 달라졌다. 대부분의 사람들은 모든 사람을 구하기 위해 도박을 하기보다는(B) 확실히 3분의 1이라도 구할 수 있는 방법을(A) 선택했다. 그러나 설명을 바꾸자 선택도 바뀌었다. 대부분의 응답자가 3분의 2나 되는 사람을 죽이는(C) 대신 모두 사망할 확률이 3분의 2인 방법(D)을 선택했던 것이다.

이러한 변화는 분명 비합리적이다. 왜냐하면 A와 C, B와 D의 비용과 이익은 달라지지 않았기 때문이다. 카너먼과 트버스키 외에도 여러 연구자들이 실험을 통해 사람들이 비합리적으로 행동한다는 것을 증명했다.

이를 통해 무엇을 알 수 있을까? 우리는 이 결과를 중요하게 생각해야 한다. 이 책에서 종종 연구실 실험에 대해 언급하겠지만, 연구실 실험이란 게 어쩔 수 없이 한계가 있을 수밖에 없다. 따라서 연구실 실험이 실제 상황과 유사하다는 확신이 없는 한 실험만을 근거로 결론을 내리지는 않을 것이다. 미국의 경제학 교수인 존 리스트John List의 말대로 연구실 실험은 실제 생활과 동떨어져 있다. 리스트는 비합리성에 대한 연구실 실험 결과를 심도 깊게 살펴보고는 그 속에서 어떤 합리적인 행동도 찾아낼 수 없음을 발견했다.

그래서 그는 자신의 경험을 바탕으로 최대한 실제 생활과 유사한 실험 상황을 만들었다. 리스트가 어렸을 때 그의 가족은 부유하지 않았기 때문에 그는 돈을 벌기 위해서 잔디를 깎거나 눈을 치우곤 했다. 그는 그렇게 번 돈으로 수집용 스포츠 카드를 샀고 그 카드를 다시 되팔아서 대학 등록금을 마련했다. 리스트는 이 과정에서 거래를 제안했을 때 사람들이 어떻게 행동할지를 쉽게 알아낼 수 있는 방법을 개발했다. 훗날 리스트는 이렇게 말했다고 한다. "나는 졸업할 때까지 5년 내지 10년 동안 계속해서 스포츠 카드를 거래했다. 돌이켜보면 나는 현장 실험을 수행했던 셈이다. 나중에야 나는 스포츠 카드를 내 연구 프로그램의 일부로 활용할 수 있다는 사실을 깨달았다."

소유 효과

리스트는 디즈니사의 중간 간부들을 대상으로 MBA 수업을 진행하던 중 디즈니월드 안에 있는 미래 도시 엡콧 센터 Epcot Center에서 대규모의 핀 전시회가 열린다는 말을 전해 들었다. 그는 그곳에서 수십 개의 미키마우스와 미니마우스 핀을 팔기로 했다. 그중 일부에는 발렌타인데이나 성패트릭데이를 기념하는 말이 새겨져 있었다. 리스트는 대학원 시절 스포츠 카드를 거래했던 경험을 되살려 엡콧 센터에 평범해 보이는 매장을 하나 세웠다. 실험실을 벗어나서 '현장'에서 실험을 하기 위해서였다.

리스트는 다른 경제학자들이 실험실에서 보여줬던, 당혹스러울 정도로 비합리적인 행동을 이해하고 싶었다. 즉 사람들이 자신이 소유한 물건의 가치를 높게 평가하는 이유를 캐고 싶었던 것이다. 논리적으로 자기 물건을 처분하는 것이 옳을 때조차 사람들은 자기 물건에 집착한다. 이런 현상을 '소유 효과endowment effect'라고 부른다.

연구실 실험 결과는 왜곡될 수 있다. 사람들은 평소와 다른 분위기 속에서 특이한 물건을 받은 다음 특이한 결정을 내리도록 요구받는 경우가 많다("당신에게 예쁜 머그잔을 주겠다. 그 머그잔을 초콜릿과 바꾸고 싶은가?"와 같은 질문을 받게 된다). 리스트는 좀 더 현실적인 실험 환경을 만들어야 좀 더 합리적인 반응을 이끌어낼 수 있으리라 생각했다. 그래서 핀을 사거나 팔거나 교환하고 싶어 하는 수천 명의 사람들이 북적이는 전시회장에 매장을 차린 것이다.

그는 사람들에게 설문지를 작성해주면 수집용 핀을 주겠다고 말했다. 사람들이 설문지 작성을 거의 끝낼 무렵 그는 거래를 제안했다. 즉 설문지 작성으로 방금 얻게 된 '그들의' 핀을 그냥 가질 것인지, 아니면 다른 핀으로 바꾸고 싶은지를 물었던 것이다. 리스트는 절반 정도의 사람에게 발렌타인데이 문자가 새겨진 핀을 준 다음 그것과 거의 가치가 같은 성패트릭데이 문자가 새겨진 핀으로 교환해주겠다고 제안했다. 또한 나머지 절반의 사람들에게는 성패트릭데이 문자가 새겨진 핀을 준 다음 발렌타인데이 문자가 새겨진 핀으로 교환해주겠다고 제안했다.

사람들이 두 종류의 핀 중 자기가 원하는 핀을 받았을 확률이 50퍼센트였기 때문에 교환을 원할 가능성도 50퍼센트여야 했다. 그들이 합리적이라면 말이다. 그렇지만 소유 효과는 원활한 거래를 방해했고, 사람들이 원래 받았던 것에 계속 집착하게 했다. 리스트의 제의를 받아들여 핀을 교환한 사람은 다섯 명 중 한 명도 되지 않았다.

리스트는 핀 수집 경험이 있는 사람은 그렇지 않은 사람에 비해서 자신의 제안을 받아들일 가능성이 더 높다는 것을 알아냈다. 노련한 수집가들(한 달에 4회 이상 핀 거래를 해봤던 사람)은, 합리적인 사람이라면 으레 그럴 것이라고 예상했듯이, 리스트의 제안을 절반 정도 받아들였다. 그들은 단순히 돈을 벌기 위해 리스트의 제안을 받아들인 게 아니었다. 설문지를 살펴보면 그들 대부분은 수집의 목적으로 핀을 가지고 있겠다고 답변했다. 그렇더라도 그들은 발렌타인데이 핀과 성패트릭데이 핀 중 자신이 어느 것을 선호하는지를 냉정하고 논리적으로 따져봤다. 다시 말해 그들의 생각은 리스트가 거래를 제시했을 때 자기가 가지고 있던 핀이 무엇이었느냐에 영향을 받지 않았다.

이런 결과를 다시 한번 입증하기 위해서 리스트는 스포츠카드 전시회에 자신이 소장하고 있던 야구 기념품을 풀어놓았다. 그 결과 초보 구매자들로부터는 핀 거래 때와 똑같은 문제를, 그리고 경험 있는 수집가들로부터는 핀 거래 때와 똑같은 합리성을 찾아냈다. 소유 효과는 비합리적이지만 실재한다. 그러나 소유 효과는 실제 상황에서 경험이 있는 사람들에게까지 영향을 주지는 못한다.

이외에도 리스트는 또 다른 종류의 비합리성을 보여주었던 과거의 연구실 실험 결과도 뒤집었다. 이번에도 그는 좀 더 실제와 가까운 환경 속에서 연구실 실험을 재연했다. 문제의 연구실 실험은 사람들을 '고용주'와 '근로자'로 나누어 진행한 것이었다. 먼저 고용주들에게 얼마의 임금을 주고 근로자를 고용할 의사가 있는지를 물었고, 그다음 근로자들에게 임금의 대가로 얼마나 열심히 일할 것인지를 물었다. 그 결과 고용주들은 특정 직위에 필요 이상으로 후한 임금을 줄 의사가 있었고, 근로자들은 그에 보답하여 그 일에 요구되는 최소한의 노력 이상을 들일 의사가 있었다. 결론은 예상치 못한 높은 임금을 줄 경우 사람들은 더 열심히 일한다는 것이었다.

이것은 비합리적인 결론으로 보였다. 합리적인 고용주들은 근로자들에게 시장의 평균 임금보다 더 많은 임금을 줄 인센티브를 갖고 있지 않았고, 합리적인 근로자들은 그렇게 비합리적일 정도로 후한 고용주를 만났다 해도 더 열심히 일할 인센티브를 갖지 못했기 때문이다(이는 아주 단순한 설명이다. 근로자의 이직과 불완전한 정보로 인해 고용주는 임금을 올려주고 근로자는 더 열심히 일할 수밖에 없는, 좀 더 세련된 모델들이 존재하기 때문이다. 그러나 이 모델들은 연구실에서 검증된 것은 아니다). 리스트는 연구실 실험으로는 이런 비합리성을 증명할 수 없음을 깨달았다. 연구실에서는 실제 '임금'이 실제 '일'에 대한 대가로 제시된 것이 아니었다. 따라서 설문에 응한 근로자들은 무성의하게 설문지를 채운 것뿐이었다.

리스트와 우리 그니지Uri Gneezy는 이와 같은 작위적 실험을 현실 세계에서 실시했다. 그들은 데이터 입력자나 방문 모금자를 구인 광고로 뽑은 후 실제로 일을 시켰다. 그들은 그렇게 뽑은 사람 중 일부에게는 광고대로 임금을 주었고, 또 다른 일부에게는 광고보다 높은 임금을 주었다. 예측한 대로 더 높은 임금을 받게 된 근로자들은 더 열심히 일했다. 그러나 그 효과는 그리 오래가지 못했다. 데이터 입력자들의 경우는 90분, 방문 모금자의 경우는 점심 시간까지 오전 반나절 정도만 지속되었다. 우리 대부분은 뜻밖의 선물을 받으면 그에 대해서 다시 보답을 해주는 온정 넘치는 세상에서 살기를 바란다. 그렇지만 우리가 게임의 법칙을 배우게 된다면 우리가 살고 있는 세상이 '지극히' 합리적 세계란 걸 알 수 있다.

심리학자들이 실험을 통해서 찾아낸 사실들을 폄하할 생각은 없다. 사람들은 누구나 실수를 한다. 연구실에서만 실수가 벌어지는 건 아니다. 때때로 우리는 낯선 상황 속에서 중요한 결정을 내려야 한다. 연금을 얼마나 넣어야 할까? 새로운 성병이 돌고 있다는 소식이 신문에 대서특필되었을 때 얼마나 조심해야 할까? 이때 우리는 혼란에 빠져 제대로 된 결정을 내리지 못하게 된다.

그러나 대부분의 사람들은 대부분의 시간을 '안전지대' 속에서 보낸다. 대부분의 핀 거래는 이미 핀을 거래해본 사람들에 의해서 이루어진다. 마찬가지로 대부분의 쇼핑은 경험 있는 쇼핑객들에 의해 이루어진다. 대부분의 작업도 경험 있는 근로자들이 한다. 사람들은 실수를 하지만 뭔가 익숙한 일을 할 때는 실수의 확률이 낮아진다. 또한 우리 모두는 언제나 낯익은 일들을 하기 때문에 합리적 선택 이론을 활용하여 세상을 이해하는 게 유리할 수밖에 없다. 누구도 자신 앞에 놓여 있는 여러 선택들의 장단점을 가늠할 수 없다고 가정하는 건 좋은 결과를 가져다주지 않는다. 다음에서 살펴보겠지만 사람만이 합리적인 결정을 하는 것은 아니다.

동물적인 합리성

1970년대 초 레이먼드 바탈리오Raymond Battalio와 존 케이겔 John Kagel은 동물의 지능을 연구하고 있었다(바탈리오와 케이겔은 이전 실험에서 정신병원에 장기간 입원한 환자들도 합리적인 행동을 한다는 사실을 완벽하게 보여줬다). 그들은 기존의 실험 심리학 도구를 일부 동원하면서 "쥐도 임금과 가격과 예산을 고려해서 계획을 세우고, 계산을 하고, 선택을 할 수 있을까?"라는 질문의 답을 찾기 시작했다.

케이겔과 바탈리오는 쥐를 실험용 상자에 넣었다. 상자에는 서로 다른 음료수가 나오는 두 개의 레버가 달려 있었다.

쥐들은 레버를 누르면 음료수가 나온다는 사실을 재빨리 습득했고, 1~2주 정도의 연습을 거쳐 각각의 레버를 누르면 음료수를 얼마나 마실 수 있는지도 습득했다.

이제 두 사람은 '가격' 내지는 '소득'이 바뀔 때마다 쥐들이 어떻게 반응하는지를 알아보았다. 두 레버 중 한 레버를 눌렀을 때 나오는 음료수의 양을 줄임으로써 음료수를 먹기 위해 치러야 하는 상대적 가치를 바꿔놓은 것이다(다른 레버를 눌렀을 때 나오는 음료수의 양은 전과 같았다). 또한 그들은 레버를 누를 수 있는 횟수를 제한함으로써 쥐들의 소득을 제한했다.

이 실험으로 바탈리오와 케이겔은 스스로 만족했다. 뿐만 아니라 점점 더 많은 경제학자들이 이 실험이 의미있다고 생각하게 되었다. 그들은 동료인 칼 코것Carl Kogut과 함께 100년 동안 풀리지 않은 미스터리를 풀어보기로 했다. 먼저 쥐에게 두 가지 음료 중 하나를 선택하게 했다. 하나는 쥐들이 오랫동안 즐겨 마셨던 루트비어root beer(독특한 맛이 나는 무알콜 탄산음료)였고 나머지 하나는 쓴맛이 나는 탄산수였다. 쥐들은 쓴맛을 좋아하지 않았지만, 실험자들은 루트비어보다 탄산수를 더 많이 마실 수 있게 만들었다.

여러분이 쥐라고 상상해보라. 여러분은 목이 마르다. 루트비어는 맛이 있지만 노력이 많이 필요하기 때문에 타협을 할 수밖에 없다. 다시 말해 쓴맛이 나는 탄산수로 갈증을 푸는 동시에 루트비어로 기분 전환을 하는 것이다. 여러분은 함부로 레버를 누르지는 않을 것이다.

이제 탄산수의 가치를 올려서 전보다 적은 양을 제공한다면 어떤 일이 벌어질까? 실험 심리학자에게 이 질문을 던지면 그가 내놓는 답변은 간단하다. "레버를 눌러봤자 전보다 적은 양의 탄산수밖에 못 마시므로 레버를 누르는 횟수를 줄여야 한다"는 것이다. 이것이 합리적인 결정처럼 보인다. 그러나 경제학자들이 주장하듯이, 그리고 쥐가 본능적으로 파악하듯이 이런 일은 비합리적이다.

여러분이 똑똑한 쥐라면 제공되는 탄산수의 양이 여전히 루트비어의 양보다 많다면 아무리 탄산수 값이 올라도 더 많은 탄산수를 마실 것이다. 가격뿐만 아니라 예산까지 고려하여 행동하기 때문이다. 여러분은 루트비어와 탄산수를 모두 소비함으로써 계속 살아남게 된다. 탄산수 값이 올라서 여러분이 더 가난해졌다 해도 탄산수가 여전히 루트비어보다 싸다면 비싼 루트비어보다는 상대적으로 저렴한 탄산수를 더 많이 마셔야 한다.

바탈리오, 케이겔, 코것은 실험으로 그 사실을 증명했다. 쥐들은 탄산수 값이 올라갈 경우 오히려 더 많은 탄산수를 소비함으로써 1895년부터 제기되었던 "기펜재Giffen財는 존재하는가?"라는 수수께끼를 풀어주었다. 기펜재는 앞서 탄산수의 경우처럼 가격이 올라가면 수요가 증가해 더 큰 가난을 초래하는 상품을 말한다.

경제학자들은 아일랜드 기근 당시의 감자는 물론, 중국 농촌 지역에서 널리 먹는 국수 등이 기펜재에 해당한다고 주장해왔다. 그러나 그 주장을 증명하지는 못했다. 따라서 바탈리오와 케이겔과 코짓은 최초로 기펜재의 존재를 증명해 보인 것이다. 그러나 그들의 실험이 지닌 진정한 의미는 기펜재를 찾아낸 게 아니었다. 그보다는 쥐들이 놀라운 지능을 지니고 있으며, 현재의 상황에 맞추어 결정을 내린다는 사실을 확인시켜주었다는 점이 중요했다. 심지어 쥐조차 합리적인 것이다.

이 실험은 의식적인 계산을 통해 합리적인 결정이 내려지는 과정을 정확히 보여주었다. 앞에서 우리는 합리적인 의사 결정과 공이 날아가는 궤적을 설명하는 복잡한 방정식 사이에 공통점이 있음을 보았다. 크리켓 선수에게 종이와 볼펜을 주고 공의 궤적을 추적하게 하면 아마도 그는 몹시 당황할 것이다. 그러나 날아가는 공을 보여준다면 그는 재빨리 공이 떨어질 지점으로 달려가 제대로 공을 잡아낼 것이다. 구강성교를 하는 10대들도 무의식적으로 계산을 한다. 합리적이라는 게 지적이라는 의미는 아니다. 진화의 압력은 의식적이든 무의식적이든 합리적으로 행동하는 '유기체'를 만들어낸다. 우리가 가끔 공을 놓치듯이 우리의 행동이 항상 옳은 것은 아니다. 그러나 인센티브에 합리적으로 반응하는, 우리의 직관적 능력을 거스르는 건 어리석은 짓이다.

합리적 선택 이론은 쥐를 대상으로 한 실험을 훌륭하게 설명해주었다. 그러나 이 이론이 좀 더 중요한 현상들도 설명해줄까? 이 이론이 혼란을 정리해주고 합리적 정책을 만드는 데도 도움이 될까? 적어도 지금 소개할 두 명의 경제학자에게는 합리적 선택 이론이 그런 역할들을 해주었다.

주차위반과 10대 출산율의 상관관계

쇼핑몰의 주차장은 자동차로 꽉 차 있다. 백발이 성성한 노인이 30분간 무료로 주차할 수 있는 구역으로 차를 몰고 간다. 30분은 여유롭게 점심을 먹기에는 짧은 시간이다. 그는 부드럽고 뚝 부러지는 브루클린 억양으로 "여기 주차하면 괜찮을 거야. 주차 시간을 철저하게 확인하지 않을 테니까"라고 말한다. 나는 그에게 묻는다. "합리적인 범죄인가요?" 그는 머뭇거리지 않고 "그렇소"라고 말한다.

노인의 이름은 게리 베커Gary Becker. 합리적인 범죄자다. 그는 합리적 범죄 이론으로 노벨 경제학상을 받았다. 40년 전 베커는 박사 과정 학생에게 시험을 치르기 위해 급히 차를 몰다가 이 이론을 생각해냈다. 주차 공간을 찾을 시간이 없던 그는 재빨리 불법 주차가 적발되었을 경우 물어야 할 벌금과 유료 주차장에 차를 댔을 경우 지불해야 할 주차료를 저울질했다. 시험장에 도착할 즈음 그의 머릿속에는 범죄자들이 처벌의 위험과 비용에 반응할 것이라는 아이디어가 만들어지고 있었다. 베커는 시험장에 도착하자마자 학생에게 이 주제와 관련된 문제를 냈고, 학생은 무사히 시험을 통과했다. 다행히 베커도 딱지를 떼지 않았다.

주차위반과 도둑질, 살인은 엄연히 별개의 문제다. 70대 경제학 교수라면 불법 주차의 비용과 혜택을 신중하게 비교해보겠지만, 무기를 소지한 16세 소년도 범죄로 인한 비용과 혜택을 제대로 비교할까? 사람들은 직관적으로 그렇지 않을 것이라고 느낀다. 예를 들어 1990년대 중반 세 명의 저자들은 이렇게 주장했다. "미국은 이제 치욕스러운 체포나 고통스러운 구속, 양심의 가책을 두려워하지 않는 10대들의 본거지가 되었다. 그들은 지금 올바른(혹은 잘못된) 행동을 함으로써 나중에 보상(혹은 처벌)을 받는다는 사실을 거의 인식하지 못한다."

그 세 명의 저자와 게리 베커 중 누가 옳을까? 저명 인사와 인터뷰를 하고 시청자로부터 전화도 받는 라디오 시사 프로그램 진행자는 감옥은 범죄자들이나 가는 곳이고, 처벌이 가혹해야 교정의 효과가 나타날 것이라 떠들어댈지 모른다. 그러나 그 진행자를 좀 더 다그쳐보면 가혹한 처벌이 범죄를 억제해준다는 믿음 때문에 그런 주장을 하는 것이 아닐 수도 있다. 오히려 그는 복수심과 '무력화 효과incapacitation effect'에 기초하여 그런 주장을 하는 것일지 모른다. 무력화 효과란 범죄자가 수감되면 더 이상 범죄를 저지를 수 없게 되는 것을 의미한다. 그리고 라디오 진행자가 아무리 떠들어대도 많은 신중한 사람들은 감옥이 범죄를 억제해준다는 주장에 회의적이다.

강력한 처벌이 범죄를 억제해준다면, 도대체 처벌이 얼마나 강력해야 그런 효과가 나타날까? 감옥을 더 많이 짓고 형량을 더 무겁게 부과해야 할까? 아니면 현재의 시스템으로도 충분할까?

까다로운 질문들이다. 베커의 절친한 동료이자 『괴짜경제학』의 공동 저자인 스티븐 레빗은 베커가 주장한 합리적 범죄이론의 증거를 어디서 찾아야 할지 잘 알고 있었다. 낙태 고지법과 마찬가지로 미국의 주들은 성년의 나이를 독자적으로 규정하고 있다(미성년자는 청소년 법정에서 재판을 받는다). 청소년은 성인과 똑같은 범죄를 저질러도 좀 더 가벼운 처벌을 받는다. 1980년대부터 1990년대 초까지 미국 전역에서 청소년에 대한 처벌은 성인에 비해 덜 엄격했다.

게다가 우리는 어린 범죄자들이 수감의 위협에 어떻게 반응하는지 알 수 있는 충분한 정보를 갖추고 있다. 레빗은 17세 범죄자부터 성인 법정에 세우는 주의 경우에는 16세와 17세 청소년을, 19세 범죄자부터 성인 법정에 세우는 주의 경우에는 18세와 19세 청소년을 대상으로 행동의 차이를 살펴보았다. 그 결과 성인 법정이 청소년 법정에 비해 훨씬 가혹한 처벌을 내리는 주일 경우 두 연령 사이에 확연한 행동 차이가 드러났다. 즉 청소년이 성인 법정에 설 나이에 도달한 이후부터 범죄 건수가 급격히 떨어졌던 것이다. 반면 청소년 법정이 상대적으로 엄격한 주의 경우에는 범죄 건수가 줄지 않았다. 그리고 1978년에서 1993년 사이에 미국 전역에 걸쳐 청소년에 대한 법적 처벌이 상대적으로 경감되자 청소년의 범죄 건수가 성인의 범죄 건수에 비해서 크게 늘어났다.

레빗의 조사 결과는 범죄율의 차이를 설명하는 데도 유용했다. 그것은 형량이 가혹하면 범죄자들이 그만큼 범죄를 저지를 기회도 줄어들어 범죄율이 떨어진다는 무력화 효과와 관련되어 있다. 물론 5년형이 아닌 10년형을 언도하면 무력화 효과를 볼 수도 있을 것이다. 하지만 추가된 5년 동안의 효과는 눈에 띄지 않을 만큼 미미할 것이다. 레빗은 비행 청소년들이 엄격한 처벌에 즉각적으로 반응하며, 그 즉각적인 반응은 범죄 억제 효과를 낸다는 걸 보여주었다.

레빗의 방법은 매우 강력했고, 그래서 더 많은 범죄자들을 구속함으로써 범죄가 얼마나 억제되는지 추정할 수도 있었다. 그는 더 많은 감옥을 지음으로써 얼마나 혜택을 얻을 수 있을지 계산했고, 더 나아가 그러한 혜택을 비용(죄수들의 고통과 혼란은 물론 감옥 운영에 들어가는 경비에 이르기까지)과 비교했다.

불행하게도 정치인들은 간단한 이데올로기적 답변을 선호한다. 레빗은 1990년대 후반 자신의 연구 결과를 발표한 이후 많은 압력에 시달렸다고 말했다. 그의 연구 결과는 미국 전역에 더 많은 감옥을 세워야 한다는 의미였기 때문이다. 이는 주지사들이 엄격한 정책을 정당화시킬 때 가장 듣고 싶어 하는 소식이었다. 레빗은 자신의 자료가 이미 수년 전의 것이라 상황이 바뀌었을 수도 있고, 그사이 이미 많은 감옥들이 지어져 더 이상 감옥을 지을 필요가 없다고 지적했지만 아무도 귀 기울이지 않았다. 그러나 베커의 이론과 레빗의 자료에 담긴 정책적 충고는 놀랄 만큼 명확하고 정확했다.

범죄자들은 잔인하고 후회하지 않을 수도 있다. 그러나 그들 중 상당수는 '수감의 고통'에 무관심하지 않다. 따라서 감옥은 범죄를 줄여준다. 엄격한 형벌 시스템이 존재할 경우 범죄로 인한 득보다 실이 많기 때문이다. 레빗은 뉴욕주 기준으로 성년이 된 16세 청소년의 말을 인용했다. "청소년 시절에는 죄를 지으면 소년원에 수감되지만 이제는 감옥에 가야 한다. 감옥은 싫다." 나는 합리적 선택 이론이 유용하다고 거듭 강조했다. 이제는 그 이유를 설명할 차례다. 우선 10대들조차 형벌이 무거워지면 범죄를 적게 저지른다는 레빗의 결론에 대해 생각해보자. 이는 청소년 범죄자가 자신이 잡히지 않으리라는 확신이 있을 때에만 범죄를 저지른다는 의미일까? 이것은 게리 베커의 합리적 범죄 이론을 아주 엄격하게 적용한 것이다. 그게 아니라면 어떤 10대들은 겁에 질려서 완전히 범죄에서 손을 떼는 반면 어떤 10대들은 아무런 반응도 나타내지 않는다는 의미일까? 우리는 종합적으로 범죄율을 파악하기 때문에 레빗의 자료만으로 이 질문들에 답할 수 없다.

어떤 상황에서는 그 답을 구해야겠지만 어떤 상황에서는 그렇지 않다. 내가 엄격한 형량을 적용하면 범죄율을 줄일 수 있는지 궁금해하는 정치인이라면 베커와 레빗으로부터 필요한 정보를 정확히 찾아낼 것이다. 내가 초콜릿을 훔치는 딸 때문에 고민하는 부모라면 따끔한 처벌이 효과가 있는지 알아보기 위해 논문을 뒤지기보다는 내 딸에 대한 내 개인적 지식을 더 많이 참고할 것이다. 이렇듯이 합리적 선택 이론은 매우 쓸모 있는 이론이지만 모든 경우에 유용한 것은 아니다.

그렇다면 10대들이 부모에게 임신 사실이 알려지는 것을 두려워하여 섹스를 할 때에도 좀 더 주의를 기울이게 된다는 클릭과 스트라트만의 결론에 대해 생각해보자. 이런 통계 분석으로는 모든 10대들이 낙태 고지법에 대해서 동일한 반응을 보이는지, 아니면 서로 다른 반응을 보이는지는 판단을 내릴 수 없다. 전체적으로 보았을 때 합리적인 행동을 한다고 해서 모든 10대가 똑같이 합리적이라는 의미는 아니다. 그러나 이런 연구는 나름의 의미를 갖는다. 즉 이 연구가 10대의 성에 대해서 완벽한 설명을 제공하는 것은 아니지만 어느 정도의 성과는 있었다는 뜻이다. 인센티브에 집중하는 합리적 선택 이론이 없었다면 아무도 낙태 고지법과 섹스의 관계에 관심을 갖지 않았을 것이다.

세상의 많은 정치적 문제의 경우 우리는 완벽한 해답을 기다릴 여유가 없다. 비록 엉성하고 조잡하더라도 지금 당장 써먹을 수 있는 방법을 필요로 한다. 1장의 결론을 내리기 위해 다시 섹스 문제로 돌아가, 성병을 막기 위해 창녀들에게 콘돔 사용을 권장하는 경우를 살펴보자. 이것은 정말 시급한 문제다. 만일 지금 당장 이 문제에 대한 답을 얻고 싶다면 창녀들은 비합리적이라고 전제하는 잘못을 저질러서는 안 된다.

돈 대신 에이즈?

대낮에 찾은 하르딘 데 라스 로사스는 모렐리아 중심부에 위치한 낭만적인 공원이다. 뙤약볕에 지친 멕시코 사람들은 울창한 수풀 속에서 휴식을 취하거나 고대 건축물을 감상하면서 사색에 잠긴다. 그런데 밤이 되면 이 공원은 전혀 다른 휴식을 제공한다. 이곳은 모렐리아 시내에서 창녀를 고를 수 있는 최적의 장소다. 이곳 단골 중 한 사람은 이렇게 말한다. "저녁 10시에는 가야 한다. 인기 있는 여자들은 금방 팔려가기 때문이다. 나중에는 여장 남자밖에 남지 않는다."

이 말은 왜 누구도 매춘을 꿈의 직업이라 생각하지 않는지를 짐작하게 한다. 창녀가 되기로 마음먹은 여성은 자신이 경멸적 대접을 받으리라는 사실을 잘 알고 있다. 게다가 신체적인 위험도 따른다. 모렐리아 지역에 거주하는 1000여 명의 창녀들을 대상으로 실시한 설문조사에 의하면, 여섯 명 중 한 명꼴로 성병에 시달리고 있고, 2~3개월에 한 번꼴로 고객들로부터 폭행을 당한다.

반면 임금은 다른 직종에 비해 높다. 창녀들은 장시간 일하지만, 다른 직종 여성들보다 최고 50퍼센트 이상 많은 돈을 번다. 그렇다고 창녀들이 단지 돈 때문에 몸을 팔고 있으며, 그 일에 따르는 온갖 위험과 치욕에 무관심하다는 것은 아니다. 게다가 그들에게 승진이라는 인센티브가 있는 것도 결코 아니다.

여자가 고객과 마지막 데킬라 잔을 비우고 마지막 거래를 위해 조용한 장소를 찾는다면 그들의 콘돔 사용 여부에 따라 앞으로의 상황은 달라질 것이다. 그들이 콘돔을 사용하지 않는다면 HIV 등 여러 성병을 서로에게 옮길 가능성이 훨씬 높아진다. 여자는 내일 밤 또 다른 고객을 만날 것이고, 그 고객은 여자와의 성관계 후 자신의 부인과 잠자리를 같이할 것이다. 여러분이 멕시코 창녀들에게 관심이 있든 없든 그들이 콘돔을 적게 사용할수록 여러분은 콘돔을 더 많이 사용해야 할 것이다.

그러나 여러분은 이 문제에 대해 어떤 영향력도 발휘할 수 없다. 콘돔을 사용할지 말지는 고객과 창녀 사이의 협상에 의해 결정되기 때문이다. 연구 결과 멕시코의 창녀들은 절반 이상이 콘돔을 사용하는 것으로 추정된다. 10회 정도 관계를 맺는다면 최대 9회 정도는 콘돔을 사용하는 것 같다. 전혀 콘돔을 사용하지 않는 것보다는 낫지만 창녀 여섯 명 중 한 명이 성병에 걸린 상황이라면 이 정도로는 부족하다. 따라서 보건 당국이 창녀들에게 콘돔 사용을 적극 권장하는 것은 물론, 고객에게 콘돔을 사용하도록 설득하는 방법까지 가르치고 있다는 것은 놀라운 일이 아니다.

이러한 정책은 모렐리아에서 즉각 효과를 거뒀다. 창녀들은 좋은 정보와 콘돔을 얻었고 고객과 영리하게 협상할 수 있게 되었다. 그럼에도 성병은 줄지 않았다. 이런 상황은 앞으로도 크게 달라지지 않을 것이다. 콘돔 사용의 결정권을 가진 창녀들이 항상 콘돔을 사용하는 것은 아니기 때문이다. 그 이유는 무엇일까? 콘돔은 유용한 협상 카드이기 때문이다.

성매매를 하는 남성들은 개별 여성의 가격을 모른다. 가격은 일대일 협상을 통해 정해진다. 포주가 고객과 가격 협상을 한 뒤에도 방 안에서 다시 협상이 벌어지는 경우가 많다. 가격은 많은 변수에 따라 달라진다. 70세 이상의 창녀가 가장 적은 돈을 받을 것이고 여장 남자들이 이보다 조금 나을 것이다. 부유해 보이는 고객은 바가지를 쓰는 경우가 많을 것이고 특별 서비스에는 추가 요금이 따를 것이다.

고객은 또한 자신이 콘돔 사용 조건을 정할 경우 더 많은 돈을 내야 할 것이다. 고객이 콘돔 사용을 고집할 경우 그는 10퍼센트 이상의 웃돈을 지불해야 한다. 반면 콘돔을 쓰지 않겠다고 고집할 경우 25퍼센트가량의 웃돈을 지불해야 한다. 창녀들은 고객의 성적 기호를 협상 카드로 활용하여 어떤 식으로든 돈을 더 받아낸다. 창녀들은 보건 당국의 협상 교육으로 배당금을 챙기게 된 셈이다.

믿기 어려울지라도 콘돔 없이 섹스가 이루어지는 이유를 설명할 다른 방법이 없다. 콘돔은 가격이 저렴하고 구하기도 쉽다. 대부분의 위험한 섹스는 콘돔을 사용하지 않아 생기는 것이다. 2퍼센트 미만의 성매매만이 콘돔이 수중에 없다는 궁색한 이유로 콘돔 없이 행해진다.

창녀들이 콘돔을 사용하지 않는 것이 얼마나 위험한지 모르기 때문에 이런 일이 벌어진다고 말할 수도 있겠지만 그것은 어불성설이다. 창녀들은 누구보다도 성병의 위험을 잘 알고 있다. 다만 그러한 위험이 크지 않다고 생각할 뿐이다. 멕시코의 경우 일반인은 800명 중 한 명이 HIV 바이러스 보균자이며, 창녀는 300명 중 한 명만이 HIV 바이러스에 감염되어 있다. 어느 운 나쁜 창녀가 HIV 양성인 남자와 콘돔 없이 성관계를 가졌을 경우 그 두 사람에게 다른 성병이 있다고 해도 HIV 바이러스에 감염될 위험은 2퍼센트 이하다(다른 성병이 없다면 그 위험은 1퍼센트 이하가 된다). 창녀들 가운데 에이즈에 걸리기를 바라는 사람은 없다. 그러나 한 차례 콘돔 없이 섹스를 할 경우 에이즈에 걸릴 위험은 낮은 반면 그로 인해 얻게 되는 대가는 25퍼센트의 웃돈으로 상당히 높다.

따라서 창녀들이 콘돔을 사용하지 않고 감수하는 위험은 매우 똑똑한 판단으로 보인다. 모렐리아의 창녀에게 건강한 1년간의 삶은 1만 5000~5만 달러의 가치를 지니고 있다. 이는 최대 5년 동안의 소득과 맞먹는다. 이 수치는 경제학자인 폴 거틀러Paul Gertler가 세계보건기구WHO의 '건강수명disability-adjusted life years(평균 수명에서 질병이나 부상으로 인해서 활동하지 못한 기간을 뺀 기간–옮긴이)' 및 전염병 자료를 기초로 계산해낸 것이다.

아마도 여러분은 합리적인 사람이라면 돈벌이를 위해 목숨을 걸지는 않을 것이라고 생각할지 모른다. 그러나 일 때문에 어쩔 수 없이 목숨을 걸어야 하는 사람들을 우리들 대부분 알고 있다. 미육군 하사 매슈 크루거Matthew Kruger를 보자. 2005년 12월 그는 세 번째 해외 근무지인 이라크로 향했다. 그는 자신의 목숨은 물론 결혼 생활까지 담보로 했던 것이다. 그가 미친 건 아니었다. 그저 돈 때문에 인생을 걸었을 뿐이다. 세 자녀를 둔 29세의 크루거 하사는 군대가 지원해주는 건강보험을 절실히 필요로 했다.

때로는 나 같은 겁쟁이조차 돈 때문에 목숨을 건다. 복잡한 도로 반대편에 50달러짜리 지폐가 떨어져 있다면 나는 그걸 주우려고 길을 건널 것이다. 엄청난 위험이 따르는 행동은 아니지만 어쨌든 어느 정도의 위험은 따른다.

멕시코 창녀들은 성급하거나 멍청하지 않다. 그들의 선택은 높은 임금을 받기 위해 위험을 마다하지 않는 선진국 근로자의 선택과도 놀라울 만큼 유사하다. 건설 인부, 벌목꾼, 군인 같은 근로자 말이다. 더 큰 위험을 감수하는 대신 추가로 돈을 더 받는 모렐리아의 창녀들이 합리적이라면 벌목꾼 역시 마찬가지다. 창녀와 벌목꾼 모두 자신들이 하는 일이 거칠고 어려운 만큼 그에 따른 금전적 보상도 크다는 걸 잘 알고 있다. 그들은 모두 협상력과 분별력은 물론이고 예리한 세계관까지 갖추고 있다. 단지 차이가 있다면 창녀가 더 가난하기 때문에 더 적은 돈을 받고 생명의 위험을 감수한다는 것이다.

창녀의 위험한 섹스가 문제되는 이유는 그것이 상당히 계산적인 결정이라는 데 있다. 따라서 그들을 대상으로 어떤 교육을 실시하든 그 결정을 바꾸지 못할 것이다. 미국의 10대들과 달리 창녀들은 이미 성매매의 위험을 알고 있기 때문이다.

이런 분석이 불쾌하고 불합리하다고 생각하는 사람이 있을지 모른다. 그러나 이것은 사회 문제를 다루기 위해서 경제학자들이 흔히 사용하는 사례연구에 불과하다. 무엇이 창녀들을 위험한 섹스로 이끄는지를 이해한다면 뭔가 조치를 취할 수 있다. 창녀들은 이미 성매매로 인한 위험을 알고 있으므로 그녀들을 대상으로 한 교육보다는 그녀들의 고객을 대상으로 한 교육이 필요하다. 그런데 그것은 쉽지 않다.

창녀들은 고객들보다 성병의 위험에 대해 더 많이 알고 있다. 성병은 창녀에게는 매일 감당해야 하는 직업상의 위험이지만, 고객에게는 그렇지 않기 때문이다. 이것은 리스트 교수의 핀 거래와 동일하다. 경험이 있는 거래자들(창녀들)은 자신이 무슨 일을 하고 있는지를 알고 있다. 경험이 없는 거래자들(그들의 고객들)은 그렇지 않다. 다시 말해 정보를 확보해야 할 강한 인센티브를 지닌 사람들이 합리적으로 행동하게 된다. 이런 면에서 고객들은 '합리적으로 무지한rationally ignorant' 상태다. 그들은 더 많은 정보를 얻기 위해 애쓸 필요가 없다(이 문제는 8장에서 다시 다룰 것이다). 이런 상황은 쉽게 바뀌지 않겠지만 성매매 남성들을 직접 겨냥한 노력을 포기해서는 안 된다.

　모렐리아의 사례에서 보았듯이 합리적인 세계가 아름다운 것만은 아니다. 합리적인 개인들은 다른 사람들에게 해가 되는 선택들을 한다. 위험한 섹스가 그 대표적인 사례다. 합리적인 개인들이 모렐리아의 창녀처럼 여러 가지 비참한 대안들 중 하나를 선택해야 한다면, 그나마 그중 가장 나은 것을 고르는 수밖에 없을 것이다. 사회 문제가 미친 사람들, 멍청한 사람들, 타락한 사람들에 의해서만 일어난다고 생각하면 문제를 해결할 수 없다. 그렇다고 모든 결정이 최고의 결정이라고 확신해서도 안 될 것이다. 물론 사람들은 현명한 선택을 하는 경향이 있지만 이 책을 통해 조금 더 나은 결정이 가능하다는 사실을 보여주고 싶다.

합리적 마인드를 깨워라

　다시 한번 정리해보자. 쥐들은 자신의 자원을 분별 있게 쓰므로 합리적이다. 10대들은 낙태 고지법과 에이즈에 대처하여 좀 더 안전한 섹스법을 찾아내므로 합리적이다. 청소년 범죄자들은 처벌이 엄격해지면 범죄를 적게 저지르므로 합리적이다. 앞에서 나는 합리적인 사람들이 일대일 거래와 인센티브에 반응한다고 말했는데, 이 말의 의미가 이제 좀 더 분명해졌기를 바란다. 합리적인 사람들은 구속을 범죄의 대가로, 에이즈를 콘돔을 쓰지 않은 섹스의 대가로 여긴다. 거듭 말하지만 합리적인 사람들은 인센티브에 반응하고, 결과에 대해 생각하며, 명확한 동기를 갖고 있다.

이제 몇몇 문제에 대한 대답이 더 명확해졌을 것이다. 경제학자들은 우리의 행동을 유발하는 숨은 동기 중 하나로 이익이나 소득을 생각하지만 합리적인 인간이 반드시 경제적인 것만을 목표로 하는 것은 아니다. 예를 들어 쥐는 돈 따위는 개의치 않는다. 쥐는 생존에 필요한 물만을 원한다. 합리적인 행동이란 목표를 성취하기 위한 행동을 의미한다. 여기서 목표는 돈일 수도 있고, 경주용 자동차일 수도 있고, 지위나 섹스나 자기실현일 수도 있고, 루트비어일 수도 있다.

앞에서 가정했던 바와 같이 합리성은 전지전능함과는 다르다. 쥐들은 가격이나 예산의 변화를 즉시 파악하지 못했다. 핀을 거래해본 경험이 없는 사람들은 실수를 저질렀다. 에이즈의 위험에 노출된 남성 동성애자들은 실질적인 위험보다는 감정적인 신호에 더 민감하게 반응했다. 그러나 이러한 실수들에도 그들 모두 결국에는 그들 앞에 종종 예상하지 못한 방식으로 놓인 인센티브에 반응했다.

사람들이 항상 합리적인 것은 아니지만 대체로 합리적이라는 사실을 이제 인정하기 바란다. 우리는 이미 사람들이 스스로를 성병에 노출시키거나 자신의 성적 기호를 바꾸는 등 변화하는 위험에 반응하는 모습을 지켜보았다. 그들은 예산이나 법적 시스템의 변화 등 추상적인 제약들을 이해하고 있었다. 그리고 계산은 경제학 교수들만 하는 게 아니다. 안전한 섹스를 꿈꾸는 10대 소녀나 범죄를 기도하는 10대 소년이나 화대를 높이기 위해 협상하는 창녀 심지어 실험실의 쥐들까지도 경제적인 합리성을 보여주었다.

그러나 우리 모두가 그렇게 똑똑하다면 왜 삶은 그토록 부조리하게 보이는가? 사람들은 담배를 피우고 도박을 한다. 바보들은 사랑에 빠진다. 회사는 멍청이들에 의해 운영된다. 사람들은 명확한 이유 없이 성하거나 망한다. 이 모든 일의 배후에는 어떤 논리가 숨어 있을까?

이제부터 그 논리를 캐나갈 것이다. 2장에서는 합리적 선택 이론의 일종으로 모든 이론 중 가장 까다로운 '게임 이론'을 살펴볼 것이다(천재가 개발한 그 이론은 모든 사람을 천재로 가정한다). 아울러 우리가 생각하는 것보다 천재의 숫자는 더 많고, 게임 이론은 중독 등 인간의 약점을 이해하는 데는 무가치한 것으로 판명났다는 사실도 살펴볼 것이다.

3장에서는 합리성이 우리의 가장 열정적인 감정, 즉 사랑과도 편안하게 동거할 수 있음을 주장할 것이다. 사랑에 빠진 사람들도 계획을 세우고, 전략을 짜고, 협상을 하고, 수요와 공급의 원칙에 따라 거래를 한다. 사랑과 결혼에 대한 합리적인 시각은 타당한 것이며, 20세기 후반의 사회 변화, 즉 교육받은 여성의 급격한 증가와 이혼율의 변화를 이해하는 유일한 방법이다.

4장에서는 직장으로 장소를 옮겨서 합리적인 행동이 무지와 맞닥뜨렸을 때 어떤 일이 일어나는지 살펴볼 것이다. 누가 똑똑한가? 누가 열심히 일하는가? 누가 운이 좋은가? 지나치게 많은 돈을 받는 임원에서부터 사무실 정치학에 이르기까지 비이성적으로 보이는 온갖 현상들이 실은 합리적인 행동임이 드러날 것이다.

그다음에는 개인의 합리적인 결정이 비합리적인 결과로 이어지는 경우를 살펴볼 것이다. 두 가지 사례(경주와 도시 내 빈곤)를 통해 개인의 합리적인 행동이 반드시 사회적으로도 바람직한 결과를 가져오는 것은 아니라는 사실을 보여줄 것이다. 개인과 사회의 상호작용은 때로 반직관적이고 매우 파괴적이기 때문이다.

7, 8, 9장에서는 좀 더 큰 규모로 우리의 이론을 확대해보겠다. 합리적인 행동이 어떻게 도시, 정치, 그리고 인류 문명—100만 년 전 시작된—을 이끌어오고 있는지를 보여줄 것이다. 겁먹을 필요는 없다. 간단하게 설명할 테니까.

CHAPTER 2

인생도
게임처럼
예측할 수 있을까

게임 이론

게임 이론은 천재 수학자 존 폰 노이만이 고안해낸 '포커 잘 치는 법'이다.
인생도 읽을 수 있다는 게임 이론. 과연 실전에 적용하면 얼마나 효과를 볼
수 있을까? 라스베이거스 최고의 도박사들이 이 기막힌 승부에 도전했다.
속임수와 기만술이 판을 치는 도박판에서, 그리고 인생에서 게임 이론은
얼마나 실력을 발휘할 수 있을까?

라스베이거스의 포커 천재

줄이 어디서 끝나는지 도통 알 수가 없다. 카지노는 붐비기 시작한다. 술집과 식당과 호텔은 카지노와 이어져 있다. 조용한 아침, 손님들이 숙취 속에서 잠을 깨거나 아침을 먹는 이 순간에도 호텔 로비는 당혹스러울 정도로 화려한 조명을 뿜낸다. 야구 모자와 헐렁한 카키색 반바지와 풍성한 티셔츠 등 전형적인 미국 중부 사람의 복장을 한 노인들이 슬롯머신에 동전을 집어넣고 있다. 돈을 잃은 노인이 슬롯머신에 올라타자 경비원들이 몰려와서 끌어내린다. 어쩌다 한 번이지만 슬롯머신은 노인의 무릎 위에 동전을 토해내기도 한다.

감각을 자극하기 위한 온갖 노력에도 이곳은 지루하다. 그러나 이런 단조로움은 한 이방인의 등장과 함께 깨진다. 팔다리가 길쭉한 이 남자는 구레나룻과 카우보이 모자로 얼굴을 숨긴 채 로비를 가로질러 걸어온다. 많은 팬들의 추종을 받는 그는 10미터마다 멈춰서서 팬들에게 사인을 해주거나 함께 사진을 찍는다. 포커 애호가들에게 '예수'로 알려진 그는 세계에서 가장 인정받고 가장 성공한 포커 게임자인 크리스 퍼거슨Chris Ferguson이다. 그는 세계 포커 챔피언 자리를 지키기 위해서 라스베이거스에 온 것이다.

토너먼트 경기에서 500만 달러 이상의 상금을 받았던 퍼거슨은 게임 이론으로 포커계 정복에 나선 신세대 포커 게임자다. 이는 이 괴짜가 전문 도박사들을 상대로 벌여온 흥미로운 싸움이며, 또한 인간의 사고가 지닌 놀라운 직관적 합리성을 보여주는 객관적 사례이기도 하다.

세계 최고의 경제학자와 수학자들은 지난 반세기 동안 컴퓨터의 도움으로 탁월한 포커 전략들을 만들어왔다. 직관에 의존하여 포커를 치던 도박사들은 계속 패배해왔다. 그렇다고 도박사들을 무시해서는 안 된다. 50년간의 연구로도 일반 도박사들을 겨우 눈곱만큼 능가했을 뿐이니까. 만약 보통 사람들이 합리적이지 않다고 생각한다면, 그들보다 더 좋은 아이디어를 내보라. 생각처럼 쉽지 않을 것이다.

크리스 퍼거슨의 경우를 제외하면 라스베이거스는 '합리적'이라는 단어와는 거리가 먼 곳이다. 퍼거슨이 서 있는 곳 반대편 로비에는 슬롯머신 중독자들이 아무 생각 없이, 아무 재미도 느끼지 못한 채 승산이 거의 없는 기계에 25센트짜리 동전을 쑤셔 넣고 있다. 그들을 보면 사람들이 합리적으로 행동하리라는 기대를 한다는 것 자체가 바보 같아 보인다. 그러나 슬롯머신 중독자들은 우리의 생각보다 훨씬 합리적이다.

2장에서는 합리적 선택 이론이 실수를 범하기 쉬운 인간의 특성과 어떻게 충돌하는지 살펴봄으로써 이 이론의 한계를 추적해볼 것이다. 1장에서 살펴보았듯이, 경제학은 사람들이 인센티브(감옥에 수감되거나 에이즈에 감염되는 걸 회피하는 것)에 어떻게 반응하는지를 연구한다. 어떤 경우 이런 인센티브들은 강력한 법률이나 에이즈 바이러스 같은 배경 요인들보다는 여러분의 배우자나 상사나 포커 상대처럼 확실하고 구체적인 사람들의 행동에서 비롯된다.

그들은 단순한 배경이 아니다. 그들은 상대의 바람과 전략을 예상하여 거기에 대처할 것이다(어쩌면 망쳐놓으려고 할지 모른다). 따라서 이런 복잡한 상호 관계를 이해하기 위해서는 게임 이론이 필요하다. 원칙적으로 게임 이론은 합리적 선택 이론의 한 종류에 불과하다. 게임 이론가들은 인간의 사소한 비합리적인 행동에도 민감하게 반응해야 한다. 사람들이 상대의 결정을 예상하고 거기에 대처하려 할 경우 비합리적인 행동이 큰 파장을 가져올 수 있기 때문이다. 따라서 게임 이론가들은 인간의 합리적인 행동뿐만 아니라 비합리적이거나 독특한 특성까지 모두 이해하고 있어야 한다. 합리적 선택 이론은 인간적인 심리적 유대감에 휘둘리지 않는다. 덕분에 합리적 선택 이론은 우리의 내적 갈등에 대한 통찰을 제공해준다. 이는 최신의 물가 지표보다는 뇌종양 진단 장치를 선호하는 새로운 경제학자들의 노력에 힘입은 바 크다.

한쪽에는 포커판이, 반대쪽에는 슬롯머신이 놓여 있는 라스베이거스의 호텔 로비는 게임 이론이 어떻게 성장했는지를 보여주는 시각적 은유다. 이는 가장 유명한 두 명의 게임 이론가를 통해서도 엿볼 수 있는 사실이다. 두 사람 모두 냉전 시대의 지식인으로서 미국 정부의 최고 자문관으로 활약했다. 특히 그들은 모든 게임 중 가장 위험한 핵전쟁을 설명하는 데 게임 이론을 활용했다. 게임 이론은 유명한 수학 천재인 존 폰 노이만John von Neumann이 포커 이론을 개발하는 과정에서 만들어낸 것이다. 폰 노이만은 날카로운 통찰력을 제공했지만 그의 냉정한 논리는 우리를 아마겟돈(선과 악이 싸울 최후의 전쟁터-옮긴이)으로 이끌 수도 있었다. 하지만 그런 우려는 토머스 셸링Thomas Schelling의 좀 더 현실적인 통찰(종종 방정식보다는 위트가 넘치는 산문으로 표현된다)에 의해서 누그러졌다. 지독한 니코틴 중독자였던 셸링은 게임 이론을 발전시켰고, 덕분에 우리는 슬롯머신 중독자들의 머릿속을 꿰뚫어볼 수 있는 놀라운 통찰력을 갖게 되었다.

속임수, 기만술, 상대 읽기

1920년대 후반 한 천재가 한 치의 오차 없이 정확하게 포커 치는 방법을 고안하기로 했다. 컴퓨터와 원자폭탄 개발에 중요한 역할을 했던 수학자 존 폰 노이만이다. 그는 자신이 사랑하는 수학이 비밀과 거짓으로 가득한 인간사 같은 포커의 비밀을 풀 수 있지 않을까 상상했다.

폰 노이만은 포커의 원리를 설명해주는 이론으로 인생을 설명할 수 있다고 믿었다(그는 이 이론을 '게임 이론'이라고 불렀다). 그의 목표는 엄격한 수학의 원리를 사회과학에 적용하는 것이었다. 이는 곧 경제학에 의존한다는 의미였다. 그 이유는 경제학의 합리적 결정들은 수학으로 모델화할 수 있기 때문이다. 폰 노이만은 인생의 여러 사건들에 대해 합리적인 수학적 설명을 개발할 수 있으리라 믿었다. 그리고 그 이론은 외교 협상, 적들의 예상치 못한 협력 관계, 핵 공격, 심지어는 3장의 주제인 데이트와 사랑과 결혼에까지도 적용될 수 있을 것이라 생각했다. 그렇지만 그가 동료인 야코프 브로노프스키Jacob Bronowski에게 설명했듯이 포커는 출발점에 불과했다. 그는 이렇게 말했다. "우리의 삶은 속임수와 자잘한 기만술 그리고 상대가 내 행동을 어떻게 예측하는지에 대한 탐색으로 이루어진다. 그것이 내 이론에 나오는 게임의 본질이다."

속임수, 기만술, 상대 읽기는 수학자가 연구하기에는 적합한 주제가 아니지만, 누군가 실제로 그런 연구를 수행해야 한다면 최적임자는 바로 존 폰 노이만이었다. 그의 뛰어난 계산능력은 악명이 높을 정도였다. 제2차 세계대전 이후 그는 프린스턴 대학교에서 세계에서 가장 빠른 컴퓨터를 설계하는 데 참여했다. 그러나 그 컴퓨터와 맞붙어서 더 빠른 계산 능력을 보여주곤 했다. 그 결과에 놀란 사람은 아무도 없었다. 거만한 폰 노이만이 그런 대회를 제안했다는 사실에도 놀라는 사람은 없었다.

그는 중요한 문제를 해결할 수 있도록 새로운 슈퍼 컴퓨터의 개발을 도와달라는 요구를 거절하고 대신 종이와 연필로 그 문제에 대한 즉각적인 해답을 내놓기도 했다. 누구도 폰 노이만보다 빠르게 계산하지 못했다. 1940년대와 1950년대 폰 노이만은 아인슈타인보다도 더 뛰어난 사람으로 대중들에게 인식되었다. 폰 노이만의 동료들은 그가 인간에 대해 집중적으로 연구하자, 그가 인간을 완벽하게 모방할 수 있는 반신반인半神半人일 거라고 농담하기도 했다.

그럼에도 폰 노이만은 포커를 이해하기 위해 처음부터 다시 시작해야 했다. 포커는 단순히 확률을 따르는 우연의 게임이 아니었고, 체스처럼 무작위적인 요소가 배제된 순수한 논리 게임도 아니었다. 겉보기와는 달리 포커는 훨씬 더 미묘했다. 포커에서 게임자들은 끝까지 베팅을 해야 상대의 패를 전부 볼 수 있다. 그러나 대부분의 중요한 정보는 개인이 소유한다. 다시 말해 각각의 게임자들은 퍼즐의 한 조각만 보고, 다른 게임자들의 행동을 관찰함으로써 더 큰 그림을 짜 맞춘다. 가장 좋은 패를 든 사람이 판돈을 가져가기 때문에 베팅액이 높을수록 게임 막판에 패한 사람의 비용도 커진다. 그러나 많은 포커 게임자들, 특히 그중 뛰어난 게임자들 사이에는 마지막 패를 확인하지 않는 일도 생긴다. 한 게임자가 다른 게임자를 중도에 포기하게 만들 만큼 공격적으로 베팅하는 일도 있기 때문이다. 간단히 말해서 게임자의 베팅과 그가 가진 패 사이에는 직접적인 관계가 없다.

포커 초보자들은 패가 좋은 것처럼 허세를 부리는 행동을 단순히 나쁜 패를 들고 판돈을 따내기 위한 기만술에 불과하다고 생각한다. 그러나 1972년 세계 포커 대회에서 에머릴로 슬림Amarillo Slim이 우승한 과정을 살펴보면 포커판의 허세가 어떤 의미를 갖는지 알 수 있다. 그가 나쁜 패로 자꾸 허세를 부리자 마지막 순간 그의 상대였던 퍼기 피어슨Puggy Pearson은 슬림이 또다시 허세를 부리는 것으로 생각하고 판돈을 올렸다. 그러나 슬림이 들고 있던 것은 아주 강력한 패인 '풀하우스'였고 결국 피어슨은 패했다. 허세를 부리지 않는 게임자는 결코 큰돈을 딸 수 없다. 그가 어쩌다 베팅액을 올린다면 다른 게임자들이 돈을 걸지 않고 게임을 중도 포기할 것이기 때문이다.

한편 이런 허세를 역이용하는 방법도 있다. 즉 강력한 패를 갖고 있는데도 그렇지 않은 척하는 것이다. 1988년 세계 포커 대회 결승전에서 조니 챈Johnny Chan은 베팅액을 올릴 기회를 모두 넘기고, 상대방의 베팅액만을 받아주었다(챈은 포커 게임에서 너무나 빨리 돈을 벌었기 때문에 '동양 특급'이라는 별명으로 불렸다). 상대인 에릭 세이델Erik Seidel은 챈이 좋은 패를 갖고 있지 않다고 판단하고, 갖고 있던 칩을 모두 걸었다. 세이델의 베팅을 받은 챈은 70만 달러를 벌어들이면서 2년 연속 세계 포커 챔피언이 되었다.

'뻥카'는 정당하다

이런 사례들을 살펴보면 포커는 수학이 아닌 심리학과 관련된 것처럼 보인다. 이처럼 속임수와 역속임수 뒤에 합리적인 전략―상대의 마음을 읽거나 상대의 심리를 꿰뚫어보려는 시도가 전혀 없는―이 정말로 존재할 수 있을까? 순수한 수학이 그러한 속임수를 설명해줄까? 폰 노이만은 그렇다고 생각했다. 1944년 오스카 모르겐슈테른Oskar Morgenstern과 『게임 이론과 경제적 행동Theory of Games and Economic Behavior』이라는 저서를 출간하면서 게임 이론에 대한 폰 노이만의 연구는 정점에 이르렀다. 이 책에는 두 명의 합리적인 게임자들을 가정한 아주 단순하고 정형화된 포커 모델이 소개된다.

폰 노이만의 접근 방법을 이해하기 위해서 그가 정한 규칙대로 포커를 친다고 상상해보라. 규칙은 단순하다. 베팅액을 바꾸거나 상대방과 번갈아가며 판돈을 높이는 게 상당 부분 제한된다. 그럼에도 포커 게임의 핵심적인 규칙들은 모두 유용하다. 이제 여러분이 상대방과 약간의 돈을 건 다음 카드 패를 돌리고 게임을 시작한다고 생각해보자.

여러분은 패를 들고 생각한다. 규칙이 간단하기 때문에 두 가지 방법을 쓸 수 있다. 여러분은 체크(베팅을 하지 않고 게임을 진행하는 행위-옮긴이)를 하거나 크게 베팅을 할 수 있다. 이렇게 단순화시킨 게임에서는 여러분이 체크를 하면 여러분과 상대방은 서로의 패를 비교해본 후 가장 좋은 패를 가진 사람이 판돈을 가져가고 끝난다(여러분의 상대는 이때 아무런 결정도 내리지 않는다. 이는 불공정한 방식이기 때문에 실제 포커처럼 게임자들은 번갈아 경기를 한다). 그러나 여러분이 베팅을 한다면 이번에는 여러분의 상대방이 선택을 해야 한다. 상대방은 경기를 포기함으로써 돈을 여러분에게 몰아주거나, 아니면 여러분의 베팅을 받아 그만큼의 돈을 걸 수도 있다. 다시 말해 판돈이 불어나는 것이다. 어떤 게 합리적일까? 그리고 여러분의 상대는 어떻게 반응해야 합리적인 것일까?

두 질문의 답은 서로 관련되어 있다. 여러분은 상대방이 어떤 반응을 보일지 생각해본 후에 결정을 내려야 하고, 상대방은 여러분이 어떤 전략을 쓰고 있는지 생각해본 후에 여러분의 베팅에 반응해야 한다. 여러분과 상대방의 전략이 이처럼 서로 관련되어 있기 때문에 룰렛에 적용되는 확률 이론보다는 폰 노이만의 게임 이론이 더 요긴한 것이다.

언뜻 보면 이처럼 간단한 포커조차 끊임없는 연쇄적 추론을 요구하는 것 같다. 여러분이 끔찍한 패를 들고서도 베팅한다면 상대방은 여러분이 좋은 패를 들었을 때도 당연히 여러분과 같이 베팅할 것이다. 그러나 여러분이 최고의 패를 들고서만 베팅을 한다면 상대방은 여러분이 베팅을 할 때마다 게임을 포기할 것이다. 우리는 "만약 그가 생각하는 것을 내가 생각하고 그가 그것을 또 생각한다면……" 하는 식의 사고를 계속한다. 이와 관련하여 좀 더 자세하게 설명할 수는 없을까? 물론 할 수 있다. 폰 노이만의 분석을 따른다면 말이다.

폰 노이만은 절대 실수가 없는 게임자들의 움직임을 연구함으로써 완벽한 의사결정 이론을 창조해냈다. 게임 이론은 일관되면서도 상반된 전략들을 살펴봄으로써 그러한 움직임을 찾는다. 다시 말해 게임 이론은 두 게임자 모두 상대방의 전략을 듣고 나서도 자신의 전략을 바꾸려 하지 않는다고 가정한다. 그러나 실제로는 이러한 기준에 맞지 않는 전략들이 많다. 예를 들어 상대방이 아주 신중하여 자주 경기를 포기한다면 여러분은 허세를 많이 부려야 한다. 그러나 여러분이 허세를 많이 부린다면 상대방은 그렇게 신중해서는 안 된다. 폰노이만의 '완벽하게 합리적인' 게임자들이라면 이런 전략들은 쓰지 않을 것이다.

우리는 두 게임자들의 전략을 종합적으로 살펴보아야 한다. 이때 상대방의 전략이 더 간단하다. 그 이유는 이 단순화한 게임에서 여러분은 게임을 포기할 권한이 없으므로 상대방 역시 허세를 부릴 기회를 갖지 못하기 때문이다(반면에 상대방은 게임을 포기하는 게 허용되므로 여러분은 허세를 부릴 수 있다). 상대방은 허세를 부릴 수 없으므로 좋은 패가 들어오면 여러분의 베팅을 그냥 받으면 되고, 나쁜 패가 들어오면 패를 접으면 된다. 이때 유일한 문제는 상대방이 여러분의 베팅을 받을 때 얼마나 좋은 패를 들고 있어야 하느냐다. 그것은 여러분이 얼마나 허세를 부리느냐에 달려 있다.

그렇다면 여러분은 어떻게 해야 하나? 패가 아주 좋으면 베팅해야 한다. 상대방이 게임을 접을 경우 여러분은 잃을 게 없고, 상대가 베팅을 받을 경우 여러분은 큰돈을 벌 수 있는 기회를 얻는다. 그러나 여러분의 패가 그저 그럴 경우 베팅해서는 안 된다. 상대방이 나쁜 패를 들고 있다면 그는 게임을 접을 것이고, 여러분은 게임 전에 걸었던 돈을 갖게 된다. 그런데 그 돈은 여러분이 체크만 해도 건질 수 있는 것이다. 반면 상대가 좋은 패를 들고 있다면 그는 여러분의 베팅을 받고 승리할 것이다. 따라서 여러분은 그저 그런 패를 가졌을 경우 베팅 대신 체크를 한 다음 게임 전에 걸었던 돈이라도 온전히 건지기를 바라야 한다.

최악의 패를 잡았다면 어떻게 해야 하나? 체크를 해야 하나, 베팅을 해야 하나? 그 답은 놀랍다. 체크는 현명하지 못한 행동이 된다. 왜냐하면 상대방과 여러분의 패를 비교하게 되면 여러분이 지기 때문이다. 따라서 나쁜 패를 들고 있더라도 차라리 베팅을 하는 게 낫다. 여러분이 이길 수 있는 유일한 방법은 상대방이 게임을 포기하는 것이고, 상대방이 게임을 포기하게 만드는 유일한 방법은 여러분이 베팅을 하는 것이기 때문이다. 아이러니하게도 그저 그런 패를 들었을 때보다 오히려 끔찍한 패를 들었을 때 베팅하기는 더 좋다. 이때는 진짜로, 그리고 합리적인 허세가 필요하다.

평범한 패를 들었을 때보다 최악의 패를 들었을 때 베팅해야 하는 이유는 또 있다. 상대방이 여러분보다 더 자주 베팅을 받아야 하기 때문이다. 여러분의 베팅이 가끔은 허세라는 걸 알아야 상대방은 쉽게 게임을 접지 못한다. 그래야 여러분이 좋은 패를 들고서 베팅을 할 때 상대방이 베팅을 받을 가능성이 더 크다. 여러분이 나쁜 패를 들고도 좋은 패인 양 허세를 부려야 좋은 패를 들었을 때 더 많은 돈을 벌 수 있다. 에머릴로 슬림이 1972년 풀하우스를 들고 우승했던 것처럼 말이다.

폰 노이만은 『게임 이론』에서 "허세를 부리는 두 가지 동기 중 하나는 실제로 약한데도 강한 것처럼 엉터리 인상을 주고 싶어서고, 또 다른 하나는 실제로 강한데도 약한 것처럼 엉터리 인상을 주고 싶어서다"라고 말했다.

폰 노이만의 분석이 주목할 만한 것은 그의 전술이 게임의 논리로부터 합리적으로 도출되었다는 것이다. 폰 노이만은 동료인 브로노프스키에게 허세가 어느 정도 예측 불가능한 인간적 요소가 아닌 수학적 규칙에 의해 지배되고 있음을 보여주었다. 폰 노이만의 메시지는 포커판의 허세처럼 분명 심리 게임으로 보이는 상황에도 합리적이고 수학적인 논리가 적용된다는 것이었다. 그리고 그의 생각대로 포커가 일상생활에서 우리가 겪게 되는 온갖 문제에 대한 의미 있는 유추라면, 그의 성공은 인생 자체에도 합리적이고 수학적인 논리가 존재하리라는 것을 의미했다.

이론엔 천재, 실전엔 젬병

폰 노이만의 책은 포커 매뉴얼이 아닌 경제학과 사회과학을 논리적이고 수학적인 토대 위에 올려놓은 선언문으로 극찬을 받았다. 한 논문에 언급되었듯이 "후손들은 『게임 이론』을 20세기 상반기에 이룬 위대한 과학적 성과 가운데 하나로 생각할지 모른다." 그러나 학계는 곧 그 환상을 깨야 했다. 게임 이론을 실제 세계에 적용하기 힘들다는 사실을 알아낸 것이다. 1957년 폰 노이만이 타계한 후 학계에서는 게임 이론을 경제학, 생물학, 군사 전략 등에 응용하기 위한 노력이 활발하게 이루어졌다. 그러나 그 어떤 시도도 만족스러운 성과를 만들지 못했다. 보통 사람들의 평범한 두뇌가 문제가 되었던 것이다.

이 문제를 이해하려면 폰 노이만이 '게임'을 어떤 식으로 바라보았는지를 알아야 한다. 그에게 게임은 전략과 그 결과의 연관성에 대한 수학적 묘사였다. 합리적인 행동 과정을 따르기 위해서는 그저 수학의 원리를 따르면 된다는 식이었다. 추상적으로 들린다고? 폰 노이만의 게임 이론은 실제로도 그렇게 추상적이었다. 잘 이해가 안 간다면 여러분은 이미 폰 노이만의 이론이 지닌 난해함을 인식하고 있는 것이다.

폰 노이만은 포커에 참여하는 두 게임자가 자신만큼이나

똑똑하다는 전제를 세웠다. 그는 어떤 게임자가 실수 없는 완벽한 게임자인지를 알고 싶었고, 그의 결론은 원칙적으로 두 명의 게임자 중 한 명이 잃으면 다른 한 명이 따는 식의 제로섬 게임에 적용될 수 있었다. 그러나 이때 두 가지 문제가 존재한다.

첫째, 게임이 너무 복잡해질 수 있기 때문에 아무리 계산이 빠른 컴퓨터라 해도 완벽한 전략을 계산해낼 수 없다는 점이다. 포커 모델은 게임 이론이 실제 세계에서 제대로 작동하지 못하는 이유를 보여주는 완벽한 사례다. 폰 노이만의 분석이 포커 경기에 대해 몇 가지 핵심적인 통찰을 제공해준 것은 사실이지만, 포커 교본으로서는 성공적이지 못했다. 폰 노이만의 모델은 게임자들의 숫자와 전략과 패를 제한함으로써 단순화된다. 그러나 실제 포커 게임은 훨씬 더 복잡하다. 두 사람이 대중적인 포커 게임인 텍사스 홀뎀Texas Hold'em(손에 쥔 두 장의 카드와 테이블에 펼쳐진 다섯 장의 카드로 하는 게임. 총 일곱 장의 카드로 조합할 수 있는 최상의 패로 승패가 결정난다-옮긴이)을 하는 경우에도 카드를 펼치는 순간부터 게임자는 게임 이론적인 해결책을 찾아내기 위해 1초당 열 개의 계산을 수행해야 한다. 포커도 이렇게 어렵다면 임금 인상이나 사업 전략 같은 문제는 어떻겠는가?

둘째, 상대방이 오류를 범할 경우 게임 이론의 유용성이 줄어든다. A와 B가 게임을 할 경우 B가 전문가가 아니라면 A는 B의 머릿속에서 결코 나오지 않을 뛰어난 전략에 대비하기보다는 B의 실수를 교묘하게 이용하면서 게임을 해야 한다. 이처럼 상대방의 실력이 나쁠수록 게임 이론은 유용성이 떨어지게 된다.

게임 이론적으로 완벽한 포커 전략은 오류를 범하는 상대방(다시 말해서 모든 사람)을 이길 수 있는 기회를 날리게 될 것이다. 장기적으로 우연한 사건이 줄어들면 게임 이론이 먹혀들겠지만, 아무리 약한 상대를 만난다 해도 아주 오랜 시간이 걸려 이길 수밖에 없을 것이다. 어떤 상대방은 지나치게 허세를 부릴지도 모르고, 어떤 상대방은 전혀 허세를 안 부릴지도 모른다. 전자와 같은 상대를 만났을 때에는 좀 더 보수적으로 게임을 해야 하고, 후자와 같은 상대를 만났을 때에는 좀 더 공격적으로 게임을 해야 한다. 그러나 게임 이론은 이런 '오류'들을 전혀 고려하지 않는다.

게임 이론을 적용해보고 싶은 포커 게임자는 공공연한 천재인 폰 노이만보다 더 많은 계산을 수행할 수 있어야 한다. 게다가 그는 폰 노이만의 이론에 등장하는 완벽한 게임자와는 거리가 먼 순진한 상대방과 게임을 할 때 더 많은 고민을 해야 할 것이다.

따라서 프린스턴 대학교 출판부가, 판매가 부진했던 『게임 이론과 경제적 행동』의 발간 5주년을 기념하여 다소 따분한 광고를 내보낸 것도 당연한 일이었다. "위대한 책은 인정받는 데 시간이 걸린다. 이런 책은 독자에게만 영향을 미치는 게 아니다." 광고에는 전문 도박사 몇 명이 이 책을 구입했다는 사실도 밝혔지만, 폰 노이만의 이론이 도박계에 어떤 반향을 일으켰는지는 언급되지 않았다.

게임 이론 실전 적용기

적어도 젊은 월터 클라이드 피어슨Walter Clyde Pearson은 그 책을 사보지 않았던 게 확실하다. '퍼기 피어슨'으로 불린 그는 1929년 켄터키주에서 태어났다. 게임 이론보다 한 살 어린 셈이다. 그의 가족은 찢어지게 가난했다. 처음 흰 빵을 본 피어슨은 그게 빵이 아니라 케이크라고 생각했을 정도다. 프린스턴 대학교 출판부가 폰 노이만의 책『게임 이론과 경제적 행동』을 광고하고 있을 때 피어슨은 푸에르토리코에서 해군으로 복무하며 당구대와 포커판의 판돈을 싹쓸이하고 있었다. 18개월간의 군 복무를 마치고 그는 1만 달러를 어머니에게 송금했다(당시 1만 달러는 지금의 8만 달러에 해당하는 액수다). 피어슨은 처음으로 토너먼트 방식의 포커 게임 대회 아이디어를 냈고

1973년 세계 포커 챔피언이 되었다. 그는 수학 방정식 따위는 쳐다보지도 않고 이런 성과를 거두었다.

초창기의 다른 전문 도박사들처럼 퍼기 피어슨도 여기저기에서 말썽에 휘말렸다. 1962년 그는 내슈빌에서 어느 출판업자의 두개골을 골프채로 내리친 후(피어슨이 속임수를 썼다고 출판업자를 비난하자 출판업자가 먼저 골프채를 휘둘렀다) 라스베이거스로 도망쳤다. 그의 첫 번째 라스베이거스 방문이었다. 피어슨은 거친 성격의 소유자였지만 포커도 거친 게임이었다. 그는 1963년 라스베이거스에 정착했다. 도둑들이 그의 상금을 털기 위해 내슈빌에 있는 그의 집에 침입한 직후였다(그들은 그와 그의 부인을 묶어놓고 집을 샅샅이 뒤졌다). 도둑들이 얼굴에 총을 들이대자 피어슨은 가진 돈이 5000달러뿐인 것처럼 연기를 하여 그들을 속였다.

그런 수난을 피어슨만 겪은 것은 아니었다. 그의 경쟁자인 에머릴로 슬림은 집에서 게임을 하다가 세 명의 무장 괴한이 침입하는 바람에 포커 테이블 위에 있던 판돈 5만 달러를 털리기도 했다. 1976년에는 친구인 베니 비니온Benny Binion이 보낸 중무장한 군인들 덕분에 가까스로 마피아의 협박에서 벗어나기도 했다.

피어슨이나 슬림은 프린스턴 대학교나 『게임 이론과 경제적 행동』과는 동떨어진 곳에서 살았다. 아무리 유명한 대학

교수라도 게임 이론으로 피어슨과 슬림 같은 사람의 돈을 딸 생각은 하지 않았을 것이다. 사실 교수들은 천재인 폰 노이만이 개발한 최고의 이론으로도 수학이 아니라 경험에 의해 포커 전략을 짜는 피어슨과 슬림 같은 사람을 이길 수 없다는 사실을 잘 알고 있었다. 게임 이론은 지적으로는 세련되었을지 몰라도 도박사들이 삶을 통해 배운 교훈을 결코 능가하지 못했다.

이런 상황이 바뀌기까지 반세기가 걸렸다. 게다가 두 가지 중요한 변화도 뒷받침되어야 했다. 첫 번째 변화는 사회적인 것이었다. 대규모 엔터테인먼트 기업들이 라스베이거스로 이주하자 카지노는 최소한 신체적인 안전은 보장되는 장소로 바뀌었다. 두 번째 변화는 기술적인 것이었다. 사람들은 도박장이 아닌 다른 공간에서도 도박을 즐길 수 있게 되었는데, 그곳은 바로 1988년까지만 해도 사람들의 귀에 익숙하지 않았던 인터넷이란 공간이었다.

당시에는 'IRC 포커'가 유행이었다. 이는 채팅을 하면서 카드를 거래하고, 어디서든 포커 게임을 할 수 있게 도와주는 간단한 프로그램이었다. 월드 와이드 웹www이 탄생하기 이전에 유행했던 이 게임은 전문가들만이 참가할 수 있었다. 그럼에도 수천 명이 접속하여 포커 게임에 참가하기 위해 경쟁했다. 판돈은 걸리지 않았지만 IRC의 상위 등급으로 올라간다는 건 전 세계의 내로라하는 포커 광을 물리친다는 의미였다.

잘나가던 게임자들 가운데 UCLA에서 박사 과정을 밟던 크리스 퍼거슨이라는 학생이 있었다. 컴퓨터공학을 전공한 퍼거슨은 인공지능을 연구하면서 보드 게임인 오셀로Othello에 적합한 프로그램을 개발하고 있었다. 퍼거슨은 어린 시절부터 포커와 게임 이론을 모두 접해봤다. 그의 가족은 광적으로 게임을 좋아했고, 그의 아버지는 UCLA에서 게임 이론을 가르치는 수학 교수였다(아버지와 아들이 함께 폰 노이만의 포커 모델에 대한 연구 논문을 발표하기도 했다). 주말마다 퍼거슨은 라스베이거스로 차를 몰고 가서 여행객들을 상대로 포커를 치며 숙박비를 벌었다. 게임의 원리를 자세히 들여다보고 싶어 하던 퍼거슨 같은 사람에게 게임 속도가 빠르고, 전자 데이터를 끊임없이 제공하는 IRC 포커는 훨씬 더 좋은 실험실이었다.

폰 노이만이 완벽한 전략을 찾아내기 위해 포커 게임을 단순화했던 것처럼 퍼거슨 역시 간단한 형식의 포커 게임으로부터 시작했다. 바로 36장의 카드 한 벌만으로 게임을 하는 아시아식 스터드 포커Asian stud poker(한번 받은 카드는 바꿀 수 없는 포커-옮긴이)였다. 아시아식 스터드 포커는 가장 대중적인 포커 게임인 텍사스 홀덤보다는 간단하지만, 카지노에서 실제 행해지는 게임으로 폰 노이만이 염두에 두었던 그 어떤 게임보다 복잡했다. 퍼거슨은 폰 노이만과 똑같은 게임 이론을 사용했지만, 컴퓨터의 도움으로 아시아식 스터드 포커와 텍사스 홀덤의 전략들을 구했다.

퍼거슨은 당시 가장 빨랐던 컴퓨터들을 동원하여 한 패가 다른 패를 이길 확률을 구했다. 그다음 그는 게임 이론으로 사람들이 어떤 패를 들고 허세를 부리는지, 얼마나 자주 '뻥카'를 치는지 조사했다. 또한 좋은 패를 들고도 판돈을 아주 조금만 올리는 것(그랬다가는 운이 좋은 상대에게 역공을 당할 위험이 있었다)과 반대로 판돈을 너무 많이 올려서 상대방이 게임을 포기하게 만드는 것의 장단점을 연구했다. 그는 자신이 찾아낸 결과를 표로 정리한 후 암기했다.

퍼거슨의 연구 결과 중에는 예상치 못한 것도 있었다. 예를 들어 그의 게임 이론에 따르면 예전에 이름을 날렸던 도박사들은 강력한 패를 가졌을 경우 판돈을 지나치게 키우는 경향이 있었다. 전통적인 도박사들은 자기 패가 더 좋다는 확신이 들면, 상대가 자신을 이길 기회를 원천 봉쇄하기 위해서 판돈을 키워 게임을 포기하게 했다. 그러나 퍼거슨은 판돈을 약간만 키워 상대가 계속 게임을 하게 하는 게 더 유리한 전략이라는 것을 깨달았다. 판돈을 지나치게 키운 사람들이 운이 좋아 승리하는 경우도 더러 생기지만, 대개는 좋은 패를 가지고 판돈을 조금만 키운 사람이 더 많은 돈을 따게 된다.

　퍼거슨은 이렇게 회상했다. "내 연구 결과들을 존경받는 포커 게임자들에게 보여줬다. 그들은 조롱했다. 그 결과들을 이해하지도, 그 결과들에 동의하지도 않았기 때문이다. 그러나 내 연구는 정확했다. 따라서 그들이 내 연구를 믿지 않는다면 수학으로 세계 최고의 포커 게임자들을 이길 수 있겠다는 생각이 들었다."

　퍼거슨은 늘 그런 자신감을 보여준다. 그는 게임 이론으로 자신이 경쟁 우위를 확보할 수 있으리라 생각했다. 그의 이론은 옳았고 최고의 포커 게임자들은 틀렸기 때문이다. 그는 경쟁 우위를 점하긴 했지만 그 차이가 크지 않았다. 퍼거슨은 포커를 치는 합리적인 방법을 파헤치다가, 결국 합리적인 게임 방식과 최고 포커 게임자들의 직관적 게임 방식 사이에 많은 부분이 중첩된다는 걸 발견했다.

퍼거슨은 전문 게임자로 나선 첫해에 2만 달러 정도를 잃었다. 처음에 그는 특이한 용모 때문에 이름을 날렸다. 1990년대 후반 그는 포커판에서 가장 눈에 띄는 구경거리였다. 그는 긴 수염과 어깨까지 내려오는 긴 머리와 커다란 카우보이 모자로 얼굴을 숨기고 다녔기 때문에 '예수'라는 별명을 얻었다. 그는 게임을 할 때는 인간적 감정을 드러내지 않기 위해 입도 뻥긋하지 않았다. 그는 다른 게임자들의 초조한 표정에도 신경 쓰지 않았다. 그는 컴퓨터나 폰 노이만처럼 오직 카드에서만 필요한 정보를 얻어냈다.

이보다 더 짜릿할 순 없다

합리적인 포커의 시대는 2000년 라스베이거스에서 열린 포커 월드 시리즈에서 시작되었다. 500명의 경쟁자들을 물리친 마지막 두 명의 경쟁자가 얼굴을 맞대고 앉았다. 살아 있는 전설로 불리며 역대 월드 시리즈 우승자 중 최고라는 평가를 받던 60세의 텍사스 출신 도박사 T. J. 클라우티어T. J. Cloutier가 '예수'를 상대하고 있었다. 클라우티어가 훨씬 노련했지만 퍼거슨은 무패를 자랑하며 그보다 열 배는 많은 칩을 들고 게임에 나섰다.

실력도 운도 출중했던 클라우티어는 계속 퍼거슨의 칩을 땄다. 그런데 수백만 달러가 걸린 판에서 클라우티어가 소심하게도 베팅액을 17만 5000달러만 올리자 퍼거슨은 클라우티어가 패를 속이고 있다고 확신했다. 퍼거슨은 베팅액을 60만 달러로 올렸고, 클라우티어는 200만 달러어치의 칩을 한꺼번에 걸었다.

퍼거슨은 5분 이상 게임을 중단한 채 클라우티어가 쥐고 있는 패를 확률적으로 따져봤다. 클라우티어는 퍼거슨의 예상보다 더 강력한 패를 들고 있을지도 몰랐다. 그러나 퍼거슨이 지금 돈을 걸지 않고 물러선다면 클라우티어가 우승에 한 발 다가설 것이었다. 반면 퍼거슨이 클라우티어의 베팅을 받아서 승리한다면 월드 시리즈 우승은 그의 몫이었다. 그는 자신이 이길 확률이 3분의 1 정도라고 생각했다. 그것은 그가 게임을 접고 판돈을 클라우티어에게 넘겨주는 것보다는 나은 상황이었다. "나는 판돈을 보며 확률을 계산하고 있었다." 그가 말했다. 모자를 벗자 드러난 퍼거슨의 얼굴은 지치고 나약한 인간의 모습 그대로였다. 그는 클라우티어의 베팅을 받았다. 그리고 서로의 카드를 공개하는 순간 퍼거슨의 패는 에이스-9였고, 클라우티어의 패는 에이스-퀸이었다.

더 이상 걸 칩이 없었으므로 테이블에 깔린 다섯 장의 카드가 놀라운 속도로 펼쳐졌다. 퍼거슨은 자신의 승률을 약간 과도하게 추정했던 것으로 드러났다. 승률은 3분의 1이 아니라 4분의 1이었기 때문이다. 퍼거슨이 이기기 위해서는 테이블에 깔린 카드 가운데 한 장이 그가 갖고 있던 9번 카드와 일치하되, 클라우티어의 퀸 카드와 일치하는 카드는 없어야 했다.

폰 노이만의 천사는 퍼거슨을 돌봐주고 있었던 게 분명하다. 마지막 카드가 9번 카드로 드러나자 퍼거슨은 숨을 죽이고 있던 관중들보다 먼저 어떤 일이 일어났는지를 알아차렸다. 그는 두 손을 하늘로 치켜들고는, 클라우티어에게 달려가 그를 얼싸안았다. 위대한 인간은 자신의 불운도 담담하게 받아들이는 법이다. 퍼거슨은 말했다. "그게 포커다." 퍼거슨 역시 냉철하게 경기를 해서 우승한 것이다. "나는 친구들을 전부 데리고 가서 멋진 저녁 식사를 했다. 그들 중 두 명이 나를 로스앤젤레스에 있는 우리 집까지 데려다주었다. 나는 자동차 뒷좌석에 앉아서 잠이 들었다. 세계 챔피언은 그렇게 라스베이거스를 떠났다."

많은 포커팬들이 퍼거슨을 행운아로 기억하지만 사실 그는 다른 다섯 명의 도전자가 가진 칩을 모두 합친 것보다 더 많은 칩을 들고 결승전에 오른 실력자였다. 그 후 그는 자신의 성공이 요행이 아니었음을 증명해 보였다. 월드 시리즈에서 퍼거슨보다 많은 상금을 벌어들인 도박사는 단 네 명뿐이고, 클라우티어도 그중 한 명이었다. 그리고 퍼거슨은 2000년부터 2004년까지 자신의 경쟁자들이 10년간 기록한 것보다 더 많은 월드 시리즈 우승을 일궈냈다. 특히 그는 일대일 게임에서 두각을 나타냈다. 그것은 놀랄 일이 아니었다. 일대일 게임에 폰 노이만의 게임 이론이 가장 잘 들어맞기 때문이다. 결과적으로 크리스 퍼거슨은 21세기에 가장 뛰어난 토너먼트 게임자로 인정을 받았다.

경험자와 무경험자의 차이

게임 이론이 세계 포커 챔피언을 만들어내기까지 반세기 이상 걸렸다는 사실은 폰 노이만의 이론에 대한 신랄한 비판처럼 보일 수도 있다. 그러나 사실은 정반대다. 게임 이론이 합리적인 게임자들을 전제로 한다는 점을 명심하라. 누군가 『게임 이론과 경제적 행동』을 쓰윽 읽은 다음 라스베이거스에서 큰돈을 벌었다면 그것은 도박사들이 비합리적이라는 사실을 보여주는 증거에 지나지 않았을 것이다. 퍼거슨의 성과는 각고의 노력 끝에 달성한 것이며, 그의 게임 수준이 클라우티어 같은 사람보다 월등하게 뛰어난 것은 아니었다는 사실을 게임 이론가들은 기억해야 한다.

퍼거슨의 성공은 존 리스트의 실험 결과(퍼기나 슬림이나 클라우티어 같은 사람들이 결정을 내릴 때 굳이 합리적인 기준을 의식하지 않더라도 경험을 통해 합리적인 결정을 내릴 수 있다는 것)를 다시 한번 확인시켜주는 것이었다.

게임 이론은 이처럼 경험으로부터 나오는 무의식적 합리성들을 드러낸다. 게임 이론이 분석 대상으로 삼는 상황들은 매우 복잡하므로 실험실에서 그대로 재현하기는 어렵다. 그러나 실험 대상자들에게 게임 요령을 가르쳐주면 무의식적으로 합리적 전략을 구사하는 경우가 종종 있다.

이와 관련된 유명한 사례가 바로 '승자의 저주winner's curse(경매시장에서 사람들이 낙찰자가 되기 위해 높은 가격을 부르다가 결국 손해를 입는 것-옮긴이)'다. 이것은 경매의 특성과 관련되어 있다. 즉 여러분은 다른 입찰자들로 하여금 여러분이 지나치게 많은 금액을 제시한다고 생각하게 해야만 이길 수 있다. 예를 들어 내가 저금통 경매를 주최한다고 가정해보자. 나는 언제든 승자의 저주를 불러들이며 사람들의 광적인 행동을 유발할 수 있다. 경매를 시작하기 전 사람들에게 저금통에 든 동전의 가치를 물어보면 놀라울 정도로 정확한 대답을 얻게 될지 모른다. 그럼에도 낙찰자에게 동전의 가치만큼 수표를 끊어주겠다고 약속하고 경매를 시작하면 나는 분명 큰돈을 벌게 될 것이다.

그 이유는 적어도 입찰자 가운데 한 명은 지나친 낙관에 의거하여, 큰 액수의 입찰가를 적어낼 확률이 높기 때문이다. 이것이 바로 승자의 저주를 적용한 사례다.

이런 일이 벌어지는 것은 경매가 다소 특이한 심리적 왜곡 현상을 일으키기 때문은 아니다. 대중을 대상으로 한 조사에서는 동전의 가치에 대한 평균적인 추정치를 도출해낼 수 있지만, 경매에서는 그럴 수 없기 때문이다. 대신 경매에서 사람들은 자동적으로 더 높은 입찰가를 부르게 되고, 분위기가 달아오를수록 입찰가는 더 상승한다. 대중을 대상으로 한 조사는 '대중의 지혜the wisdom of crowds(다수의 지혜가 막강한 힘을 발휘한다는 뜻-옮긴이)'를 보여준다. 반대로 경매는 누가 가장 어리석은지를 알려준다. 대중의 지혜라는 말은 《뉴요커》의 칼럼니스트인 제임스 서로위키James Surowiecki가 만들어냈다.

합리적인 사람이라면 이러한 사실을 알고 입찰가를 크게 낮출 것이다. 그는 이렇게 생각할 것이다. '저금통에 든 동전의 가치는 20달러쯤 되는 것 같아. 그러니 뭘 좀 남기려면 18달러를 불러야지. 아니, 잠깐만! 내가 경매에서 떨어진다면 내 입찰가가 얼마였는지는 중요하지 않아. 반면 내가 낙찰자가 된다면 이 방에 모여 있는 100명의 사람들은 동전의 가치가 20달러도 안 된다고 생각할 거야. 그게 무슨 뜻이지? 내가 저금통에 들어 있는 동전의 액수를 과도하게 추정했을 가능성이 높다는 뜻이지. 어쩌면 입찰가를 5달러 정도만 불러야 할지도 몰라. 낮은 금액 같지만 만일 그 금액에 낙찰된다면 사실 그 금액도 그리 낮은 액수는 아니겠지.'

게임 이론 전문가들만이 이런 식으로 추론한다. 처음 포커를 해본 사람들 중 포커를 잘하는 사람이 거의 없는 것과 같은 이유 때문이다. 처음에는 포커를 이해하기조차 어렵다. 그러나 노련한 도박사들이 포커를 잘 칠 수 있는 방법을 연구하듯이 노련한 입찰자들도 입찰가를 과도하게 부르지 않을 방법을 찾아낼 것이다. 예를 들어 입찰에 뛰어든 건설 회사 CEO들은 '경험을 통해서' 합리적인 입찰가를 제시함으로써 승자의 저주를 비켜간다(최저 공사가를 적어낸 회사가 입찰을 따게 된다). 그러나 경제학자들이 똑같은 CEO들을 실험실에 모아놓고 입찰에 참여시키면 그들 사이에도 승자의 저주가 나타난다.

프로 축구 선수들조차 페널티킥을 찰 때 놀랄 만큼 복잡한 게임 이론을 따른다. 낮익은 상황이라면 우리는 굳이 폰 노이만이 되지 않아도 이런 복잡한 전략들을 수립할 수 있다. 우리가 어떤 게임에 임할 때 미리 연습할 시간을 갖는다면 좋겠지만 그렇지 못한 경우도 많다. 게임 이론이 적용된 20세기의 가장 중요한 '게임'이 바로 그런 경우였다. 미국과 구소련이 세계 패권을 두고 벌인 냉전은 처음부터 제대로 풀어야 하는 게임이었다.

냉전의 중심에서 게임 이론의 창시자는 절대적으로 중요한 역할을 했다. 책이 출간될 무렵 폰 노이만은 맨해튼 프로젝트 Manhattan Project(미국 정부가 제2차 세계대전 중 비밀리에 추진한 원자폭탄 제조 프로젝트-옮긴이)를 이끌고 있었다. 당시 폰 노이만의 아이디어는 원자폭탄의 개발 속도를 크게 향상시킨 것으로 유명하다. 그러나 폰 노이만의 지적인 논리에만 의존했더라면 수많은 원자폭탄들이 구소련에서 폭발했을 것이다. 그런데 다행히도 인간의 실수에 대한 심도 깊은 이해를 바탕으로 게임 이론의 새로운 지평을 연, 또 다른 사상가가 있었다. 그는 무엇보다도 '상호 확실한 파괴mutually assured destruction'로부터 세상을 구하는 데 공헌했다. 바로 토머스 셸링이 그 주인공이다.

'초점'을 명심하라

1961년 9월, 미국 최고의 외교 정책가들과 군사 전략가들이 캠프 데이비드(미국 대통령의 휴양지로 일반인의 접근이 금지된 비밀 장소-옮긴이)에 모여 있었다. 훗날 국무장관을 지내게 되는 헨리 키신저Henry Kissinger, 베를린 사태에 관한 최고 권한자인 드윗 암스트롱DeWitt Armstrong 연대장, 케네디 대통령의 안보 자문관인 맥조지 번디McGeorge Bundy, 그리고 로버트 맥나마라Robert

McNamara 국방장관과 국방차관보인 존 맥노튼John McNaughton이 그들이었다. 그들은 그동안 잠을 제대로 자지 못했다. 구소련의 지도자인 니키타 흐루쇼프가 미군의 서베를린 철군을 요구한 이후 수개월간 베를린 사태가 지속되고 있었기 때문이다.

베를린의 미군 기지에서 걸려온 전화는 좋지 않은 소식을 전했다. 미군이 구소련의 비행기를 격추시켜서 수십 명이 사망했고, 동유럽 전역에 폭동이 확산되고 있다는 내용이었다. 그리고 급기야 서독 학생들도 시위를 벌이기 시작했다. 이 시위를 빌미로 구소련은 서베를린을 탱크로 에워쌌다. 그리고 마침내 구소련군이 바리케이드를 뚫고 들어오자 미군 폭격기들이 응수하면서 대규모 사상자가 발생했다. 구소련은 지역적 우위를 점하고 있었던 반면, 미국은 핵무기에서 우위를 점하고 있었다. 두 나라는 결국 상대에게 핵무기를 사용할 수밖에 없을 것 같았다. 키신저와 번디는 핵무기 사용을 승인할 것인가?

그들이 핵무기를 사용했다고 해도 문제는 없었을 것이다. 그들은 실제 전쟁이 아닌, 전쟁 게임을 하고 있었기 때문이다. 전화는 베를린이 아니라 하버드 대학교 교수인 토머스 셸링이 건 것이었다.

실제 베를린 사태는 총 한 방 쏘지 않고 이미 수주 전에 끝난 뒤였다. 흐루쇼프는 서베를린에 대한 구소련의 권리를 강변하면서 미국의 저항은 전쟁과 다름없다고 주장했었다. 젊고 미숙한 케네디 대통령은 시험대에 올랐다. 그는 셸링의 전략적 분석에 기초하여 흐루쇼프가 허세를 부리고 있다는 판단을 내렸다. 셸링은 이렇게 말했다. "전술적 목표를 파괴하는 데 집중하기보다는 신경전과 군사력 과시와 협상에 대비한 전략을 세워야 한다." 구소련은 서베를린을 공격하는 대신 8월부터 베를린 장벽을 세우기 시작했고, 그 뒤에서 여전히 으르렁거리고 있었다.

토머스 셸링은 미국 국방 연구소인 랜드연구소의 연구원이었다. 랜드연구소 연구원들은 폰 노이만의 게임 이론을 토대로 원자폭탄의 사용 가능성을 분석하고 있었다. 상호 파괴 프로젝트를 이해하는 데 포커 이론을 적용할 경우 자칫 혼란이 초래될 수 있었지만 폰 노이만과 그의 제자들은 그렇게 해보기로 결정했다. 곧 보게 되겠지만 이 경우 제로섬 게임 이론은 적합하지 않았다. 그렇다면 어떤 방법으로 핵 전략을 개발할 것인가? 원자폭탄으로 연습을 해볼 수 있는 것도 아니었고, (다행스럽게도!) 역사적으로도 유사한 사례가 없었다.

폰 노이만은 종합적인 접근 방법을 주장했다. 우연인지는 모르겠지만 그의 수학적 분석은 구소련에 대한 그의 본능적인 증오심을 드러내는 것처럼 보였다(당시 구소련은 그의 고국인

헝가리를 점령하고 있었다). 1940년대 후반 그는 구소련이 핵무기 개발 능력을 갖추기 전에 구소련에 대한 핵 공격을 감행해야 한다고 주장했다. 그는 《라이프》와의 인터뷰에서 이렇게 말했다. "만일 당신이 내일 구소련에 원자폭탄을 터뜨리면 안 되느냐고 묻는다면 나는 왜 오늘은 안 되느냐고 물을 것이다." 50대에 골육종에 걸린 그는 생을 마감하기 전 몇 달 동안 휠체어 신세를 져야 했다. 이런 그의 모습은 영화 〈닥터 스트레인지러브〉(1963년)에 휠체어를 타고 등장하는 천재 과학자 스트레인지러브의 모델이 되었다(스트레인지러브 역을 맡은 배우 피터 셀러스Peter Sellers는 자신이 영화에서 구사한 중부 유럽의 억양은 폰 노이만이 아닌, 키신저의 억양을 따라 한 것이라고 주장했다). 폰 노이만은 1957년 세상을 떠났다. 냉전이 베를린에 이어 쿠바에서 절정을 이루기 몇 년 전의 일이었다.

폰 노이만은 게임 이론으로 포커와 전쟁을 분석할 도구를 만들었다. 그러나 포커와 전쟁이 유사하다는 말이 수사학적으로 재미있게 들릴지라도 분석적으로는 포커와 전쟁 사이 공통점은 거의 없다. 포커는 제로섬 게임이라서 한 사람이 잃으면 다른 사람이 딴다. 또한 포커는 정해진 규칙이 있다. 반면 전쟁은 정해진 규칙도 없고, 제로섬 게임도 아니다(인생 역시 마찬가지다. 폰 노이만은 너무 성급하게 인생과 포커 사이의 공통점을 이끌어냈다). 힘의 균형을 바꾸지 못하는 파괴적인 전쟁을 치르는 것보다는 아예 전쟁을 안 하는 게 훨씬 바람직하다. 따라서 전쟁은 분명 이해관계의 갈등으로 발발하지만 제로섬적인 성격을 전혀 드러내지 않는다. '상호 확실한 파괴'의 대안으로서 냉전은 양 진영 모두에게 승리를 의미했다. 토머스 셸링의 전쟁 게임은 그러한 상호 승리를 이끌어내기 위한 노력의 일환이었다.

전쟁 게임은 어떤 의미에서 존 리스트가 실행한 현장 실험의 전주곡이었다. 셸링은 게임 이론이 아무리 매력적일지라도 전쟁으로부터 인간적인 요소를 배제할 수 없음을 깨달았다. 유능한 수학자였던 폰 노이만과는 달리 무역 협상가였던 셸링은 수학적 공식을 배제한 채 신뢰할 만한 위험credible threat, 전쟁 억제력, 금기 같은 개념들에 좀 더 관심을 가졌다. 셸링 덕분에 게임 이론가들은 폰 노이만으로부터 시작된 추상적이고 지적인 연구와 거리를 둔 채 사람들의 일상적인 경험에 더 많은 관심을 갖게 되었다.

셸링은 인간의 전략적 상호작용이 폰 노이만의 수학뿐 아니라 수학으로는 보이지 않는 '초점focal point'에 의해서도 결정된다고 주장했다. 셸링은 게임 이론이 불필요한 게 아니라 인간의 상호작용 대부분이 모호함으로 가득하기 때문에 이러한 초점들이 앞으로 어떤 일이 일어나거나 일어나지 않을지를 알려주는 궁극적인 지침 역할을 해줄 것이라고 믿었다.

예를 들어 노조 대표는 임금 협상에서 유리한 고지를 차지하기 위해 조합원들이 10퍼센트 미만의 임금 인상률은 받아들이지 않을 것이라고 공공연히 떠들고 다닐지 모른다. 10퍼센트는 수학적으로 중요한 숫자가 아니다. 폰 노이만이라도 '10퍼센트'라는 숫자가 나온 기준을 찾지 못했을 것이다. 그러나 셸링은 일단 10퍼센트라는 숫자가 언급되고 나면 이 숫자의 중요성이 커진다는 사실을 알았다(이런 숫자는 10.32퍼센트나 9.65퍼센트가 아니라 10퍼센트처럼 똑떨어지는 값이 될 가능성이 높다).

셸링은 낯선 마을에서 친구를 잃어버린 후 어떻게 친구를 찾을지 고민하다가 초점에 대한 가장 유명한 사례를 생각해 냈다. 그는 이런 문제를 내곤 했다. "여러분이 내일 뉴욕에서 친구를 만나기로 했다고 가정해보자. 그런데 의사소통이 제대로 되지 않아서 여러분과 친구 모두 만날 장소나 시간을 알지 못한다면 어떻게 할 것인가?" 셸링의 학생들은 정오에 그랜드 센트럴 터미널에 있는 시계로 가면 된다고 대답했다(이 학생들은 만약 뉴욕에 가게 된다면 기차를 이용할 것이라고 했다. 일반적인 관광객들이라면 학생들과는 달리 엠파이어스테이트 빌딩 꼭대기를 초점으로 삼았을 것이다).

개개인이 합리적으로 상대방의 전략을 예상하고 그에 맞추려 한다는 점에서 이 사례는 게임 이론과 관계되어 있다. 그러나 이는 폰 노이만이 생각했던 것보다 더 간단하고 더 상식적인 게임 이론이었다. 그리고 셸링에게 상식은 아주 중요했다. 그러한 게임에 참가한 사람들은 서로를 이해하고 있어야 하기 때문이다.

　의사소통의 중요성을 강조한 셸링은 모스크바와의 핫라인(긴급 직통 전화-옮긴이)을 제안했다. 그는 핵전쟁은 오해나 실수 같은 우연한 사고로도 쉽게 발발할 수 있다고 생각했다. 오해나 실수로 위기가 고조될 경우 미국과 구소련의 지도자들은 핵전쟁이라는 잘못된 '초점'을 향하게 될지 모른다. 양국 정상이 전화로 대화를 나눌 수 있게 된다면 위기가 통제 불능 상태로 발전하기 전에 해소할 수 있었다. 그리하여 셸링은 1958년 미국과 구소련에 핫라인 개설을 제안했다. 그렇게 생긴 그 유명한 '빨간 전화기'는 실은 전신 타자기였다. 냉전이 최악의 상황으로 치달을 때에도 미국과 구소련의 핫라인 운영자들은 서로 인사말을 교환하면서 핫라인을 매일 점검했다. 핫라인이 개설되기 전 양국이 베를린과 쿠바에서 갈등을 빚었다는 사실을 감안하면 핫라인의 개설 목적은 명백했다. 셸링은 이 일을 통해 빠르고 신뢰할 만한 의사소통이 얼마나 중요한지를 깨달았다.

　셸링은 핵무기 사용을 억제하기 위해 자신의 '초점'론을 활용했다. 폰 노이만이 여전히 생존해 있던 1950년대 미국 정부는 사람이 감당하기에 핵무기가 너무 버겁다는 생각을 극복하려 애썼다. 드와이트 아이젠하워 대통령 시절 국무장관인 존 포스터 덜레스John Foster Dulles는 핵무기 사용 금지 조치는 핵무기와 기존의 무기를 '잘못 구분'하는 바람에 비롯된 것이라고 주장했다. 1953년 그는 "어떤 식으로든 핵무기 사용 금지에 대한 금기를 없애야 한다"라고 말했다. 아이젠하워 대통령은 핵무기가 '다른 무기처럼 사용될 수' 있도록 승인함으로써 덜레스의 주장에 동조하는 듯 보였다.

그러나 셸링의 생각은 달랐다. 그는 '논리적 함정에 빠지지 않고 분명히 정의된 경계'가 가장 중요하다고 주장했다. 전면적 핵전쟁을 피하려면 '핵무기는 결코 사용해서는 안 된다'는 오직 한 가지 초점만이 강조되어야 한다는 것이다. 사람이 '약간만' 임신할 수 없는 것처럼 핵무기를 '약간만' 사용하는 것은 불가능하다는 게 셸링의 생각이었다. 핵무기 사용 금지는 폰 노이만 같은 수학자에게는 눈에 보이지 않는, 순전히 심리적인 것이었지만, 셸링에게는 실질적이고 매우 유용한 것이었다. 셸링은 1960년 하버드 대학교와 매사추세츠 공과대학에서 공동 주최한 세미나에서 핵무기와 관련된 광범위한 이론을 강연하면서 이러한 주장을 밀어붙였다. 그해 말 존 F. 케네디가 대통령으로 선출되었다. 셸링은 나중에 이렇게 회상했다.

타이밍은 완벽했다. 케네디는 국가 안보 자문관으로 세미나에 참석했던 하버드대 총장을, 그리고 백악관 과학 자문관으로 역시 같은 세미나에 참석했던 MIT 교수를 임명했다. 한 사람은 국방부 무기통제 담당 부차관이 되었고, 다른 한 사람은 국무부 법무실장이 되었다.

셸링은 케네디와 존슨 정부의 지적 대부intellectual godfather가 되었다. 그는 로버트 케네디에게 자신의 전쟁 게임을 소개했고, 권력을 잡은 자신의 제자들에게 조언했으며, 핵무기 사용 금지의 명분을 제공했다. 1970년 그가 정부와 인연을 끊을 당시 핵을 사용해서는 안 된다는 인식은 그 어느 때보다 높았다. 2005년 노벨 경제학상(노벨 평화상이 아니라)을 받은 셸링은 이렇게 말했다. "지난 반세기 동안 일어났던 가장 극적인 사건은 일어나지 않았던 사건이다. 우리는 분노에 휩싸여 핵무기를 터뜨리는 사고 없이 지난 60년을 살았다."

중독자를 위한 변명

셸링은 '약간의' 핵무기 사용을 '약간의 술 한 잔'에 비유했다. 술도 처음에는 조금만 마시다가 나중에는 통제할 수 없는

지경에 이르는 것과 마찬가지로 핵무기도 그럴 위험이 있다
는 것이다. 이 비유는 정확했다. 당시 셸링은 담배를 끊기 위
해 애쓰고 있었다. 1980년 그는 에세이 「자제심을 찾기 위한
투쟁The Intimate Contest for Self Command」에서 우리 모두에게 친숙한
인간상의 모습을 보여주었다. 즉 모멸감에 젖어 피우던 담배
를 비벼 끄면서 두 번 다시 폐암에 걸려 아이들을 고아로 만들
위험한 짓은 하지 않겠다고 다짐하고는 채 세 시간도 못 되어
담배를 사기 위해 길거리를 헤매는 사람, 아이들이 자기가 싫
어하는 짓을 한다고 해도 절대 화를 내지 않겠다고 결심해놓
고는 금방 분노를 억누르지 못하고 디즈니랜드 여행을 취소
해버리는 사람 말이다.

우리는 분명 약점을 지니고 있지만 셸링은 게임 이론을
통해서 그런 약점까지도 분석할 수 있다고 믿었다. 그러나
1970년대 미국 국립과학원National Academy of Sciences의 한 위원회
에 들어간 그는 자신의 시각이 정통적인 것은 아니라는 사실
을 깨달았다. 그 위원회는 약물남용 등 중독 행위를 연구했다.
그 위원회에 참석한 심리학자, 사회학자, 변호사 등은 중독자
가 비합리적이고 자제력이 없다고 믿었다. 담배와 헤로인은
중독성이 강하고, 끔찍한 결과를 초래하므로 그런 것들에 중
독된 사람이 합리적일 리가 없다는 것이었다. 셸링은 이런 견
해에 동조하지 않았다.

사실 이런 의견에는 셸링뿐 아니라 케빈 M. 머피Kevin M. Murphy 와 게리 베커도 찬성하지 않았다. 앞에서 주차장의 사례를 언급할 때 베커의 이론을 소개한 바 있다.

한편 젊은 경제학자인 머피는 '반신반인'이라는 별명이 붙었던 폰 노이만과 비슷한 일화로 유명했다. 한번은 머피의 동료가 전화를 걸어서 수주 동안 고민해왔던 수학 문제에 대해 자문을 구한 적이 있다. 동료는 이렇게 말했다. "나는 그(머피) 가 식탁에 앉아 손에 연필을 쥐고 냅킨 위에 수학 방정식을 끄적이는 장면을 상상했다. 그는 내 문제를 풀어주기 위해 하던 일을 모두 멈추었을 것이고 10분 뒤에 내가 결코 풀지 못했던 그 문제를 설명해줄 거라고 생각했다. 그런데 그때 전화기 너머로 풍덩 소리와 함께 비명 소리가 들렸다. 그리고 또다시 풍덩 소리가 들렸다. 비로소 나는 그가 냅킨 위에 연필로 계산을 하고 있었던 게 아니라 왼쪽 어깨와 얼굴 사이에 전화기를 낀 채 아이들을 목욕시키면서 내 문제를 풀고 있었다는 사실을 깨달았다."

그러니 1988년 베커와 머피가 폰 노이만의 이론만큼이나 중대한 사실을 찾아낸 것도 그리 놀라운 일은 아니었다. 그들은 중독이 완전히 합리적이라고 말했다. 예를 들어 담배와 술과 슬롯머신 같은 중독성 상품을 소비하는 사람들은 그로 인한 즐거움이 고통보다 크다고 생각한다. 베커와 머피가 리오

라스베이거스 호텔의 로비를 둘러보았다고 해도 그들의 생각은 전혀 흔들리지 않았을 것이다.

슬롯머신을 하는 사람들은 돈을 잃고 있었고 그들 중 일부는 슬롯머신에 중독되었을지도 모른다. 게다가 그들은 돈을 잃고 불행해질지 모른다는 사실도 알고 있었다. 그럼에도 그들은 당장 도박이란 습관을 떨쳐버림으로써 비참한 기분에 빠지기보다는 계속 게임을 하겠다는 합리적인 결정을 내리고 있었다.

중독을 떨쳐버리지 않는 게 과연 합리적인 결정일까? 좀 더 일반적인 중독에 대해서 생각해본다면 이 질문에 대한 답을 쉽게 찾을 수 있을 것이다. 나는 갓 볶아낸 원두를 갈아서 향이 좋은 커피 한 잔을 만들어 마시는 일로 하루 일과를 시작한다. 그런데 가끔 원두가 떨어진 걸 깜빡할 때도 있다. 그래서 커피를 마시지 못하면 두통이 생기고, 화가 나고, 집중도 못 한다. 커피를 마시지 못하면 금단증상을 느끼는 커피 중독자인 것이다. 물론 며칠만 참으면 그런 금단증상은 사라지고, 커피를 끊을 수 있을 것이다. 그렇지만 나는 커피를 끊는 대신 더 많은 원두를 사들인다. 사실 커피는 내게 그만한 가치가 있다. 그렇다면 이런 내 행동이 정말 비합리적일까? 베커와 머피에 따르면 슬롯머신 중독은 물론 심지어 마약 중독도 합리적이다.

여기 새로운 마약을 시도해보고 싶어 하는 젊은이가 있다고 하자. 그 마약을 복용하는 사람은 누구나 처음에는 푹 빠져든다. 그러다 시간이 흐르면 어떤 사람은 처음의 흥분을 다시 느끼기 위해 점점 더 절박하고 무의미한 노력에 빠져들게 된다. 그는 마약을 끊으려고 시도하지만 그때마다 고통이 엄습한다. 반면 어떤 사람은 그 마약을 즐기면서 여생을 만족스럽게 살아가기도 한다. 젊은이는 자신이 어떤 유형에 속할지 알지 못한다. 그렇다면 그가 그 마약을 복용하는 게 합리적인 것일까?

그렇지 않다고? 그렇다면 '새로운 마약을 시도하다'란 말은 '결혼하다'로, '마약을 끊다'란 말은 '이혼하다'로 바꿔놓고 위의 문단을 다시 읽어보라. 결혼은 마약과 크게 다르지 않다. 결혼은 계획대로 되지 않고, 선택의 자유를 제한한다. 또 엉망이 된 결혼 생활을 포기하기란 극도로 어렵고 고통스럽다. 그러나 결혼은 상당히 재미있을 수도 있다. 처음 마약에 손을 댄 사람(혹은 신혼부부)은 잘못된 판단을 내린 것일지도 모르지만, 그는 결국에는 자신의 결정이 좋은 결과를 낳을 것이라고 믿는다. 게리 베커와 케빈 머피는 중독자들이 바로 그런 식으로 생각한다고 말한다.

두 사람은 여기서 더 나아가 중독자들의 행동에 대해 어느 정도 명확한 예측을 내놓기도 했다. 합리적 중독자들은 어제의 음주나 흡연 습관이 오늘의 음주나 흡연 습관을 강화하고, 오늘의 음주나 흡연 습관이 내일의 음주나 흡연 습관을 강화한다는 사실을 알고 있다는 것이다. 따라서 새 정부가 주세酒稅를 인상하기로 했다면 그 사실을 알고 있는 알코올 중독자는 지금 당장 술값이 오르지 않았어도 지금이야말로 술을 끊을 절호의 기회라 생각해 술을 끊으려 할 것이다. 합리적 중독자들은 예측 가능한 변화에 미리부터 반응하기 때문이다.

개연성이 없어 보일지 모르지만 두 사람의 예측은 사실이다. 베커와 머피는 담뱃값을 올리겠다는 발표가 나오면 실제로 담뱃값이 오르기 전부터 담배 소비가 줄어든다는 사실을 알아냈다. 두 사람 외에 또 다른 연구자도 도박이 합리적 중독이라는 사실을 증명했다. 즉 경마 수입 중 경마장의 몫이 늘어날 경우 올해뿐만 아니라 내년에도 마권 판매액은 줄어들며, 심지어 작년에도 같은 현상이 일어났던 것이다. 도박사들은 베팅에 따른 비용이 올라갈 것을 예상하고, 미리부터 도박 습관을 버리기 때문이다.

이러한 행동은 완벽하지는 않지만 의미심장한 비유를 통해서 더 쉽게 이해할 수 있다. 바로 임대료 인상에 대한 반응이다. 아파트를 바꾸기란 중독에서 벗어나는 것만큼이나 어렵고 돈이 많이 드는 일이다. 따라서 집주인이 3개월 후 임대료를 올리겠다고 통보한다면 여러분은 당장 새 집을 찾는 게 나을지도 모른다. 반면 시내 레스토랑이 3개월 후 음식값을 올리겠다고 발표하면 여러분은 당장 다른 레스토랑을 찾아야겠다고 생각하지는 않을 것이다. 음식값이 오르기 전까지 그냥 그곳에서 밥을 먹어도 되기 때문이다. 아파트에 '중독'되었다고 말하는 것은 좀 그렇지만 분명 여러분은 아파트와는 단절되기 어려운 관계를 맺고 있고, 그것은 중독과 같은 효과를 일으킨다.

베커와 머피에 따르면 중독에 대한 치료는 더 큰 욕구를 불러오는 '자기 강화적self-reinforcing' 성격을 가지므로 금단 현상을 무릅쓰고 단번에 중독의 고리를 끊어버리는 게 합리적이다. 이와 관련하여 놀라운 사실은 중독성 상품은 비중독성 상품에 비해 훨씬 더 가격 변화에 민감할 수 있으며, 특정 상품에 중독된 사람들이 특정 상품을 가볍게 즐기는 사람들에 비해 가격 변화에 훨씬 더 예민할 수 있다는 점이다. 특정 상품을 가볍게 즐기는 사람들은 가격이 오르면 소비를 줄이지만, 특정 상품에 중독된 사람들은 아예 끊어버리기 때문이다. 황당하게 들릴지 모르지만 사실이다. 주세가 오를 경우 술 소비도 줄어들지만 간경화로 인한 사망률은 더 급격히 하락한다. 술값이 오를 경우 알코올 중독자들은 아예 술을 끊어버리기 때문이다.

경제학자들은 또한 금연 반창고와 금연 껌 광고가 오히려 청소년의 흡연을 부추긴다는 사실을 알아냈다. 10대들이 합리적이라면 그 이유는 쉽게 설명 가능하다. 광고는 10대들에게 금연을 도울 수 있는 새로운 방법이 있으니, 흡연을 해도 덜 위험하다는 생각을 심어주기 때문이다. 머피는 이렇게 말했다. "별로 놀랄 만한 사실은 아니다. 물론 증거가 필요하지만 말이다."

신경경제학의 탄생

그렇다면 베커와 머피의 주장대로 중독은 정말 합리적인가? 아니면 셸링과 같은 위원회에 속했던 위원들의 주장대로 비합리적인가? 셸링은 두 의견 모두 옳지 않다고 생각했다. 그에게는 중독은 미친 짓이라는 직관적인 생각과, 중독은 합리적이라는 논리적인 생각이 양립 가능한 것으로 보였기 때문이다. 셸링에게 중독은 순전히 비합리적이지도, 순전히 합리적이지도 않았다. 그의 눈에 비친 중독은 전쟁, 즉 자기 통제를 얻기 위한 싸움이었다. 셸링은 우연히 시적 비유가 생각나서 이런 말을 쓴 게 아니었다. "중독은 싸움이다"라는 그의 말에 담긴 의미는 중독자가 적절한 전술을 갖고 있다면 중독을 극복할 수 있다는 뜻이었다.

셸링은 담배를 끊기 위해 애쓰는 부인을 둔 남자의 이야기를 들려주곤 했다. 그녀는 담배를 끊었지만, 그로 인해 힘든 시간을 보내고 있었다. 그때 친구가 찾아와서 담배 한 갑을 흘리고 간다. 여자의 남편은 그녀가 순간적인 욕구에 굴복하여 자기 의지와는 상관없이 다시 담배를 피우게 될까 봐 걱정한다. 그래서 그는 담배를 집어다 변기에 버린다. 미래를 예측한 남편이 머리를 잘 굴려서 아내가 강력한 충동에 굴복하지 않도록 미리 손을 쓴 것이다.

셸링은 이 이야기를 바꾸어보았다. 남자는 미혼이다. 그는 담배를 끊으려 한다. 친구가 담배를 놓고 가자 남자는 담배를 주머니에 넣어두었다가 나중에 친구에게 돌려주기로 한다. 그러나 위스키를 한 잔 마시자 담배를 피우고 싶다는 욕구가 일어나기 시작했다. 그의 자아가 굴복하기 전에, 강력한 의지로 무장한 그의 또 다른 자아가 앞으로 어떤 일이 일어날지를 예측한다. 그래서 그는 담배를 변기에 버렸다. 이것은 하나의 몸속에 들어 있는 두 명의 의사결정자가 벌이는 싸움 같다.

셸링은 자기 성찰에 의존하여 중독을 일종의 '정신적 내란'으로 간주하는 '에고노믹스egonomics' 이론을 개발했다. 이제 뇌 스캔 장치와 합리적 선택 이론으로 무장한 새로운 연구자들이 스스로를 '신경경제학자neuroeconomist'라고 부르면서 셸링의 모델—의사결정 시 우리의 개성이 여러 개로 쪼개지는—을 뒷받침할 두뇌 연구를 하고 있다. 그들은 회상과 추측에 의존하기보다는 최첨단 뇌스캔 장치를 통해서 두뇌를 검사한다.

그들이 관심을 갖는 것은 두뇌의 '도파민 시스템'이다. 원숭이에게 과자를 주면 원숭이의 도파민 시스템이 크리스마스트리처럼 밝게 빛나는 걸 뇌스캔 장치를 통해 볼 수 있다. 이 시스템은 우리가 어떤 일에 대해 즉각적인 결정을 내릴 수 있도록("먹어라!") 즉각적으로 기쁨을 예측("과자는 맛있을 거야")할 수 있게 설계된 것 같다. 그러나 중독성 화학물질이 도파민 시스템의 원활한 작동을 방해한다. 일부 연구자들은 슬롯머신 같은 비화학적 중독물질 역시 같은 작용을 한다고 생각한다.

반면 인지 시스템은 불확실한 환경에서 장기적인 결정을 내릴 수 있게 도와준다(그래서 작동 속도도 느리다). 도파민 시스템은 신속하기는 하지만 특정 환경에서는 잘못된 예측을 내놓기도 한다. 우리는 도파민 시스템과 인지 시스템으로부터 동시에 정보를 취합한다. 분명 이것은 자연선택natural selection(자연계에서 그 생활 조건에 적응하는 생물은 생존하고, 그렇지 못한 생물은 저절로 사라지는 일-옮긴이)에 의한 타협이다. 이렇게 해서 토머스 셸링의 '에고노믹스'는 '신경경제학'으로 재탄생했다.

첨단 기술에 의존하지 않은 실험에서도 인지 시스템과 도파민 시스템 사이의 긴장이 쉽게 확인되었다. 실험자들은 피험자들에게 과일이나 초콜릿 중 하나를 간식으로 고르게 했다. 열 명의 피험자 중 일곱 명이 초콜릿을 달라고 했다. 그러나 실험자들이 다른 피험자들에게 다른 선택안을 제시하자 대답은 다르게 나왔다. 실험자들이 "다음 주에 간식을 줄 텐데, 과일과 초콜릿 중 어떤 걸 먹겠느냐?"라고 묻자, 네 명 중 세 명꼴로 과일을 달라고 했다.

피험자들에게 가볍게 볼 수 있는 영화와 작품성이 뛰어난 영화 중 어느 것을 보겠느냐고 묻자 절반 이상이 〈미세스 다웃파이어〉 같은 가벼운 영화를 선택했다. 그러나 그들에게 일주일 뒤에 영화를 본다면 어떤 영화를 보고 싶은지 묻자 3분의 2가량이 〈세 가지 색: 블루〉나 〈쉰들러 리스트〉 같은 묵직한 영화를 보겠다고 대답했다. 미리 선택하라는 요청을 받을 경우 피험자들은 〈세 가지 색: 블루〉를 보는 게 문화적인 삶을 사는 데 더 유용할 거라 판단했던 것 같다. 반면 당장 선택하라는 요청을 받을 경우 〈미세스 다웃파이어〉를 보며 편안하게 몇 시간을 보내고 싶다는 욕구가 〈세 가지 색: 블루〉를 보면서 얻게 될 장기적인 혜택에 대한 욕구보다 더 강했던 것 같다.

합리적으로 중독을 극복하는 법

중독을 내적 싸움으로 묘사한 사람이 셸링이 처음은 아니지만, 그는 이 문제를 전략적인 문제로 인식한 최초의 사람이었다. 그러나 그는 자신과의 싸움에서 안타까운 전략적 실수를 저질렀다. 1955년 담배를 끊은 그는 1958년 런던의 한 식당에 앉아 있다가 담배 파는 여인에게서 담배를 구입하고 말았다. 그는 한 개비만 피우고 다시는 피우지 않겠다고 결심했지만 그 결심은 지켜지지 않았다. 그는 그 뒤로 오랫동안 담배를 끊지 못한 채 고통 속에 살아야 했다.

셸링은 전략가 시절 그러한 실수를 극복하기 위해 여러 가지 전략과 전술이 담긴 책을 읽어봤다. 물론 그 모든 전략과 전술이 성공을 거둔 것은 아니었다. 그는 자신에게 담배를 끊을 만한 의지가 없다는 것을 깨달았다. 동시에 담배를 줄이겠다는 자신과의 모호한 약속은 담배를 갈망하는 성급한 자신의 또 다른 자아에 의해 쉽게 깨질 수 있음을 깨달았다. 그래서 그는 핵무기 사용 금지를 주장할 때처럼 '분명한 선'을 긋기로 했다. 그는 저녁 식사를 끝내기 전까지는 절대 담배를 피우지 않겠다고 자기 자신과 약속했다. 그는 수년 동안 이 약속을 지켰지만 불행하게도 그의 또 다른 자아 역시 만만치 않았다. 결국 셸링은 자기가 정해놓은 규칙을 깨지 않고 담배를 피우기 위해 오후 5시 30분에 저녁을 먹기 시작했다.

셸링의 전략은 "구체적이고 모호하지 않은 약속을 하라"는 원칙으로부터 나온 것이었다. 케네디 대통령은 베를린 사태로 흐루쇼프와 갈등을 빚을 때 이 원칙을 따랐다. 그는 "우리의 이익을 지키기 위해서 필요한 조치를 취하겠다"라는 식의 모호한 진술 대신 확실한 진술을 택했다. 케네디는 베를린 사태에 대한 셸링의 분석을 읽고 나흘 만에 텔레비전에 출연했다. "우리는 베를린에 대한 (구소련의) 공격은 우리 모두에 대한 공격으로 간주할 것임을 통보했다." 이런 공식적인 천명으로 미국이 구소련에 대한 공격도 불사할 것임을 알렸고, 결국 흐루쇼프는 베를린을 공격하지 못했다.

그러나 뛰어난 협상가라면 누구나 알고 있듯이(그리고 나중에 케네디가 쿠바 사태에서 보여주었듯이), '분명한 선' 때문에 협상이 불가능하다면 그 선을 유지한 채 합의에 이를 방법을 찾아야 한다. 노조 대표가 공공연하게 10퍼센트 미만의 임금 인상은 받아들이지 않겠다고 선언하는 경우를 생각해보자. 그런 선언을 하는 이유는 협상 상대방을 위협하기 위해서다. 그런데 이러한 전술은 사실 그리 효과가 없다. 이런 선언을 무력화시킬 교묘한 방법들이 있기 때문이다. 예를 들어 앞으로 3년 동안 10퍼센트를 올려주겠다는 제안을 하거나, 달성하기 힘든 특정 목표를 달성할 경우 올려주겠다는 조건을 거는 것이다. 오후 5시 30분에 저녁을 먹고 5시 33분에 담배를 피우겠다는 생각이나 마찬가지다.

경제학자들은 아직까지도 이런 금기와 초점이 효과를 갖는 이유를 명확하게 설명하지 못하고 있다. 그러나 그들은 완전하지는 않지만 조금씩 설명을 내놓고 있다. 왜 사람들은 2월 24일보다는 1월 1일에 금연을 결심할까?

중독자는 협상가처럼 미리 구속력 있는 결정을 함으로써 유리한 입장에 설 수도 있다. 예를 들면, 다이어트를 위해 충분히 식사를 한 다음에야 인터넷에서 식품을 쇼핑하는 사람처럼 말이다. 그는 케이크와 과자를 보고 유혹에 빠지지 않기 위해 이런 전술을 쓰는 것이다.

리처드 탈러Richard Thaler와 슐로모 버내치Shlomo Benartzi가 개발한 좀 더 세련된 사례도 있다. 바로 '내일 더 많이 저축하라'로 불리는 금융 프로젝트다. 이 프로젝트를 채택한 기업의 경우 종업원들은 미래의 임금 인상분 중 일정액을 연금 펀드에 넣어두어야 한다. 덕분에 그들은 연금 수령액을 거의 네 배나 늘릴 수 있었다.

두 경우 모두 미래에 대비하는 자아가 의지가 약한 자아를 이긴다. 셸링은 심술궂게도 두 개의 자아 중 어떤 쪽이 옳은지를 판단하는 게 항상 쉬운 것만은 아니라는 사실을 알아냈다. 사람들은 자신이 원하는 이상으로 저축을 하고, 운동을 하고, 다이어트를 한다. 또한 진정으로 원하지 않으면서도 고급 잡지를 구독하고 로열 오페라 하우스Royal Opera House(런던에 있는 오페라 극장-옮긴이)의 회원이 된다.

마찬가지로 미리 자신의 행동 원칙을 정해놓는 것도 좋다. 예를 들면, 고객이 물건 값을 깎아달라고 할 때 종업원이 자신에게는 그럴 권한이 없다고 말하는 것이다. 그러나 이런 전술은 고객을 쫓아내는 부작용을 낳을 수도 있다. 영화 〈닥터 스트레인지러브〉에서 러시아는 미국의 공격 신호를 감지하는 순간 모든 핵미사일을 발사함으로써 세계를 종말로 몰고 갈 컴퓨터를 개발한다. 이런 장비는 분명 위험하지만 적의 기습 가능성은 확실히 낮춰준다. 이것이 폰 노이만을 모델로 한 닥터 스트레인지러브가 주장하는 논리다. 두말할 필요도 없이 이때 예측 가능한 인간의 실수가 끼어들면서 계획은 어긋나기 시작한다(영화 각본을 쓸 때 스탠리 큐브릭은 누구와 상의했을까? 바로 토머스 셸링이다).

주세가 오를 것이라는 보도가 나오면 알코올 중독자는 합리적으로 금주를 결심한다. 그러나 그는 결심을 지키지 못하고 다시 술독에 빠질 수도 있다. 셸링처럼 중독자들은 잘못된 선택을 하고, 자가당착에 빠지며, 자신의 나약함에 괴로워할 수 있다. 아니면 비용과 혜택을 저울질하고, 예상되는 유혹에서 벗어나기 위해 조치를 취할 수도 있다. 셸링은 15년간의 분투 끝에 자신과의 싸움에서 승리했다. 2005년 내가 찾아갔을 때 그는 30년 동안 담배를 피우지 않았다고 했다. 84세의 나이였지만 그는 건강한 사람의 표본처럼 보였다.

가장 쓸모 있는 게임 이론

다시 라스베이거스로 돌아가보자. 2000년 포커 월드 시리즈에서 퍼거슨이 거둔 승리는 게임 이론 역사상 가장 기념비적인 일이었다. 그러나 많은 면에서 게임 이론은 불완전했다. 퍼거슨의 게임 이론은 폰 노이만의 순수한 수학적 통찰을 승계한 것이긴 하지만, 대부분의 성공한 게임 이론은 셸링의 게임 이론을 변형한 것이다. 다시 말해 현실 세계의 복잡성을 감안한 간단한 이론인 것이다.

예를 들어 퍼거슨이 우승하기 불과 3주 전에 영국 정부는 게임 이론가들이 고안해낸 경매 방식으로 휴대전화 라이선스를 판매하여 220억 파운드를 벌었다. 논란은 있었지만 분명 최근 몇 년간 게임 이론이 거둔 가장 큰 성공 사례였다. 이 경매를 고안한 폴 클렘퍼러Paul Klemperer는 공상적인 수학적 게임 이론 대신 대학생이라면 누구나 설명할 수 있는 기초적인 경제 원리를 동원했다고 설명했다. 즉 입찰자들이 경매에 오게만들고, 함정을 없애고, 속임수를 예방했더니 경매가 성공을 거두었다는 말이었다.

모호한 세계에서는 기본을 지키느냐 그러지 못하느냐가 성패를 결정한다. 퍼거슨과 마찬가지로 경매를 설계한 사람들도 모든 가능성을 검토하기 위해 컴퓨터를 동원했다. 그러나 그들은 퍼거슨과는 달리 간단한 전략, 명확한 초점, 모호한 실수를 찾아냈다.

퍼거슨이 게임 이론을 바탕으로 포커판에서 입지를 다지고 있다면, 리오 호텔 밖에서는 좀 더 소박한 셸링 스타일의 투쟁이 벌어지고 있다. 어떤 도박 중독자는 슬롯머신에 접근조차 할 수 없다. 카지노의 보안 요원들이 그들을 공손하게 문 밖으로 인도하기 때문이다. 그들은 세계 최대의 카지노업체인 하라스 엔터테인먼트가 소유하는 모든 카지노에 입장이 금지된다. 누가 그런 결정을 내렸을까? 경찰이나 하라스의 경영진이 아니라 그들의 또 다른 자아다.

도박 중독 때문에 고통받는 사람이라면 누구나 하라스에 전화를 걸거나 하라스의 웹사이트에 접속하여 자기를 카지노에 입장시키지 말아달라고 요청할 수 있다. 합리적 의사결정자라면 이런 식으로 근시안적 도박 중독에서 벗어날 수 있다. 여러분이 자신과의 싸움에서 이길 수 없다면 다른 사람의 도움을 받으면 된다.

게임 이론은 포커, 전쟁, 심지어 도박 뒤에 숨겨진 논리까지 보여준다. 이 이론은 라스베이거스의 슬롯머신처럼 예상치 못한 환경에 깃든 단순하고 상식적인 합리성을 밝혀줄 때 가장 큰 위력을 발휘한다. 자신감이 넘치는 '반신반인' 폰 노이만은 자신이 사랑했던 게임 이론이 라스베이거스를 장악할 수 있으리라 기대했을지도 모른다. 그러나 그는 게임 이론이 '예수' 퍼거슨의 재능만큼이나 슬롯머신 중독자들의 내적 싸움과도 깊은 관련을 맺고 있다는 건 몰랐을 것이다.

CHAPTER 3

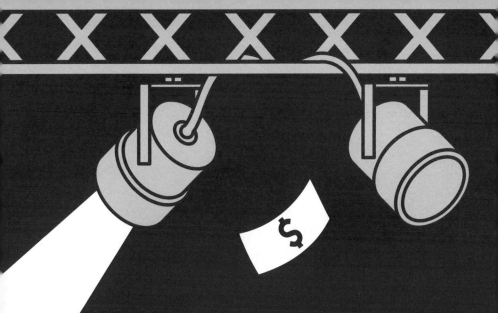

왜 멋진 여자가
평범한 남자와
결혼할까

일물일가의 법칙

세상에서 가장 비합리적인 사람들은 사랑에 빠진 사람들 같다. 아쉬울 것 없는 멋진 여자가 평범한 남자와 결혼하는 것만 봐도 알 수 있다. 그런데 여자들의 이런 선택이 가장 합리적이고 현명한 선택이라면? 멋진 남자와 결혼하고 싶은 여자라면 대학 졸업장을 들고 도시로 가라. 단, 돈이 많아도 티내지 마라. 멋진 남자들이 여자에게 원하는 건 돈이 아니라 젊음과 건강이니까.

데이트할 때 알아야 할 것들

타이거 타이거는 런던 극장가 중심에 있는 대형 술집이다. 이곳은 담배 연기와 시끄러운 음악과 페로몬으로 가득하다. 여러분이 이런 것들을 좋아한다면 잠깐 이곳에 들러 친구와 칵테일이나 와인을 한잔해도 좋을 것이다. 애인을 구하기에도 괜찮다. 타이거 타이거에 들어간 나는 뒤쪽에 있는 작고 조용한 라운지 한가운데 앉았다. 특별한 낭만을 즐기기 위해 그곳에 들른 사람들을 만나보고 싶었다.

술집에서는 이벤트로 스피드데이트speed date(남녀 여러 쌍이 짧은 시간 내에 파트너를 바꿔가며 대화를 나누는 데이트 방법-옮긴이)가 열리고 있었다. 그날 저녁 그곳에는 기대감에 사로잡힌 20여 명의 남녀가 모였다. 모든 사람이 이름표를 붙이고 손엔 펜과 설문지 그리고 술병을 들고 있었다. 여자들은 방 여기저기에 놓인 조그만 테이블 앞에 자리했다. 주최자(이 행사를 기획한 데이트 회사의 대표)는 조그만 벨을 울린 다음 모든 남자에게 미리 정해진 데이트 상대를 찾아가줄 것을 부탁했다. 약 3분 정도가 지났다. 벨이 다시 울렸고, 남녀는 악수를 했다(용기가 있을 경우 상대방의 볼에 가벼운 입맞춤을 했다). 남자들은 다음 테이블로 옮겨가서 다른 여자와 대화를 나눴다.

이런 식으로 30분이 지나자 모든 남녀가 서로 한 번씩은 대화를 나누게 되었다. 그리고 나서 사람들은 지금까지 만났던 상대와 데이트를 하고 싶은지 그렇지 않은지를 설문지에 적었다. 설문 결과는 다음 날 인터넷에 공개된다. 설문 작성이 끝나자 남녀는 서로 대화를 나누기도 하고 파트너를 골라서 몰래 술집을 빠져나가기도 했다.

나는 그곳에서 텔레비전 쇼를 찍고 있었다. 경제학을 활용하여 일반 출연자를 돕는 프로그램이었다. 이번 지원자는 앤디였다. 앤디는 내가 개발한, 다소 무모한 게임 이론으로 마음에 드는 여자에게 데이트 신청을 해보겠다고 했다. 그는 전국의 시청자들이 지켜보는 가운데 보기 좋게 퇴짜를 맞았다. 이 실험은 앤디뿐만 아니라 내게도 씁쓸한 것이었다. 나는 경제학을 자기 개선의 도구로 사용해보겠다는 거창한 계획을 세우고 있었기 때문이다.

스피드데이트에 무모하게 얼굴을 내민 경제학자가 내가 처음이자 마지막일 거라 생각하면 착각이다. 우리는 어떤 무모한 행동도 마다하지 않으니까. 컬럼비아 대학교의 경제학자들은 심지어 스피드데이트를 직접 주관하기도 했다. 존 폰 노이만의 게임 이론이 사랑과 결혼에도 적용될 수 있으리라는 사실을 깨닫게 된 경제학자들은 사람들이 어떻게 파트너를 선택하고, 어떻게 파트너와 관계를 유지해나가는지에 관심을 보여왔다.

사람들이 어떻게 파트너를 선택하는지 알고 싶다면 스피드데이트가 아주 좋은 출발점이 되어줄 것이다. 참가자들이 수십 명의 잠재적 파트너에게 어떤 식으로 반응하는지를 볼 수 있기 때문이다. 전통적인 데이트의 경우에는 망원경과 도청기와 사설 탐정의 도움 없이는 불가능한 일이다.

분명 사랑과 데이트와 결혼에는 합리적 선택 이론으로 설명할 수 없는 부분이 많다. 그럼에도 합리적 선택 이론은 중요한 역할을 한다. 생물학자나 시인은 우리가 왜 사랑에 빠지는지 명쾌하게 설명해줄지도 모른다. 역사가는 결혼 제도의 변천 과정을 추적할 수 있을 것이다. 그러나 경제학자는 사랑 뒤에 숨겨진 논리를 파헤쳐줄 수 있다.

3장에서는 결혼 시장의 경쟁, 공급, 수요에 대해 알아볼 것이다. 그런데 사랑에도 정말로 경쟁 개념이 적용되는 것일까? 여러분이 아니라고 생각한다면 다행이다. 연인이 여러분의 친구와 바람이 난 적은 없는 것 같으니 말이다. 여러분은 수요와 공급 같은 용어들이 낭만을 논하는 데 어울리지 않는다고 여길지도 모른다. 그런데 이런 이야기를 공학도들(대부분 남자)과 간호학도들(대부분 여자)에게 해보라.

우리는 남녀의 성비가 불균형한 곳에서 합리적인 사람들이 어떻게 행동하는지를 살펴볼 것이다. 〈섹스 앤 더 시티〉에 등장하는 캐리 브래드쇼는 "뉴욕에는 130만 명의 독신 남성과 180만 명의 독신 여성이 살지. 그리고 이 중 300만 명 이상이 자기가 충분히 섹스를 즐기고 있다고 생각한다니까!"라는 말로 독신 여성이 독신 남성보다 많을 경우 독신 여성에게 어떤 문제가 생기는지 들려주었다. 마찬가지로 이번 장에서는 남녀의 숫자가 조금만 차이를 보여도 엄청난 파장이 일 수 있음을 보여줄 것이다.

그러고 나서 결혼 등 장기적인 관계 속에서 일어나는 합리적인(종종 암묵적인) 거래를 살펴볼 것이다. 이런 거래는 누가 돈을 벌고, 아이를 돌보고, 돈을 쓰고, 이혼을 신청하는지와 관련되어 있다. 부부는 서로 사랑하는 낭만적 커플이다. 동시에 그들은 분업을 통해 아이를 키우고 집을 장만해야 할 경제단위이기도 하다. 1970년대 이혼이 급격하게 증가한 것도 실은 경제적 변화, 다시 말해 인센티브의 변화에 대한 합리적 반응 때문이었다. 또한 직장 여성의 남녀 평등을 위한 투쟁 역시 이혼율 증가와 관련이 있다. 여기서는 합리적 행동이 어떻게 이혼, 피임약, 직장 여성의 자아성취를 '자기 강화적 고리(하나의 행동이 유사 행동에 영향을 미치면서 그 행동을 증감시키는 순환 과정으로 원금이 이자를 유발하고, 이자가 다시 원금을 불리고, 이렇게 불어난 원금이 더 많은 이자를 낳는 식이다-옮긴이)' 속에 끌어들였는지 살펴볼 것이다. 이 문제들은 모두 결혼 등 장기적인 관계를 맺은 남녀 사이에서 벌어지는 협상과 밀접한 관련을 가진다.

그전에 우선 낡은 질문부터 해결하자. 사람들은 오직 한 사람, 다시 말해 성격적, 사회적, 직업적, 재정적, 성적으로 자신에게 완벽히 들어맞는 한 사람(한 사람이 아니라면 하나의 유형)만을 찾아 헤매는가? 아니면 상황에 맞추어 자신의 기준을 조정하는가? 다른 말로 하면 낭만주의자가 옳을까, 현실주의자가 옳을까?

이런 질문에는 분명히 답변할 수가 없다. 가장 비범한 경제학자조차 사람들이 시장 여건에 맞추어 배우자에 대한 기준을 낮추는지 혹은 고수하는지 증명하지 못했다. 그러나 미셸 벨로Michèle Belot와 마르코 프란체스코니Marco Francesconi의 스피드 데이트에 대한 연구를 통해 간접적인 증거를 어느 정도 구할 수는 있다.

결혼 쇼핑

스피드데이트에 참가한 사람은 만난 사람 중 누구에게나 데이트를 신청할 수 있다. 또한 나중에 이메일 등으로도 데이트를 신청할 수 있다. 그래서 참가자들은 거절당했을 때의 당황스러움을 최소화할 수 있다. 이것은 데이트 신청이 간단한 일이고, 복잡하지 않은 승낙의 표현이며, 그러므로 대부분의 사람들이 원하지 않는 상대에게는 데이트를 신청하지 않는 반면 원하는 상대에게는 주저하지 않고 데이트를 신청하게 된다는 의미다.

벨로와 프란체스코니는 영국 최대의 데이트 대행사를 설득해 스피드데이트에 참가한 적이 있는 남녀 각 1800명의 자료를 확보했다(2년간 실시된 84차례의 스피드데이트에서 확보한 자료였다). 두 사람은 누가 어떤 스피드데이트에 참여했고, 누가 누구에게 데이트 신청을 했는지 알아낼 수 있었다.

또한 여성은 열 명의 남성 중 한 명에게만 데이트 신청을 한 반면, 남성은 열 명의 여성 중 두 명에게 데이트 신청을 했다. 하지만 남성의 성공률은 여성의 절반 정도에 불과했다. 별로 놀라운 일은 아니었다. 더 나아가 키 큰 남성과 날씬한 여성, 비흡연자와 전문직 종사자가 더 많은 데이트 신청을 받은 것도 당연한 일이었다. 그런데 약 2000건의 개별적인 스피드데이트를 분석해본 결과 한 가지 의아한 사실이 드러났다. 즉 스피드데이트에 어떤 사람이 나왔느냐에 따라서 사람들이 자신의 기준을 체계적이고 합리적으로 바꾸는 경향을 보였던 것이다. 그들은 항상 '한 가지 기준에 맞는 사람'을 찾지는 않았다.

예를 들어 남성들은 날씬한 여성을 선호한다. 따라서 스피드데이트 현장에 평소보다 두 배나 많은 뚱뚱한 여성들이 등장한다면 남성들의 데이트 신청 횟수는 줄어들 것이라고 대체로 생각할 수 있다. 그러나 그것은 예측일 뿐 실제로는 전혀 그렇지 않았다. 남성들은 평소와 같은 수준으로 데이트 신청을 한다. 따라서 뚱뚱한 여성들이 평소보다 두 배 더 많이 등장한다면 그녀들이 데이트 신청을 받는 횟수 역시 평소보다 두 배 더 늘게 된다.

한편 여성들은 키가 작은 남성보다 키가 큰 남성을 선호하지만 스피드데이트 현장에 키 180센티미터가 넘는 남성이 한 명도 없다면 키가 작은 남성에게 데이트 신청을 하게 된다. 대부분의 사람들은 교육 수준이 높은 이성을 선호하지만 스피드데이트 현장에 박사 학위 소지자가 없다면 대학 중퇴자에게도 데이트를 신청할 것이다. 사람들은 자신이 찾는 이상형이 스피드데이트 현장에 나타나지 않을 경우 실망스러운 표정을 지은 채 집으로 돌아가서 텔레비전이나 보며, 다음번에는 자신이 기다리는 사람이 나타나길 빌지 않을까? 절대 그런 일은 없다. 그보다 사람들은 기대 수준을 낮춤으로써 변화된 상황에 대처한다.

그렇다고 사람들이 까다롭게 굴지 않는다는 의미는 아니다. 남성들은 여성들의 데이트 신청을 80퍼센트가량 거절하고, 여성들은 그런 남성보다 더 까다롭게 따진다. 이 모든 사실을 종합해보면 우리가 까다롭게 굴 수 있을 때는 더 까다롭게 구는 반면, 까다롭게 굴 수 없을 때는 덜 까다롭게 군다는 사실을 알 수 있다. 데이트 시장에서도 우리는 상황이 만족스럽지 못할지라도 그냥 받아들인다. 프란체스코니는 흡연자나 비흡연자에 대한 데이트 신청은 98퍼센트가 시장 여건에 좌우되며(이 사실을 더 고상하게 표현할 방법이 없다), 2퍼센트만이 불변의 욕구에 의해 결정된다고 말했다. 키가 크든 작든, 뚱뚱하든 말랐든, 전문직 종사자든 사무직 종사자든, 교육을 받았든 받지 못했든 데이트 신청의 10분의 9 이상은 그날 스피드데이트에 어떤 사람들이 참가했느냐에 따라 달라진다는 것이다. 나이 차이가 심할 때에만 사람들은 다음 기회를 기다리는 것 같다. 하지만 그 경우에도 개인의 취향은 시장의 기회보다 중요하지 않다. 결국 현실주의자와 낭만주의자의 대결에서 승자는 현실주의자였다.

프란체스코니는 이렇게 말했다(프란체스코니는 스피드데이트에

억지로라도 참가하게 된다면 의외로 선전할 것 같은, 이탈리아 출신의 매력적인 사람이다). "누구에게 데이트 신청을 할지는 전적으로 자기 앞에 누가 앉느냐에 의해 결정되고 이 경우 주로 무작위로 짝이 결정된다."

물론 이상형이 아니라도 즐거운 마음으로 데이트 신청을 할 수 있다고 해서 결혼할 때에도 이렇게 융통성을 발휘하는 것은 아니다. 하지만 우리는 만나는 사람들 중에서 첫 번째 데이트 상대를 고르고, 여러 명의 데이트 상대 중에서 배우자를 고른다. 만일 결혼 시장에서 모든 사람에게 퇴짜를 놓는다면 여러분은 결혼도 못 하고 늙어 죽을 것이다. 반면 오늘 열린 스피드데이트 시장에서는 모든 사람의 데이트 신청을 거절한다고 해도 수일 내에 또 다른 스피드데이트 시장에 초대받을 것이다(데이트 신청을 하지 않는 사람들은 다음번 스피드데이트에 초대를 받게 된다). 낭만적인 사람들이 믿듯이 우리의 결혼 기준에 융통성이 없다면 왜 사람들은 스피드데이트에서만큼은 융통성을 발휘하는 것일까? 또한 우리가 데이트를 할 때 상황에 따라서 기준을 조정한다면 이성과 장기적 관계를 맺을 때에도 상황에 따라서 기준을 조정하지 않을까?

이 말을 듣고 여러분은 데이트와 결혼에 대한 경제학자들의 분석에 흥미를 잃을지도 모르지만 제발 그러지 말기를 바란다. 경제학자들은 '결혼 시장'이라는 말을 쓰지만, 그렇다고 남편과 아내가 거래되는 시장을 가정하지는 않는다. 단순히 수요와 공급이 있고, 결과적으로 경쟁이 일어난다는 의미에서 시장으로 보는 것이다. 캐리 브래드쇼는 독신 남성 130만 명과 독신 여성 180만 명이라는 통계 자료로 이러한 사실을 아주 잘 파악했다. 친구들에게 "좋은 남자들을 몽땅 빼앗겼어"라거나 "모두가 갑자기 결혼해버렸어"라고 투덜대는 사람 역시 마찬가지다. 그렇다고 이들이 진정한 사랑을 부정하는 건 아니다. 다만 사랑은 맹목적일지라도 사랑하는 사람들은 그렇지 않다는 것뿐이다.

그들은 자기 앞에 어떤 기회가 놓여 있는지 잘 알고 있고, 데이트를 할 때 그러한 기회를 합리적으로 고려한다. 그들은 또 결혼 상대의 조건이 좋지 않을 때 그것을 해결하거나 더 나은 상대를 만나기 위해서 합리적인 결정을 내린다. 데이트 시장의 공급과 수요에 의해 사람들은 오로지 더 나은 상대를 찾기 위해 일하고, 공부하고, 심지어 이사를 간다. 남성의 숫자가 적은 지역에서는 여성들이 더 오랫동안 학교에 남는 방식으로 대처한다. 부유한 남성이 많은 지역에는 여성의 숫자가 특히 많다(캐리 브래드쇼는 그렇게 많은 여성들이 맨해튼에 거주하는 이유를 생각해본 적이 있을까?). 사랑은 합리적이지 않지만 사랑에 빠진 사람들은 합리적이다.

사랑하는 사람들의 합리성은 남녀의 성비가 조금이라도 불균형할 때 놀라운 효과를 발휘한다. 그 이유를 알아보기 위해 호기심 많은 경제학자들의 상상 속에만 존재하는 '결혼 슈퍼마켓'을 찾아가보자.

남자의 몸값 여자의 몸값

탱고를 추려면 두 명이 있어야 하고, 결혼을 하려고 해도 두 명이 있어야 한다. 따라서 결혼을 하려면 밖으로 나가서 결혼하고 싶은 누군가를 찾아내 결혼해달라고 설득해야 한다. 이런 '짝짓기' 문제는 결혼의 경우에만 해당하지 않는다. 구직은 아내나 남편을 구하는 것과는 다른 문제지만 때로 구직과 결혼 사이에 유사점이 발견되기도 한다. 여러분은 여러 일자리를 비교해보고, 어떤 일이 적성에 맞는지 고민해보고, 고용주에게 자신이 그 자리에 적합한 사람이라는 걸 설득해야 한다. 그리고 고용 시장에서와 마찬가지로 결혼 시장에서도 누가 누구와 어떤 조건으로 짝을 지을지는 경쟁자가 제시하는 조건에 따라서 달라진다.

20명의 독신남과 20명의 독신녀가 한 방에 모여 있다고 상상해보라. 이곳은 결혼 슈퍼마켓이다. 이곳이 결혼 슈퍼마켓으로 불리는 이유는 쇼핑이 간단하기 때문이다. 남녀가 짝을

지어 계산대로 오면 100달러를 받고(결혼으로 얻게 되는 심리적·재정적 소득을 가장 단순하게 표현한 것이다) 그곳을 떠날 수가 있다. 결혼 슈퍼마켓에서는 누구도 결혼을 할지 말지 고민하지 않는다. 여기서는 아무 생각을 하지 않아도 된다. 모든 파트너가 뛰어나고, 여러분은 아무 조건 없이 현금을 챙길 수 있다.

결혼 슈퍼마켓은 결혼을 아주 단순화한 모델이다. 다른 경제 모델과 마찬가지로 이 모델 역시 불필요하고 복잡한 부분은 생략한 채 핵심적인 전제만 남겨두었다. 그렇다면 남아 있는 핵심 전제는 무엇일까? 대부분의 사람들이 독신으로 남기보다 결혼을 원하고, 누구와 결혼하느냐에 따라 결혼으로 무엇을 얻게 될지가 결정된다는 것이다. 물론 현실 세계에는 평생 독신으로 살면서 만족하는 사람도 있고, 결혼식장을 빠져나오는 순간부터 결혼한 걸 저주하는 사람도 있다. 그러나 조금 전 이야기한 두 전제가 현실 세계의 진실을 구현해주는 한 결혼 슈퍼마켓은 유용하다.

현실에서 결혼을 통해 얻는 건 돈으로 측정이 안 된다. 적어도 돈으로만 측정할 수가 없다. 그러나 결혼 슈퍼마켓에서는 여성(혹은 남성)이 결혼으로 얻고자 하는 게 돈이든 오르가슴이든 재치 있는 대화든 따뜻한 배려든 전혀 중요하지 않다. 다만 그들이 독신으로 살기보다는 결혼을 원한다는 사실이 중요할 뿐이다.

앞에서 말했듯이 결혼 슈퍼마켓에서는 남녀가 짝을 지어 계산대에 나타날 경우 100달러를 준다. 그렇다면 남녀는 그 돈을 어떻게 나눌까? 남녀가 동수라면 50대 50으로 나눌 것이다. 그러나 남녀의 수가 불균형하다면 상황은 180도 달라진다.

결혼 슈퍼마켓에 20명의 미혼 여성과 19명의 미혼 남성이 있다고 상상해보자. 도대체 한 명의 남성에게 무슨 일이 일어난 걸까? 어쩌면 그는 동성애자이거나 죽었거나 감옥에 갔거나 이사를 갔을지 모른다(아니면 경제학을 공부하고 있을지도!). 이유가 무엇이든 남성이 한 명 부족하다고 하자. 고작 한 명이니 여성들에게 그리 불리할 게 없다고 생각한다면 오산이다. 이 약간의 불균형이 여성들에게는 끔찍한 재난인 반면 남성들에게는 희소식이 된다. 불균형은 힘을 의미한다. 그리고 그 힘은 여러분이 생각하는 것 이상으로 강력하다.

20명의 여성 중 한 명은 배우자를 구하지도, 100달러를 받지도 못한다. 당장은 아니지만 배우자를 구한 여성들 역시 처지가 나빠질 수 있다. 그런데 여성들의 손해는 남성들에게는 이익이다. 남녀 커플이 계산대로 가면 100달러를 받게 된다는 사실을 기억하라. 이제 19커플이 잠정적으로 50대 50으로 돈을 나누기로 합의했다고 가정해보자.

혼자 남은 여성은 집에 빈손으로 돌아갈지 모른다는 걱정

에 휩싸여 다른 커플 사이를 억지로라도 비집고 들어가야겠
다는 명백히 합리적인 결정을 내릴 것이다. 그녀는 100달러
를 50대 50으로 나누는 것보다 좀 더 유리한 조건을 남성들
에게 제시할 것이다. 어쩌면 그녀는 40달러만 받겠다고 할지
도 모른다. 그녀와 마찬가지로 합리적인 그녀의 라이벌은 파
트너를 빼앗기고 한 푼도 건지지 못하는 대신 자기는 30달러
만 받겠다고 맞받아칠 것이다. 이런 식으로 여자들이 받겠다
는 금액은 자꾸 떨어지고 결국에는 1센트에 이른다. 남성은

99.99달러를 받게 되지만 여성은 1센트를 받는다. 뭐, 아예 한 푼도 못 받는 것보다는 낫지만.

그런데 문제는 여기서 끝나지 않는다. '일물일가의 법칙law of one price'에 따르면 같은 시간에 같은 시장에서 판매되는 동일한 상품의 가격은 같다. 결혼 슈퍼마켓에서 여성들은 자신들의 처지가 그렇다는 걸 깨닫는다. 어떤 식의 합의가 이루어지든 항상 한 명의 여성이 남게 되고, 그녀는 짝을 이루기 위해 1센트만 받겠다는 제안을 할 것이다. 결국 일물일가의 법칙에 따라 19명의 남성은 99.99달러를 받게 되고 19명의 여성은 1센트를 받게 된다. 그나마 홀로 남은 한 명의 여성은 한 푼도 받지 못하게 된다.

정말 놀랍지 않은가! 불과 남성 한 명이 부족하다는 이유로 모든 남성들이 엄청난 권력을 쥐게 된 것이다. 이처럼 한 명의 '남는' 여성이 모든 남성들에게 별도의 조건을 제시하면서 다른 모든 여성들의 교섭 입지를 약화시킬 수도 있다.

그런데 결혼 슈퍼마켓과 현실 세계에는 중대한 차이점들이 있다. 우선 현실 세계에서는 일물일가의 법칙이 성립되기 위한 완벽한 조건이 충족되지 않는다. 교섭 과정은 잔인할 수 있어도 아주 계산적이지는 않다. 게다가 결혼 슈퍼마켓의 경우 결혼의 혜택을 돈으로 측정하기 때문에 그러한 혜택들이 한쪽에서 다른 쪽으로 쉽게 전이가 된다. 《플레이보이》 누드모델이었던 26세의 애너 니콜 스미스와 89세의 억만장자인 J. 하워드 마셜 2세(두 사람 모두 안타깝게도 고인이 됐다)의 결혼처럼 구혼자의 조건을 쉽게 비교할 수 있는 경우도 있지만 대개 구혼자들은 결혼 슈퍼마켓에서처럼 경쟁자들을 물리칠 수 있는 조건을 쉽게 제시할 수가 없다("브라이언이 약속한 것처럼 나도 일주일에 세 번의 오르가슴을 보장할게. 그리고 일주일에 적어도 한 번은 촛불을 켜놓고 저녁 식사를 함께할게"라고 약속하기는 어렵다).

결혼 슈퍼마켓이 상황을 지나치게 노골적으로 보여주는 감은 있지만 사실 현실 세계에도 똑같은 일이 벌어질 때가 있다. 결혼 슈퍼마켓에서처럼 남성의 숫자가 조금이라도 부족할 경우 여성의 처지는 놀랄 만큼 불리해진다. 남성들의 교섭 능력이 극적으로 높아질 경우 결혼하지 않는 여성뿐만 아니라 결혼하는 여성에게까지 피해가 간다. 여성들의 잠재적 배우자들은 유리한 교섭을 가능하게 하는 너무나 많은 옵션들을 갖기 때문이다. 3장 후반부에서는 결혼 적령기의 젊은 남성 다수가 수감되었을 때 어떤 일이 일어나는지를 보여주는 놀라운 사례를 소개할 것이다.

이런 사고실험에 적용해볼 사례가 한 가지 더 있다. 결혼 슈퍼마켓에서는 돈으로 배우자를 구할 수 있었지만 실제 세상에서는 이런 전략이 잘 통하지 않을 때 여성들은 어떤 합리적 전략을 쓸까? 슈퍼마켓 밖에서 여성들은 대학에 갈 수도 있고 사업을 할 수도 있고 성형수술을 받을 수도 있고 운동을 할 수도 있다. 간단히 말해서 다른 여성보다 자신을 더 매력적으로 만들 수 있는 온갖 방법을 동원할 수 있다. 앞으로 보겠지만 합리적인 여성들은 남성들의 수가 부족할 때 이러한 방법들을 쓴다.

그렇지만 정말 그런지 알아보기 전에 잠시 숨을 고르고, 왜 뉴욕에 사는 캐리 브래드쇼 같은 여성들이 독신 남성 부족 현상에 시달리게 되었는지 알아보자. 여기서도 역시 합리적인 설명이 가능하다.

골드미스는 왜 인기가 없을까

남성과 여성은 성과 결혼에 접근하는 방식이 다르다. 여성은 아이를 낳는 데 9개월이 걸리는 반면, 남성은 2분밖에 걸리지 않기 때문이다. 이러한 단순한 생물학적 사실은 자연선택이라는 냉혹한 힘과 짝을 이뤄 모든 남성(인간의 남성뿐만 아니라)이 항상 섹스를 할 수 있다는 잘못된 통념을 낳았다. 남성에게 시간을 내서 유전자를 퍼뜨려달라고 설득하는 일은 힘들지 않다. 반면 여성의 경우(인간의 여성뿐만 아니라) 섹스는 임신으로 이어질 수 있고 임신을 하면 시간과 자원이 심각할 정도로 많이 소모된다. 따라서 여성들은 섹스에 대해서 남성들보다 높은 기준을 가지고 있고, 그 결과 그들을 설득하는 데는 많은 노력과 시간이 필요하다.

이 설명은 남성과 여성의 사려 깊은 의견보다는 진화에 의한 생물학적 선택에 의존한 것이다. 따라서 합리적 선택 이론과 동떨어진 이야기처럼 들릴지 모르지만 전혀 그렇지 않다. 이러한 선택은 위험과 비용과 혜택에 대한 경제적 논리로부터 나오기 때문이다. 진화생물학자인 로버트 트리버스Robert Trivers는 남성과 여성이 섹스에 대해 차이를 보이는 이유를 최초로 설명했다. 그는 자신의 분석 결과에 '부모의 투자와 성적 선택Parental Investment and Sexual Selection'이란 제목을 붙였다. 그의 논리는 분명 경제학적이었다. 그는 남성의 무차별적 섹스와 여성의 좀 더 조심스러운 행동은 의식적인 선택이 아니라 진화의 결과이기 때문에 합리적이라고 주장했다.

진화 덕분에 우리는 이해하고, 회상하고, 우리의 진화된 생물학적 기호(섹스에 대한 남녀의 태도 차이)를 거부할 수 있는 커다란 뇌를 갖게 되었다. 그러나 생물학적 기호를 거부하는 것이 그리 쉬운 일은 아니다. 스피드데이트에서도 여성들이 추가 데이트를 신청할 가능성은 남성의 2분의 1밖에 안 되지 않았던가. 이 사실은 실험에서도 확인된다. 즉 한 여성을 남성에게 접근시켜 섹스를 제의하게 하자 네 명 중 세 명이 긍정적인 반응을 보였다. 남성들이 대학생이라 개방적인 생각을 갖고 있었을지도 모른다. 그러나 여대생들 중에는 그런 제안에 응하는 사람이 없었다. 그런 일은 영화에서나 나올 법한 것이다.

섹스에 대한 이야기는 그만하고 결혼에 대해 다시 이야기해보자. 고대에는 편부모가 돌보는 아이보다는 양친이 함께 돌보는 아이가 무사히 성장할 확률이 높았다. 부모의 역할이 그만큼 중요했다. 그렇다면 당시 남성과 여성은 어떤 이성을 좋아했을까? 아이를 낳고 길러야 하는 여성의 경우 젊음과 건강(사실 아름다움도 이 두 요인에 의존한다)이 중요했을 것이다. 한편 아버지의 역할은 아이를 부양하고 보호하는 것이었으므로 아마 가장 뛰어난 사냥꾼이 배우자로 인기가 있었을 것이다. 혹은 가장 싸움을 잘하거나 가장 영리한 남성들도 그에 못지않게 인기가 좋았을 것이다. 이러한 자질들은 높은 지위로 이어졌을 테니까. 그런데 근대에는 '부유함'이 사회적 지위의 지표가 되었다.

아프리카 사바나 지역에 살던 우리의 먼 조상들은 남성의 경우 젊고 아름다운 배우자를, 여성의 경우 지위가 높은 배우자를 선호했을 것이다. 그렇다면 오늘날도 그럴까? 민간의 속설을 뒤져보면 분명 그런 것 같다. 미국의 작곡가이자 피아니스트인 조지 거슈윈George Gershwin의 오페라 〈포기와 베스Porgy and Bess〉에는 '서머타임'이라는 노래가 나온다. 베스는 아기를 달래며 노래를 부른다. "네 아버지는 부자고, 네 엄마는 예쁘지." 생각해보면 26세의 젊은 남성이 89세의 여성 상속인과 결혼한 이야기는 들어보지 못했을 것이다.

그런데 경제학자들은 이런 속설에 만족하지 못한다. 그리고 다행히 이 모든(실은 거의 모든) 논란을 해소시켜줄 데이터가 존재한다. 바로 인터넷 데이트 성공률이다. 경제학자들은 인터넷 데이트를 스피드데이트만큼 열심히 연구했고, 그 결과 남성이 자신의 소득이 높다고 사이트에 광고할 경우 인기가 높음을 알 수 있었다. 여성의 경우는 정반대였다. 어떤 여성이 자신의 소득이 높다고 광고할 경우 평균 정도의 소득을 올린다고 광고할 때보다 오히려 인기가 없었다. 부유한 남성은 인기가 좋지만 부유한 여성은 인기가 없다.

아마도 여러분은 인터넷 데이트는 진실을 반영하지 않는다고 생각할지 모른다. 그럴 수도 있지만, 부유한 남성은 인기가 좋은 반면 부유한 여성은 그렇지 않음을 보여주는 또 다른 증거들도 존재한다. 조지 거슈윈과 진화생물학자들과 인터넷 데이트 참가자들이 시사하듯이 여성이 부유한 남성을 선호한다면 부유한 남성이 많은 곳에 여성들이 몰려들어야 한다. 도시가 그런 조건에 맞는 장소다. 남성은 경제력이 뛰어난 여성과 결혼하는 데 별 관심이 없기 때문에 도시에 대해서도 여성만큼 관심을 갖지 않는다. 임대료가 상승하면 돈벌이가 신통치 않은 남성은 돈벌이가 신통치 않은 여성보다 먼저 시골로 돌아간다. 아니면 처음부터 도시에 진입할 생각을 하지도 않는다.

이는 컬럼비아 대학교의 레나 에들런드Lena Edlund가 주장한 것이다. 그녀의 주장은 이렇게 정리된다. 첫째, 남녀의 비율을 따졌을 때 항상 시골보다는 도시에 남성이 적다. 그녀가 조사한 47개국 가운데 44개국에서 그런 현상이 목격됐다(나머지 3개국의 남녀 성비는 도시와 시골 모두 비슷했다). 미국의 대도시에서도 이와 같은 현상이 목격된다. 워싱턴 D.C.에서는 남녀의 비율이 8대 9다. 뉴욕의 경우 20~34세의 남성은 86만 명인 반면 여성은 91만 명이다(캐리 브래드쇼가 말한 숫자와는 다르다. 그녀는 80대까지 포함시켰기 때문이다!). 그렇지만 알래스카와 유타와 컬럼비아 같은 시골 지역에는 남성의 숫자가 더 많다.

또한 에들런드에 따르면 변변한 기술이 없는 남성은 도시에 살지 않을 가능성이 높기 때문에 도시에서는 숙련된 기술 없이 누구나 할 수 있는 일을 여성이 하는 경향이 높다고 한다(식당일이나 견습 비서일이 본래 여성의 일은 아니었다). 또한 남성의 소득이 높아질수록 '잉여 여성의 공급(다른 좋은 말이 없을까?)'도 늘어난다. 이것이 바로 에들런드가 스웨덴을 연구한 끝에 내린 결론이다. 스웨덴의 경우 남성의 임금이 높은 지역에는 여성, 특히 젊은 여성이 많이 산다. 많은 여성들은 남성들이 가난하긴 하지만 수적으로는 많은 지역으로 이주하기보다는 수는 적더라도 부유한 남성을 얻기 위해 경쟁하기로 결심한 것처럼 보인다. 맨해튼에 거주하는 여성들이 결혼 적령기의 남성이 부족하다고 계속 투덜대면서도 알래스카로 이주하지 않는 건 그들이 내린 합리적 선택의 결과다.

남자가 감옥에 가면 여자는 대학에 간다

미국의 결혼 시장이 이처럼 지리적으로만 나누어진 건 아니다. 배우자 선택에는 거주지뿐만 아니라 나이와 인종도 중요한 역할을 한다. 대부분의 사람들은 같은 인종, 같은 나이, 같은 지역 출신자와 결혼한다. 흑인이든 백인이든, 기혼 여성의 96퍼센트가 같은 인종의 남성과 결혼했다.

도시의 결혼 시장에서 불균형을 초래하는 요인은 무엇일까? 앞서 확인했듯이 숙련된 기술이 없는 젊은 남성들이 합리적 판단에 의해 시골로 이사를 가거나 아예 처음부터 시골을 떠나지 않음으로써 그런 불균형이 초래되는 것인지 모른다. 그러나 도시의 결혼 시장에 남성이 부족한 또 다른 중요한 이유는 바로 감옥이다. 미국 감옥에는 200만 명의 남성이 수감되어 있다. 반면 여성 수감자의 수는 10만 명에 불과하다. 수감된 남성의 연령, 종교, 출신지는 다양하지만 특히 젊은 흑인 남성의 수가 많다. 이는 젊은 흑인 여성들에게 중요한 문제로 대두한다(일부 흑인 여성이 다른 결혼 시장으로 옮겨 가려 하고 실제로 옮겨 갈 능력이 있을 때 다른 인종의 여성, 다른 주에 사는 여성에게도 문제가 발생할지 모른다. 하지만 실제로는 흑인 남성의 부족 현상을 상쇄할 수 있을 만큼 많은 흑인 여성들이 이동하는 것 같지는 않다).

예를 들어 뉴멕시코에서는 20~35세의 흑인 남성 가운데 30퍼센트가 수감되어 있다(그중에는 정신병원에 들어가 있는 사람도 많다). 또 아주 극단적인 사례이긴 하지만 젊은 흑인 남성이 열 명 중 한 명꼴로 수감되어 있는 주는 32개, 여섯 명 중 한 명꼴로 수감되어 있는 주는 열 개나 된다. 이것은 젊은 흑인 여성들에게는 심각한 문제다. 결혼 슈퍼마켓에서는 남자가 한 명만 부족해도 모든 여성의 교섭 능력이 심각하게 약화되었다. 그렇다면 실제 세계에서는 어떨까?

커윈 코피 찰스Kerwin Kofi Charles와 밍 칭 루오Ming Ching Luoh에 따르면 실제 세계에서도 마찬가지다. 수감되어 있는 남성의 수가 많은 주에서는 그렇지 않은 주에 비해(같은 연령대와 인종에 속한) 여성이 결혼으로 얻는 이점이 적다.

결혼 슈퍼마켓에서는 교섭 입지가 약해진 여성들이 결혼하기 위해 남성들을 돈으로 매수해야 했다. 그러나 현실 세계에는 또 다른 방법이 있다. 바로 자신의 매력을 높이는 것! 찰스와 루오는 젊은 흑인 여성들이 실제로 그렇게 행동하는 것을 확인했다. 즉 수감되어 있는 남성의 숫자가 많을수록 취업하거나 대학에 진학하는 여성의 숫자가 늘어났던 것이다. 대졸자는 대졸자와 결혼할 가능성이 높다. 따라서 교육은 여러분을 똑똑하게 만들어줄 뿐 아니라 똑똑한 남편이나 부인도 얻을 수 있게 해준다.

물론 결혼 시장에서 유리한 입장에 서기 위해서만 취업이나 진학을 결정하는 것은 아니다. 수감 중인 젊은 흑인 남성의 수가 많다는 건 젊은 흑인 여성이 결혼할 기회가 줄어든다는 의미다. 따라서 배우자의 소득에 기대어 살 수 없는 독신 여성들에게는 취업이나 진학이 합리적인 선택으로 보인다. 한편 젊은 흑인 여성의 결혼 가능성이 낮아지는 데는 또 다른 이유도 있다(단순한 결혼 슈퍼마켓 모델로는 표현할 수 없지만 진화생물학자들은 수긍할 만한 이유다). 수감되지 않은 젊은 흑인 남성들조차 굳이 결혼을 서두르지 않는 것이다.

찰스와 루오는 1980년, 1990년, 2000년의 인구조사 자료로 이 사실을 통계적으로 조사할 수 있었다. 그들은 미국 전역의 여성들이 시기별로 어떤 상황에 처했는지 비교할 수 있었다. 예를 들어 그들은 수감 중인 젊은 흑인 남성의 비율이 1퍼센트 상승할 경우 결혼에 성공하는 젊은 흑인 여성의 비율은 3퍼센트 하락하는 걸로 추정한다. 결혼 적령기인 젊은 흑인 남성 20~25퍼센트가 수감되어 있는 주에서는 젊은 흑인 여성들이 결혼하기가 힘들다. 이런 현상은 교육을 받지 못한 여성의 경우 더욱 두드러진다. 대개 교육 수준이 비슷한 사람들끼리 결혼을 하는데, 수감 중인 남성들은 교육 수준이 낮은 경우가 많기 때문이다.

미국에는 아프리카계 미국인 미혼모가 많은 편이다. 어떤 전문가들은 흑인 미혼모가 많은 것이 '흑인 문화black culture' 때문이라고 비난한다(정확히 무슨 뜻으로 그런 말을 하는지는 모르겠다). 그러나 '흑인 문화'만으로는 수감 중인 젊은 흑인 남성의 수가 많은 주에 미혼모의 수도 많은 이유를 설명할 수 없다. 그러나 경제학자들은 그 이유를 설명할 수 있다. 즉 남편감의 수감으로 여성의 교섭 능력이 크게 약화되었기 때문이다. 감옥 밖에 있는 교육을 잘 받은 남성은 경쟁자들이 감옥에 있는 상태에서는 즐거운 인생을 위해 굳이 결혼할 필요가 없음을 깨달을 만큼 똑똑하다. 그러니 '흑인 문화'를 운운하는 건 궁색한 설명이다. 여성들이 불리한 상황에 합리적으로 대처한다는 게 훨씬 더 설득력 있는 설명이다.

과장으로 들린다면 결혼 슈퍼마켓에 대해 다시 한번 생각해보자. 결혼 슈퍼마켓에서는 남성이 한 명만 부족해도 모든 여성이 불리한 처지에 놓이게 된다. 남아 있는 한 명의 여성이 결혼을 원하는 모든 여성의 경쟁 상대가 되기 때문이다.

이렇게 상황이 불리해지면 여성들은 '눈높이를 낮춰서 결혼'하려는 성향을 드러낸다. 다시 말해 자신보다 교육 수준이 낮은 남성과 결혼하는 것이다. 따라서 젊은 흑인 여성이 대학 졸업장을 따고 일자리를 얻기 위해 더 많은 노력을 기울이는 데는 또 다른 이유가 있다. 즉 조건이 좋지 않은 남편을 구하게 될 경우 남편이 가족을 부양해주리라는 기대를 할 수 없기 때문에 어쩔 수 없이 여성들이 가장의 역할을 준비하게 되는 것이다.

피임약이 등록금 인상을 부추긴다

피임약이 많은 사회적 변화를 초래한 건 사실이다. 그러나 대부분의 사람들은 이런 말을 들으면 피임약 때문에 대학생들의 파티가 더 문란해졌다는 생각을 할지 모른다. 사실 피임약에 대한 합리적인 반응은 다수의 남성이 감옥에 수감되었을 때의 반응과 비슷하다.

어떤 점이 비슷하단 말일까? 피임약과 남성의 수감은 결혼 시장에서 여성의 경쟁을 격화시킨다. 뉴멕시코 같은 곳에서 감옥에 들어가지 않은 젊은 흑인 남성은 웬만해서는 결혼을 하지 않는다. 섹스를 위해서 굳이 결혼할 필요가 없다는 걸 알고 있기 때문이다. 피임약 덕분에 남성들은 결혼을 하지 않고도 쉽게 섹스를 즐길 수 있다. 진화심리학의 논리에 따르면 여성들은 섹스 파트너를 매우 까다롭게 고른다. 좋지 않은 환경에서 임신할 경우 그에 따른 비용이 매우 높아지기 때문이다. 그러나 피임약을 쓰는 여성의 논리는 이와 크게 다르다. 진화과정에서 형성된 기호가 우리의 본능에 여전히 강력한 영향을 미치기 때문에 여전히 많은 여성들이 혼전 관계에 거부감을 느낀다. 그러나 피임약으로 무장한 일부 여성들은 섹스를 통해 더 많은 즐거움을 만끽하려 한다.

보수적인 여성들은 불행하다. 개방적인 여성들 때문에 성모 마리아처럼 행동하는 그들의 교섭 능력이 약화되기 때문이다. 게다가 개방적인 여성들 때문에 남성들은 결혼하고자 하는 욕구도 덜 느끼게 된다. 어떤 남성들은 바람둥이로 살아도 자신이 원하는 것을 모두 얻을 수 있다고 생각하기 때문에 굳이 결혼하려고 하지 않는다. 이로 인해 결혼이 가능한 남성의 숫자는 줄고 남성의 교섭 능력은 강화된다.

앞서 살펴보았듯이 이 경우 여성들이 취하는 합리적인 반응은 결혼 시장에서 자신의 가치를 높이기 위해 대학에 진학하거나 취업하는 것이다. 이렇게 능력을 갖춘 여성들이 혼자서도 아이들을 부양할 수 있게 되자 남성들은 육아에 점점 관심을 갖지 않게 되었다. 이것은 무임승차의 전형적인 사례다.

고등교육을 받은 여성들의 공급이 크게 늘어나자 남성들은 굳이 멀리서 섹스 상대를 찾지 않아도 섹스를 즐길 수 있고, 심지어 똘똘한 자녀까지 둘 수 있다는 사실을 깨닫게 되었다.

이러한 사실은 통계적으로 확인된다. 미국에서 대졸 남성과 여성의 비율은 3대 4다. 이것은 미국에만 국한된 현상이 아니다. 선진 17개국의 통계 자료를 분석해본 결과 대졸 여성의 숫자가 대졸 남성의 숫자보다 많은 나라가 15개국이나 되었다. 미국 남성들 가운데 가장 교육 수준이 높은 세대는 제2차 세계대전 직후에 태어나서 1960년대 중반에 대학을 졸업한 사람들이었다. 남성들의 대학 졸업률은 그 뒤 하락하기 시작했다. 합리적 선택 이론에 비추어보면 남성의 대학 졸업률이 하락하던 시기가 여성이 피임약을 자유롭게 쓸 수 있게 된 시기와 일치하는 게 우연은 아닐 것이다.

피임약에 대한 여성들의 합리적인 반응은 사회적으로 또 다른 중대한 변화를 가져왔다. 임신에 대한 통제력을 갖게 되자 여성들은 새로운 방식으로 경력을 쌓기 시작했다. 다시 말해 출산 후 서둘러 복직하기보다는 출산을 미루고 계속 경력을 쌓는 쪽을 택했던 것이다. 그로 인해 법학, 약학, 치의학같이 오랜 준비 기간이 필요한 분야에 투자하는 게 합리적인 선택으로 부각되었다. 피임약을 쉽게 구할 수 있게 되자 법과대학원과 의과대학원에 여성들이 몰렸다. 그 이유는 굳이 '금욕의 길'을 걷지 않더라도 학업에 몰두할 수 있었기 때문이다.

여성들이 출산 시기를 늦춘다는 건 교육받은 여성의 소득이 크게 향상된다는 의미였다. 교육과 직업에도 '규모의 경제 (생산 규모가 커짐에 따라 생산비가 절감되거나 수익이 크게 증가하는 현상 -옮긴이)'가 작용하기 때문이다. 즉 대학에서 오랫동안 공부한 다음 경력도 오랫동안 쌓을 경우 그에 상응하는 보상이 따른다. 한 여성이 첫 출산을 1년 미룰 때마다 평생 소득은 10퍼센트씩 늘어난다. 물론 출산을 늦추는 여성은 단순히 일을 우선하기 때문에 더 많은 소득을 올리는 것일지도 모른다. 그러나 원치 않는 유산이나 예상치 못한 임신 때문에 원하는 시기에 맞춰 아이를 갖지 못하는 여성들도 있다는 점을 감안하면 반드시 일 때문에 여성들이 임신을 늦추는 것은 아닌 것 같다. 그럼에도 여성이 자기가 원하는 시기보다 늦게 혹은 일찍 아이를 갖는 것도 결국은 같은 결과를 낳는다. 즉 1년씩 임신을 연기할 때마다 평생 소득도 10퍼센트씩 늘어나는 것이다.

피임약 덕분에 여성들은 굳이 결혼을 서두르지 않아도 된다는 생각을 갖게 되었다. 서둘러 결혼하지 않고도 섹스를 즐기며 경력을 쌓을 수 있기 때문이다. 그리고 똑똑한 여성들이 결혼을 미루자 더 많은 똑똑한 남성들 역시 결혼을 미뤘다. 10년 동안 연애만 해도 선반 위의 물건처럼 혼자 남겨질 위험이 급감했다. 이처럼 결혼에 목을 매는 사람이 점점 줄자 결혼을 서두르는 사람도 줄었다. 마치 문화적 혁명 같았지만 이 모든 일은 합리적 판단에 근거하고 있었다. 피임약의 또 다른 효과로 고용주의 기대가 바뀐 것을 들 수 있다. 이제 고용주들은 여성이 임신 때문에 경력을 포기하지 않으리라는 확신을 품게 되었다. 그리하여 여성들은 직장에서 점점 더 남성들과 동등한 기회를 누릴 수 있게 되었다. 이것은 단순히 고용주의 차별적인 시선이 사라졌다는 의미 이상이었다. 즉 고용주들 역시 변화한 세계에 합리적으로 반응한 것이었다.

피임약은 최근 50년간 쟁점이 되어온 사회적 현상, 즉 이혼율의 급증을 설명하는 데도 유용하다. 그러나 이 문제를 논의하기 전에 우선 배우자를 얻기 위한 경쟁이 끝났을 때 어떤 일이 일어날지 합리적으로 생각해보아야 한다. 여러분이 배우자를 찾았거나 혼자 살겠다고 결심했다면 가정을 어떻게 꾸려갈 것인가? 경제학자에게 가족이란 무엇인가? 대답을 찾기 위해 18세기 핀 공장을 잠시 둘러보자.

왜 남자는 돈을 벌고, 여자는 집안일을 했을까

근대 경제학의 아버지인 애덤 스미스는 버클루 공작의 가정교사로서 유럽을 여행하고 있었다(그를 고용한 사람은 공작의 계

부인 재무장관 찰스 타운센드Charles Townshend였다. 타운센드는 미국에 차茶 관세를 부과하고, 보스턴에 관세청장을 파견함으로써 보스턴 차 사건을 촉발했다). 여행 당시 스미스가 핀 공장을 방문한 것은 아니었다. 그는 집에서 백과사전을 뒤적이다 '핀'이라는 단어를 보고 경제학에서 가장 유명한 구절을 생각해냈다.

> 노동자는 아무리 노력해도 혼자서는 하루에 핀 20개는커녕 한 개 만들기도 벅찰 것이다. 그러나 오늘날 핀 제조업의 공정은 여러 단계의 분업으로 세분화된다. 한 사람이 철사를 가져오면, 두 번째 사람이 그것을 바르게 편다. 세 번째 사람이 그것을 자르면, 네 번째 사람은 그 끝을 뾰족하게 만들고, 다섯 번째 사람이 핀 머리를 붙이기 좋도록 다른 쪽 끝을 갈아낸다.

스미스는 열 명의 노동자가 분업을 통해 하루 4만 8000개의 핀을 만들어내는 공장을 예로 들었다. 분업 없이 열 명의 노동자가 핀을 만든다면 각자 하루 한 개의 핀을 생산하는 게 고작이었을 것이다. 핀을 제조하는 '하찮은' 일을 할 때에도 분업으로 1인당 생산량을 거의 5000배나 올릴 수 있다. 따라서 합리적 선택의 시각에서 봤을 때 분업은 너무나 당연한 결과다.

분업은 근대 경제의 등장에 결정적인 역할을 했다. 내가 이 책을 쓰기 위해 사용한 컴퓨터도 집적회로나 각종 프로그램 등을 개발한 수많은 전문가의 통합된 노력 없이는 태어날 수 없었을 것이다. 그 전문가들 대부분은 무인도에서 혼자 생존하는 방법은 물론이고 달걀을 삶는 방법도 모를 것이다. 그들은 다른 사람들(이를테면 테이크아웃 중국집 요리사)의 전문 지식에 의존하는 반면 전 세계 컴퓨터 사용자들은 그들의 전문 지식에 의존한다.

내가 마시는 카푸치노처럼 간단한 상품도 분업 없이는 탄생할 수 없다. 커피잔도 만들고, 우유도 짜고, 완벽하게 원두도 볶는 사람이 어디 있는가? 그 세 가지 기술 중 두 가지만이라도 갖춘 사람이 있다면 나는 엎드려 절할 것이다.

그런데 이 이야기가 결혼과 무슨 상관이 있을까? 애덤 스미스가 결혼에 관심을 가졌던 것 같지는 않다. 그는 독신으로 어머니와 함께 살았다. 그러나 오랜 옛날부터 결혼은 분업을 위한 가장 기본적인 제도였다. 특화된 시장이 등장하기 전, 그리고 우리가 카푸치노를 마시기 훨씬 전부터 남성과 여성은 결혼, 전문화, 공유를 통해 분업의 이점을 누릴 수 있었다. 예를 들어 아프리카 사바나 지역에서라면 한 사람이 사냥을 하고, 다른 사람이 채집을 했을지 모른다. 좀 더 가까운 과거에는 한 사람이 경작과 파종을 맡고, 다른 사람이 요리 등 집안일을 맡았을지 모른다.

애덤 스미스의 저서 중에 전통적인 성 역할 분화를 시사하는 대목은 없지만, 분명 가족도 합리성에 뿌리를 두고 있다. 가족은 가장 오래된 '핀 공장'인 셈이다.

1950년대까지는 그러한 전통적인 성 역할이 결혼 생활을 지배하고 있었다. 이상적인 남편은 우선 생계를 책임져야 하고, 교육을 잘 받았어야 하며, 좋은 직업을 갖고 있어야 하고, 승진을 위해 초과근무를 마다하지 않아야 하며, 가족에게 자동차와 냉장고와 집을 사줄 수 있어야 하고, 자주 휴가를 갈 수 있도록 많은 돈을 벌어다 주어야 했다. 이런 남편에게 어울리는 이상적인 아내는 가정을 화목하게 꾸미고, 요리를 잘하며, 아이를 잘 키우고, 남편의 감정적·성적 욕구를 해소시켜줄 수 있는 사람이었다.

사회 전반에 이런 생각이 팽배했다. 1965년 기혼 여성의 유급 근로시간은 일주일에 평균 15시간이 안 되었다. 기혼 여성 중에는 전업주부가 많았고, 그들의 유급 근로시간은 0시간이었다(특히 퇴직 여성과 극빈 여성이 이런 수치가 나오는 데 크게 기여했다). 반면 기혼 남성의 근로시간은 일주일에 평균 50시간 이상이었다. 집안일에서는 상황이 완전히 역전되었다. 노동시장 밖에서 기혼 여성은 일주일에 40시간 가까이 일했지만, 남자들은 10시간도 일하지 않았다. 이것은 분명 분업, 즉 성에 의한 분업이었다.

오늘날 애덤 스미스의 핀 공장이 결혼과 어떤 관계가 있는지 제대로 보여준 사람은 상습 주차 위반자인 게리 베커였다. 왜 성 역할이 확실히 구분되었던 것일까? 바로 분업, 규모의 경제, 비교우위라는 세 가지 경제적 힘의 상호작용 때문이었다.

분업은 규모의 경제를 가져온다. 쉽게 말해서 전일제 근로자 한 명은 시간제 근로자 두 명보다 더 많은 돈을 번다. 특히 까다로운 업무의 경우 이런 현상이 심화된다. 일류 변호사 중 변호사 자격을 반만 취득한 채 일주일에 20시간만 일하는 사람이 어디 있겠는가? 성공한 기업 임원들 중 월, 화, 수 오전에만 일하는 사람이 어디 있겠는가? 고소득자는 장기간의 전일제 경력이 정점에 이르렀을 때 최고의 수입을 올린다. 이것은 규모의 경제를 보여주는 전형적인 사례다(즉 근로시간이 누적될수록 생산성도 올라간다).

따라서 부모가 모두 시간제 직업을 갖고 교대로 아이를 돌보는 가정은 경제적으로 합리적이지 못한 것이다. 시간을 쪼개 두 가지 일을 하느니 한 가지 일에 몰두하는 게 효과적이다. 규모의 경제를 누리고 싶다면 부모 중 한 명은 전일제로 취업해야 한다. 나머지 한 명은 가사에 전념하고 여유 시간이 있을 경우에만 취업해야 한다.

애덤 스미스의 이론은 이 정도로만 설명해두자. 그렇다면

1950년대의 전통적인 성 역할은 어디서부터 비롯된 것일까? 베커는 비교우위 원칙에서 그 답을 찾았다. 비교우위 원칙에 따르면 절대적 생산성이 아닌 상대적 생산성에 따라 역할이 결정된다.

애덤 스미스의 핀 공장에서 일하는 엘리자베스란 근로자는 1분에 두 개의 핀을 연마하거나 네 개의 핀을 포장할 수 있다. 반면, 제임스란 근로자는 1분에 한 개의 핀을 연마하거나 한 개의 핀을 포장할 수 있다. 핀을 연마하는 일은 절대적으로 엘리자베스가 더 잘하지만 비교우위 원칙에 따라 그 일은 제임스가 맡아야 한다. 즉 제임스에 비해 엘리자베스가 핀을 포장하는 일을 더 빨리 하는지, 핀을 연마하는 일을 더 빨리 하는지 따져보아야 하는 것이다.

제임스와 엘리자베스가 결혼을 했다고 상상해보자. 이제 핀을 포장하는 일을 아이를 돌보는 일로 바꿔서 생각해보자. 엘리자베스는 제임스보다 더 생산적인 근로자인 동시에 더 능률적인 부모다. 제임스는 일도 잘 못하지만 아버지로서도 신통치 않기 때문에 부동산 중개업으로 생계를 책임지기로 한다. 대신 엘리자베스가 집에서 음식도 하고, 아이도 돌보기로 한다.

비교우위의 논리는 경제학자를 제외한 대부분의 남성들이 이해하기 힘든 중요한 사실을 드러낸다. 다시 말해 남성들이 돈 버는 일을 잘하기 때문에 그 일을 하는 건 아니라는 점 말이다. 그들은 가사를 돌보는 일을 돈 버는 일보다 못하기 때문에 돈을 벌게 된 것뿐이다.

게리 베커는 규모의 경제 때문에 약간의 능력 차이만으로도 인생이 달라진다는 사실을 일깨워주었다. 남성과 여성이 지닌 전문 지식이 약간만 달라도 성 역할은 분화할 것이다. 남녀 차이는 생물학적인 것일 수도 있고, 사회화 과정에서 생긴 것일 수도 있다. 아니면 직장 내의 여성 차별 때문이거나, 이 세 가지 이유 모두에 기인한 것일 수도 있다. 베커는 그중 어떤 것도 고집하지 않았다. 다만 그는 남녀 사이에 아주 근소한 차이만 있어도 엄청나게 다른 결과가 나타난다는 사실을 보여줬다.

현명한 여성은 이혼을 결심한다

1970년대 후반 게리 베커는 혼자 아이를 키우면서 자신의 모든 지적 에너지를 1981년에 출간된 『가족에 대한 논문A Treatise on the Family』에 쏟아부었다(다행히도 그는 이 책이 출간되기 직전에 결혼했다). 그가 이 책을 집필한 목적 가운데 하나는 결혼 생활에 일어나는 변화를 이해하는 것이었다. 지난 20년간 미국뿐만 아니라 여러 유럽 국가에서 이혼율이 두 배 이상 높아졌다. 결혼 생활에 극적인 변화가 일어난 게 분명했다.

어떤 전문가는 이혼법의 변화를 주요 원인으로 꼽았다. 1969년 캘리포니아 주지사로 재임하던 로널드 레이건 전 미국 대통령은 소위 '무결점 이혼no-fault divorce'을 승인하는 법안에 서명했다. 이 법에 따르면 배우자 중 누구라도 이혼을 요구하고 결혼 생활을 끝낼 수 있었다. 상대 배우자에게 결정적인 문제가 없을 때에도 말이다. 이후 다른 주들도 이 법을 도입하기 시작했다.

그러나 베커는 이 법 때문에 이혼율이 높아졌다고 생각하지는 않았다. 남편이 정부情婦와 딴 살림을 차리기 위해 이혼을 원할 경우 무결점 이혼법으로 이혼이 쉬워진 건 아니었다. 단지 예전보다 저렴하게 이혼할 수 있게 된 것뿐이었다. 무결점 이혼법이 없을 때 남편은 이혼하려면 부인의 동의를 얻어야 했는데, 그러려면 위자료를 많이 주어야 했다. 따라서 무결점 이혼법은 이혼율을 상승시킨 결정적인 이유가 못된다.

이 법으로 인한 유일한 변화는 누가 누구에게 위자료를 주느냐였다. 무결점 이혼법 때문에 이혼하려던 사람들이 더 빨리 이혼할 수 있게 되었으므로 이혼율이 일시적으로 상승하긴 했다. 그러나 이혼율 상승에 이 법이 미친 영향은 그야말로 일시적이었다.

이혼율 상승은 좀 더 근본적인 경제적 변화에 기인했다. 즉 애덤 스미스가 찾아낸 전통적인 분업의 붕괴 때문이었다. 20세기 초에는 가사에 많은 시간이 걸렸다. 그래서 정말 생활이 어려운 기혼 여성들만 일자리를 구했다. 그로부터 수십 년이 흐르면서 기술 발달로 가사에 소모되는 시간은 획기적으로 줄었고 덕분에 기혼 여성들은 아이들을 다 키운 뒤 취업 전선에 뛰어들 수 있게 되었다.

일단 이혼율이 상승하기 시작하자 그 속도는 점점 빨라졌다. 합리적인 자기 강화 과정이 한몫을 했기 때문이다. 이혼하는 사람들의 숫자가 늘자 잠재적인 결혼 상대의 숫자도 늘어났다. 다시 말해 이혼 후 새로운 배우자를 만나는 게 예전보다 쉬워졌던 것이다.

아울러 이혼에 대한 거부감이 사라지자 여성들은 더 이상 자기 자신을 경제단위의 일부로 생각하지 않게 되었다. 앞서 언급했듯이 합리성은 미래를 예측하고 인센티브에 반응하는 것이다. 경제단위가 붕괴될 경우 육아에만 전념했던 여성은 심각한 문제에 빠질 수 있다. 이 사실을 깨닫게 된 여성들로서는 이혼에 대비하여 경력을 유지하는 게 합리적인 선택이었다.

1950년대 분업의 세계에서는 아무리 불행한 결혼일지라도 결혼 생활을 유지하는 게 여성에게는 합리적인 선택이었다.

다른 대안이 없었기 때문이다. 그 후 취업한 여성의 수가 늘고, 세탁기와 다리미의 도움으로 가사를 더 빨리 처리할 수 있게 되자 여성들은 불행한 결혼의 대안이 존재한다는 사실을 깨닫기 시작했다.

이혼은 여전히 사람들을 경제적으로 힘들게 했지만 더 이상 경제적 자살 행위는 아니었다. 그리고 피임약의 개발과 더불어 여성들의 교육 수준과 직업 의식은 높아졌고, 고용주들은 여성에게 더 우호적으로 바뀌었다.

여성이 이혼을 하려면 정말로 일자리가 필요할까? 정말 비참해서 당장이라도 끝내야 할 결혼 생활을 제외하면 그렇다. 이혼한 남성들은 술을 들이켜며 거액의 위자료를 줬다고 투덜댈지 모르지만 위자료만으로 여성들은 윤택하게 살 수 없다. 미국의 경우 이혼 후 남편으로부터 양육비를 받는 여성은 절반도 안 된다. 그리고 양육비를 받는다고 해도 그 액수는 해당 여성의 연간 총소득 중 5분의 1에 불과한 수천 달러가 고작이다. 여성, 특히 아이가 있는 여성이 이혼을 결심할 경우에는 대개 일자리를 찾아야 한다. 그런데 점점 더 많은 여성들이 자신들에게 그런 일자리를 가질 수 있는 능력이 있음을 깨닫게 되었다.

그러자 두 번째 자기 강화 과정(어떤 사람은 이것을 악순환의 시작이라고 생각한다)이 시작되었다. 자기도 이혼녀가 될지 모른다는 생각을 하게 된 여성들은 하던 일을 포기하지 않았다. 여성들이 계속 일을 하게 되자 이혼에 대한 거부감도 줄어들었다. 이제 여성이 순전히 경제적인 이유 때문에 불행한 결혼에 얽매여 있을 필요는 점점 줄어들게 되었다.

통계를 살펴보면 이런 견해가 더욱 설득력을 갖는다. 즐거움을 위해서 혹은 자신이 번 돈을 쓰는 재미로 일을 하던 여성들도 이혼의 위험이 증가하면 더 열심히 일하는 경향을 보인다. 이혼 위험이 높아졌음을 짐작할 수 있는 방법은 몇 가지가 있다. 우선 어떤 여성이 이혼했는지를 살펴보는 방법이 있다. 나이, 종교, 부모의 이혼 경력과 같은 변수들을 따져보는 방법도 있고, 여성들에게 결혼 생활이 얼마나 행복한지 물어보는 방법도 있다. 어쨌든 이혼의 위험에 처한 여성들은 취업 전선에 뛰어들 가능성이 더 높다. 이혼율이 높아진 건 사랑이 변해서가 아니라 바뀐 인센티브에 여성들이 합리적으로 대처하기 때문이다.

이처럼 변화하는 인센티브는 부부들의 행동 양식도 바꿔놓았다. 무결점 이혼법 덕분에 여성들은 그들의 남편들이 넉넉한 위자료를 주면서 자신과 합의하지 않아도 결혼 생활에서 벗어날 수 있음을 깨닫게 되었다. 그러자 여성들이 모든 걸 포기하고 결혼 생활에만 전념하는 건 몹시 위험한 선택이 되었다. 다시 말해 아이를 갖는 것도, 남편의 학비를 대는 것도, 전업주부로 지내는 것도 더 위험해졌다.

벳시 스티븐슨Betsey Stevenson은 무결점 이혼법이 각 주별로 어떤 변화를 가져왔는지 살펴보았다. 그 결과 이 법의 도입으로 이혼이 쉬워지자 5~10퍼센트의 여성들이 행동 양식을 바꾸고, 전일제로 직장에 다니면서 아이를 더 적게 낳으려는 경향을 보였다.

1970년대 초 젊은 여성들은 20년 전 그들의 엄마가 살았던 것과는 다른 세상에 직면했다. 여성의 구직 기회는 늘어났다. 게다가 이혼율이 상승하고 있었으므로 남편과 극단적인 분업을 했다가는 이혼으로 생활이 매우 불안정해질 수 있기 때문에 자신이 똑똑하다면 남편의 소득에만 의존해서는 안 된다는 것을 깨달았다. 또한 또래의 여성 중에서 늦게 결혼하는 사람이 늘어났다. 이는 데이트 상대가 될 남성의 수가 늘었으며, 결혼 시기도 더 늦출 수 있음을 의미했다. 무엇보다 오랫동안 교육을 받고, 좋은 직장에 자리를 잡을 때까지 출산을 늦추는 것도 가능해졌다.

이러한 분석은 이혼, 피임약, 여성의 직장 내 권한과 성취도 증가를 연관시켜본 것이다. 그러나 여성의 전문직 성취도 증가 때문에 이혼율이 상승했다고 비난하는 건 잘못이다. 1950년대의 결혼보다 현재의 결혼이 더 불행하다는 증거는 없다. 오히려 그 반대일지도 모른다. 이제는 결혼 생활이 불행하다면, 뭔가 조치를 취할 수도 있기 때문이다. 앤드루 오즈월드Andrew Oswald와 조너선 가드너Jonathan Gardner의 연구 결과를 보면 사별한 여성이나 남성과는 달리 이혼녀는 이혼 후 1년 동안 더 큰 행복감을 느낀다고 한다.

이러한 추세를 좀 더 긍정적으로 표현하면 "여성들이 좋은 일자리를 갖게 되면서 결혼 생활이 순탄치 못할 때 좀 더 쉽게 이혼할 수 있게 되었다". 따라서 여성들이 좋은 일자리를 갖기 위해 노력하는 것도 무리는 아니다.

벳시 스티븐슨과 저스틴 울퍼스Justin Wolfers는 이혼이 쉬워지면서 여성들이 더 큰 힘을 갖게 되었음을 보여주는 자료를 찾아냈다. 미국의 여러 주들이 무결점 이혼법을 통과시키자 여성들 역시 결혼의 굴레로부터 벗어날 수 있는 확실한 권리를 획득했다(그렇다고 여성들이 마구잡이로 이혼하지는 않았지만, 이제 여성들은 남편들에게 이혼하겠다고 위협을 가할 수 있게 되었다). 스티븐슨과 울퍼스는 이 새로운 법이 예상치 못한, 그러나 합리적인 결과를 불러왔음을 보여준다. 즉 여성들이 결혼 생활에서 쉽게 탈출할 수 있게 되자 남편들에게는 더 열심히 결혼 생활을 해야 할 강력한 인센티브가 생긴 것이다. 그리하여 가정 폭력이 거의 3분의 1이나 줄어들었고, 남편에게 살해된 여성의 수도 10퍼센트나 감소했다. 여성의 자살률도 하락했다. 이것은 결혼이라는 구속적 제도에는 혜택뿐만 아니라 비용도 따른다는 사실을 상기시켜준다.

이혼의 경제학

이혼과 관련하여 조금 더 축하해야 할 소식이 있다. 첫째, 이혼은 더 이상 늘어나지 않고 있다. 그것은 합리적인 결과다. 1970년대에 이혼율이 정점에 이른 건 법적 변화 때문이 아니라 기본적인 가정경제의 변화, 즉 결혼하고자 하는 인센티브의 감소 때문이었다.

결국 남녀가 일찍 그리고 자주 결혼하지 않는 게 합리적인 반응이었다. 덜 이혼하고 덜 결혼하는 것 말이다. 이혼 때문에 결혼이 인기가 줄자 연인들은 결혼의 기쁨과 이혼의 슬픔을 모두 맛보기보다는 좀 더 확신을 가질 수 있을 때까지 결혼 시기를 늦추면서 좀 더 안정적인 관계를 유지하는 방향으로 움직였다. 그 결과 결혼이 무한정 연기되는 경우도 나타났다(예를 들어 스티븐슨과 울퍼스는 10년 동안 연인으로 지내면서 결혼을 하지 않고 있다).

지난 30년 동안 이혼율은 하락하고 있다. 그러나 사실 이혼율이 너무 떨어지는 것도 문제일 수 있다. 저스틴 울퍼스는 "최적의 이혼율이 0퍼센트는 아니라는 걸 100퍼센트 확신한다"고 말했다.

울퍼스의 말에는 중요한 의미가 담겨 있다. 결혼은 불확실한 모험이며, 어떤 부부들은 자신이 상대를 잘못 선택했다고 느낀다. 1장에서는 파트너를 구하는 문제를 일자리를 구하는 문제에 비유했다. 그 비유를 다시 들어보면, 아무도 그만두거나 해고될 수 없는 고용 시장은 잘 돌아가지 않는다. 많은 사람들이 소질이 없거나 불만족스러운 일에 갇힐 수 있기 때문이다. 결혼 시장도 크게 다르지 않다.

어떤 사람들은 1950년대의 안정적이고 전통적인 결혼 문화로 회귀하기를 바란다. 그럴 경우 남녀 간에 좀 더 엄격한 분업이 이루어져야 하는데도 말이다. 그들은 과도한 분업에 대해 경고했던 애덤 스미스의 글을 상기해봐야 할 것이다.

한평생 몇 가지 단순한 일만 하는 남성은 이해력이나 창의력을 동원하여 어려움을 극복할 필요가 없다. 어려움이란 결코 일어나지 않을 테니까. 결국 그는 최대한 멍청하고 무지하게 변해버린다.

스미스의 주장은 케이크를 굽는 일에도 적용된다. 분업은 부를 창조해주는 대신 다양한 삶을 빼앗을 수 있다. 기혼 여성이 취업 전선에 뛰어들었다는 것은 그들이 빵을 굽는 데 시간을 조금 덜 쓰게 되었고, 대신 그녀의 남편이 아이들을 돌보는 데 시간을 조금 더 쓰게 되었다는 의미다. 그 결과 여성들은 불만스러운 결혼 생활을 정리하고 남편들의 학대에서 벗어나 더 행복하고 안전하게 생활할 수 있는 힘을 얻게 되었다. 이것은 가히 혁명이라고 할 수 있으며, 그러한 혁명의 대가로 이혼은 늘어나고 결혼은 감소했다. 이것은 매우 현실적인 대가지만, 감당할 가치가 충분한 대가임은 거의 분명하다.

CHAPTER 4

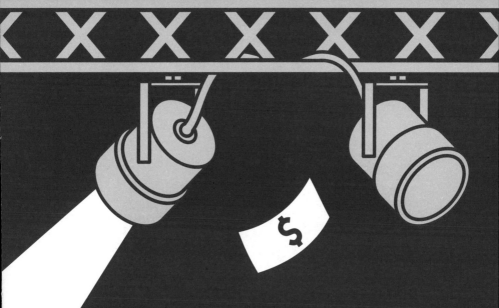

빈둥대는 상사가
더 많은 임금을
받는 이유

토너먼트 이론

일하기 지독히 싫어하는 동료, 인생에 전혀 도움 안 되는 경쟁자, 빈둥거리면서 연봉은 많이 받는 상사…… 사무실은 온통 불합리하고 미심쩍은 것으로 가득 차 있다. 성과급은 정말로 효과가 있을까? CEO의 막대한 연봉은 어디서 나오는 걸까? 그리고 나는 이 냉정한 사무실 토너먼트에서 살아남을 수 있을까?

부조리한 사무실 풍경

회사에서 더 많은 시간을 보내지 못한 걸 아쉬워하면서 임종을 맞는 사람은 많지 않다. 회사가 어떤 곳인가? 침침한 형광등 불빛, 복사기의 단조로운 소음, 나를 괴롭히는 상사와 일을 무척이나 싫어하는 동료와 내 뒤통수를 치는 경쟁자들로부터 이메일이 왔음을 알려주는 '딩동' 소리가 가득 찬 곳이 아니겠는가? 이런 메일 중 상당수는 스팸 메일이나 진배없다. 차라리 읽는 데 1~2초도 걸리지 않는 스팸 메일이 우리를 행복하게 한다. 진짜 메일도 스팸 메일처럼 우리의 시간을 빼앗는 범죄자들로부터 날아오지만, 처리하는 데는 스팸 메일보다 더 많은 시간이 걸린다.

그러나 왜 회사는 그토록 우리를 좌절하게 만드는 걸까? 왜 여러분의 동료는 여러분의 뒤통수를 치고, 왜 여러분의 바보 같은 상사는 하루종일 어슬렁거리는데도 거액의 연봉을 받는 걸까? 왜 여러분의 뛰어난 재능은 아무런 보상을 받지 못하는 걸까? 여러분은 이제 틈만 나면 회사를 세계에서 가장 비논리적인 장소라고 비꼴 것이다. 왜 그런지 합리적인 이유가 있을까? 그리고 그런 합리적인 설명을 듣는다면, 여러분의 기분이 좋아질까, 아니면 분노가 치밀어 오를까?

사무실에서 발생하는 모든 문제의 원인은 동일하다. 회사를 완벽하게 경영하기 위해서는 누가 재능이 있고, 누가 정직하고, 누가 열심히 일하는지에 대한 정보를 갖고 그에 따라서 임금을 줘야 한다. 그러나 이런 정보는 찾아내기도 어렵고, 설사 찾아냈다고 해도 그에 맞춰서 행동하기가 어렵다. 따라서 사람들에게 그들이 마땅히 받아야 하는 수준만큼 임금을 준다는 건 쉽지 않다. 그런데 회사 생활의 수많은 부조리들은 필연적으로 그런 문제를 극복하기 위한 시도에서 비롯된다. 예를 들어 합리적인 임금 시스템조차 배신을 조장하고 상사에게 과도한 임금을 지불하는 등 수많은 부작용을 초래한다. 불행하게도 그런 문제들은 개선될 기미가 보이지 않는다. 합리적인 세상이 항상 완벽한 세상은 아니라는 건 그 어느 곳보다 회사에서 잘 드러난다.

하지만 과연 그럴까? 가장 쉽게 알 수 있는 방법은 몇 가지 반대 사례들을 찾아보는 것이다. 이런 사례로는 단순화되고 문명화되어 있는 직업들을 들 수 있다. 이런 직업에 종사하는 근로자들은 명확히 측정 가능한 성과를 낸다. 우선 경제학 교양서 저자들이 그렇고, 그다음 바람막이 설치공들이 그렇다. 그들에게는 보통 회사에서 발생하는 것과 같은 문제는 쉽게 사라져버린다.

괴짜경제학의 인센티브

나는 스티븐 레빗 박사가 『괴짜경제학』을 출간하기 불과 몇 주 전에 그를 만났다. 《파이낸셜 타임스》에 실릴 인터뷰를 위해서였다. 우리는 시카고에 있는 소박한 레스토랑에서 만나 햄버거와 콜라를 먹으며 그의 일과 책에 대해 담소를 나눴다. 『괴짜경제학』에 대해서는 출간 전부터 많은 홍보 활동이 펼쳐졌지만 아무도 이후 벌어질 일을 예상하지 못했다. 내가 출판사로부터 받은 언론 보도자료를 보여주자 레빗은 웃음을 참지 못했다. 보도자료에는 『괴짜경제학』 초판을 15만 부 찍겠다는 내용이 적혀 있었다. 그가 연구했던 많은 행동들과 마찬가지로 그것은 단순히 홍보를 위해 자기 입맛대로 쓴 자료에 불과했다. 그는 현실적으로는 3만 부 정도를 초판으로 찍으면 될 것이라고 말했다.

레빗은 공동 저자인 스티븐 더브너와 돈 문제로 갈등을 겪었다. 레빗이 이 책의 이론적인 토대를 제공했지만 주로 집필을 담당한 건 분명 공동 저자이자 언론인인 더브너였다. 그렇다면 두 사람이 계약금과 인세를 공정하게 배분하는 방법은 무엇이었을까? 레빗은 60대 40 이하는 받아들일 수 없다고 말했다. 더브너도 물러서지 않았다. 그 역시 60대 40 이하는 받아들일 수 없다고 맞섰다. 두 사람 모두 상대방의 지분을 60퍼센트로 생각했다는 사실이 밝혀지면서 갈등은 사라졌다.

레빗의 설명은 그가 실제 받은 돈보다 훨씬 적은 돈을 받고도 책을 집필할 의사가 있었음을 암시한다. 계약금으로 얼마를 제시받았는지는 모르지만, 그가 정말 자신의 책이 3만 부 정도 팔릴 것으로 추정하고 인세의 40퍼센트를 받으려 했다면 그가 예측한 총수입은 5만 달러 정도다. 그런데 『괴짜경제학』은 100만 부 이상 팔렸기 때문에 그가 실제로 받은 돈은 200만 달러 이상일 것이다. 그러나 자기는 이 추가 소득을 포기하겠으니 주지 말라고 우기는 무모한 사람이 과연 존재할까? 레빗의 성과는 측정이 매우 간단했기 때문에(책 판매로 벌어들인 돈으로 측정하면 된다) 그는 동료나 친구나 부하 직원들에게 자신의 소득이 정당하다고 애써 설명할 필요가 없다.

책 내용에 논란이 있을 수는 있어도 그의 인세 계약은 그렇지 않기 때문이다. 그러나 대개의 경우 우리가 받는 임금을 정당화하기는 훨씬 더 어렵다. 특히 우리가 4장 후반부에서 살펴보게 될 최고경영자(CEO)들의 경우는 더욱 그렇다(CEO들은 레빗의 소득조차 초라하게 보일 정도로 많은 돈을 벌어들인다).

레빗의 계약 방식에는 또 하나 흥미로운 점이 있다. 레빗이 책의 성공 가능성에 대해 반신반의하는 틈을 타서 경쟁 출판사가 거액의 계약금을 주되 인세를 주지 않는 방식으로 그를 유혹할 수도 있었다. 레빗이 이 제안을 받아들였다면 책의 성공으로 그는 모욕감을 느꼈을 것이다. 책의 성공 여부와 상관없이 그는 똑같은 돈을 받았을 테니까. 레빗이 자기 책의 성공 가능성에 대해 지나칠 정도로 비관적이었다면 이런 일이 일어났을지도 모른다.

그러나 그것은 출판사의 입장에서는 그리 합리적인 계약 방식이 아니다. 출판사는 책이 많이 팔리면 팔릴수록 더 많은 돈을 주는 방식으로 저자들과 계약을 맺고 싶어 한다. 그렇게 하면 저자들이 좋은 책을 쓰고, 열정적으로 자신의 책을 홍보하기 때문이다. 책이 성공하든 말든 전혀 관심이 없는 저자에게 집필을 의뢰하고 싶은 사람이 누가 있겠는가? 이처럼 성과급은 말 그대로 성과를 조장한다. 적어도 출판사들은 그렇게 생각한다. 이제 소개할 바람막이 교체 사업도 이런 생각이 옳다는 것을 보여주는 사례 같다.

성과급은 정말로 성과를 높일까?

세이프라이트 글래스 코퍼레이션의 신임 사장인 가렛 스태그린과 존 발로는 기분이 좋지 않았다. 부하 직원들이 바람막이 교체 작업을 서두르지 않았기 때문이다. 두 사람은 직원들이 좀 더 속도를 내주기를 바랐다.

직원들은 시간당 임금을 받고 있었다. 그들은 열심히 일하든 하루 종일 《플레이보이》 같은 잡지를 들춰보든 같은 임금을 받기로 되어 있다. 이런 임금 체계는, 성과에 따라 임금을 지급할 경우 '내적 동기intrinsic motivation'가 훼손된다는 심리학자들의 주장이 반영된 것일지도 모른다(이 경우 내적 동기는 일에 대한 자부심과 성취감을 의미한다). 게다가 근로자들은 동료의 압력 때문에 그런 관행을 따를 수밖에 없었다. 어떤 직원이 바람막이를 잘못 설치했을 경우 같은 수리점의 다른 직원(그는 누가 일을 잘못했는지 아주 잘 알고 있을 것이다)이 고쳐주면 그만이었다. 이는 처음부터 일을 제대로 하도록 직접적인 경제적 인센티브를 주는 것보다 더욱 효과적인 것으로 간주되었다.

그러나 스태그린과 발로는 그런 생각에 동의하지 않고, 직원들이 합리적이라는 결론을 내렸다. 다시 말해 바람막이를 많이 설치하는 직원에게 그만큼 돈을 더 주면 다른 직원들도 열심히 일할 것이라는 결론이었다. 그리고 직원들이 바람막이를 잘못 설치했을 경우 스스로 고치게 하면 직원들은 실수를 저지르지 않으려고 노력할 것이었다. 그들은 직원들의 근로 동기를 회복시키려 했다.

결국 두 사람의 생각은 전적으로 옳은 것으로 판명 났다. 새로운 성과급 제도가 도입되자 세이프라이트의 생산성은 크게 향상되었고, 근로자 1인의 작업량이 50퍼센트 가까이 증가했다. 이런 성과를 올릴 수 있었던 것은 두 가지 이유 덕분이었다. 우선 근로자들이 더 열심히 일했기 때문이다. 그다음으로 뛰어난 근로자들은 예전보다 많은 돈을 받으면서 회사에 남은 반면, 미숙한 근로자들은 많은 돈을 받지 못하고 결국 회사를 떠났기 때문이다. 작업의 질은 개선되었고, 실수는 줄었다.

세이프라이트의 사례는 예외적이다. 일반적으로 30개 직종 중 한 개 직종만이 성과급 제도를 도입하기 때문이다. 왜 성과급 제도가 전면적으로 도입되지 않고 세이프라이트 같은 곳에만 적용되는 것일까? 세이프라이트 직원들이 특별히 합리적이어서가 아니라 그들의 일이 다른 일에 비해 성과 측정이 쉬웠기 때문이다. 당시에는 컴퓨터 프로그램의 도움으로 누가 어떤 일을 하는지, 얼마나 많은 일을 하는지, 작업의 질은 어떤지를 아주 쉽게 파악할 수 있었다. "성과급이 성과를 향상시킨다"는 말은 옳지만 여기에는 한 가지 중요한 전제가 숨겨져 있다. 즉 성과는 측정 가능해야 한다. 그래야 그에 따른 보상이 가능하다. 세이프라이트와 스티븐 레빗의 경우가 그랬다. 그러나 다른 대부분의 일들은 성과 측정이 쉽지 않다.

예를 들어 회계사나 감사가 하는 일은 측정이 까다롭다. 감사가 일을 잘했는지 알기 위해서는 그를 감사할 또 다른 감사가 필요하다. 게다가 이런 식이라면 두 번째 감사를 감사할 또 다른 감사가 필요할지도 모른다. 소포의 이동은 추적할 수 있지만 페덱스 배달원이 고객들을 항상 미소로 대하는지는 확인할 길이 없다. 보통우편으로 보낸 편지들의 경우에는 더더욱 그렇다. 그렇다면 페덱스 배달원이 소포를 훔치거나, 우편물을 몽땅 쓰레기통에 버린다면 어떻게 이를 적발할 수 있을까? 고객의 불평 때문에 결국 들통날지 모르지만 우편물 유실 사건이 아주 간헐적으로 일어난다면 누가 이런 잘못을 알아차릴까? 더구나 그런 사람이 잡히지 않고 버틸 수 있다면 그에게는 오히려 그런 식으로 일하는 게 합리적이지 않을까?

성과 측정이 어느 정도 가능하고 목표가 정해져 있을 때조차 너무나 쉽게 목표를 조작할 때가 있다. 예를 들어 여러분이 고객의 불만 처리를 담당한다고 하자. 여러분의 업무 목표는 모든 고객에게 10일 내에 답변을 해주는 것이다. 이 경우 방금 불만이 접수된 고객보다는 불만이 접수된 지 7~8일 정도 지난 고객에게 먼저 관심이 가게 된다. 여러분이 목표에 몰두할 경우 평균 응답 시간은 길어질 것이다. 그러면 "평균 응답 시간을 최소화하라"는 새로운 목표가 내려오게 된다. 이제 여러분은 고객의 불만 중 해결이 어려운 것은 무시하고, 쉬운 것만 처리해준다. 이 경우 평균 응답 시간은 줄어들어도 가장 심각한 불만을 가진 고객은 아무런 대답을 얻지 못하게 된다.

그때 세 번째 목표가 제시된다. 바로 "이전의 두 가지 목표를 모두 충족시키라"는 것이다. 여러분은 세 번째 목표도 달성할 수 있고, 그로 인한 초과근무에 대해서는 짭짤한 수당을 청구할 수도 있다. 이렇게 되면 네 번째 목표는 초과근무 시간을 제한하는 것이 된다. 이제 여러분은 "안녕하세요. 편지(이메일/팩스/전화)는 잘 받았습니다. 그런데 안타깝게도 저희가 해드릴 일이 없습니다. 죄송합니다" 같은 편지를 보내게 된다.

이 문제는 독재 정부, 시청, 일반 기업 등 온갖 관료 조직들을 괴롭혀왔다. 관리자로서는 직원들이 할 일을 상세히 정해놓고, 그 일이 제대로 수행되었는지 평가하는 게 쉬운 일이 아니다. 회사 생활에서 맛보는 좌절감은 이러한 문제들이 빚어낸 직접적인 결과다. 어떤 경우 부지런하고 똑똑한 직원과 게으르고 말만 앞서는 직원을 구분할 방법이 없어서 문제가 생기기도 한다. 어떤 경우 관리자는 평가를 아예 포기한 채 조직이 잘 돌아가기만을 빌어야 할지 모른다. 그러나 누가 성과를 내는지 알면서도 직접적인 보상을 해주지 못하는 경우도 많다. 왜 그런지를 알아보기 위해 슈퍼마켓을 찾아가보자.

성과대로 보상하지 않는 이유

슈퍼마켓은 물건이 많아서 좋다. 하지만 슈퍼마켓의 분주한 계산대만큼은 정말 기분을 잡치게 한다. 성미 급한 쇼핑객들의 줄은 꼬리를 물고, 피곤에 지친 직원들은 최대한 빨리 압축 포장된 정크 푸드(칼로리는 높으나 영양가는 낮은 인스턴트 식품-옮긴이)에 스캐너를 갖다댄다. 계산대에서 일하는 사람들에게 연민을 느껴야 할 이유는 또 있다. 사실 그들은 경제 실험에 '실험용 쥐'로 참가한 적도 있기 때문이다.

알렉산드르 마스Alexandre Mas와 엔리코 모레티Enrico Moretti는 슈퍼마켓 체인점주들을 설득하여 계산대 직원의 생산성에 대한 자료를 확보했다. 그들은 매장 컴퓨터에 저장된 기록을 통해 2년 동안 여섯 개 매장에서 일하던 직원 370명이 처리한 모든 거래 내용을 추적할 수 있었다. 그들은 1초 단위로 각 직원의 생산성을 측정했다. 또한 누구와 일하느냐에 따라서 그의 생산성이 어떻게 달라지는지 알아보았다.

마스와 모레티는 사람들이 생산적인 동료들에게 둘러싸여 있을 때 더 열심히 일하는지를 알아보고 싶었다. 그리고 실제로 일 처리가 빠른 사람이 옆에 있을 경우 직원들은 게으름을 피우지 않고 즉시 물건들을 스캔하기 시작했다. 그 이유는 옆 사람의 일 처리 속도에 고무되어서가 아니라 게으름을 부린다는 비난을 피하기 위해서였다. 마스와 모레티는 슈퍼마켓 계산대가 배치된 모습을 보고 이런 사실들을 알아냈다. 계산대 직원들은 동료의 등을 보고 일하게 배치되어 있다. 마스와 모레티는 일 잘하는 동료가 등을 보이고 있을 때는 계산대 직원들이 일의 속도를 내지 않는다는 사실을 알아냈다. 그건 합리적이지 않았기 때문이다. 대신 그들은 일 잘하는 동료가 그들을 보고 있을 때만 속도를 내서 일했다.

이 연구 결과는 그 자체로도 흥미롭지만 이 결과에 대한 슈퍼마켓들의 반응도 그에 못지않게 흥미로웠다. 이미 슈퍼마켓 점주들은 컴퓨터 기록을 통해 누가 열심히 일하고, 누가 열심히 일하지 않는지를 알 수 있었다. 그들은 마스와 모레티의 연구 결과를 이용해서 일 잘하는 직원들이 그렇지 않은 직원들을 감시할 수 있게 업무 일정을 바꿀 수도 있었다. 마스와 모레티는 이렇게 할 경우 미국 전역의 슈퍼마켓 체인점을 통틀어서 연간 12만 5000시간의 노동시간에 대해서 대가를 지불할 필요가 없을 것이라는 계산을 뽑아냈다. 이는 임금과 건강관리 등 회사가 부담하는 근로 비용을 포함하여 약 250만 달러에 달하는 거액이다.

그러나 슈퍼마켓 측은 이 연구 결과를 바탕으로 근로계약서의 어떤 조항도 수정하지 않았다. 그들은 근무시간을 재조정하지도 않았고, 성과에 따라서 임금을 지불하지도 않았다.

그들은 그냥 시간당 임금을 지불했고, 직원들이 교대 시간을 자율적으로 짤 수 있게 했다. 그럴 수밖에 없었던 이유가 몇 가지 있다. 우선 노조가 성과급 제도를 거부했고, 직원들은 근무시간을 자율적으로 결정할 수 있다는 데 높은 가치를 두었다. 또한 실적에 따라 임금을 지불하거나, 계산대의 구조를 바꿀 경우 자칫 원하지 않은 극단적인 결과를 초래할 수 있었다. 다시 말해 이런 조치들로 기다리는 고객의 줄은 짧아질지 몰라도 직원들이 물건을 제대로 계산하지 않아 슈퍼마켓에 금전적 손실을 입힐 수 있었다. 또 직원들은 고객의 질문이나 불평을 해결해주기 위해 시간을 내지 않을 수도 있었다.

따라서 슈퍼마켓은 직원들의 업무 성과를 측정할 수 있는 구체적인 정보를 갖고도 활용하지 않았다. 이런 일은 일상적으로 일어난다. 상사는 필립은 게으르고, 수전은 늑장을 부리며, 펠리시아는 항상 웃는 얼굴이지만 일하는 속도가 느리고, 밥은 변태 기질을 보인다는 걸 알고 있다. 상사는 연봉 협상 시 이런 문제들을 모두 반영하고 싶겠지만 실제로 이런 문제들을 모두 연봉 협상에 반영한다는 건 불가능한 일이다. 또한 슈퍼마켓 측은 컴퓨터 자료에 근거하여 누구를 승진시키고, 누구를 해고할지 결정했을지 모르지만 그 사실을 공개적으로 밝히지는 않을 것이다.

따라서 객관적인 성과 측정에 과도하게 의존하지 않는 게 합리적이다. 세이프라이트의 사례는 정말 예외적이다. 또한 성과는 쉽게 조작이 가능한 경우도 많다. 예를 들어 장대높이뛰기만큼 객관적 성과 측정이 쉬운 일도 없을 것이다. 장대높이뛰기에서는 더 높은 바를 뛰어넘을수록 더 좋은 성과를 내는 것이다. 그러나 위대한 장대높이뛰기 선수인 세르게이 부브카Sergei Bubka는 기록에 따라 보상이 지불되는 상황을 교묘히 이용했다. 부브카는 세계기록을 뛰어넘을 때마다 보너스를 받았다. 따라서 그는 능력을 최대한 발휘하여 한 번에 세계기록을 많이 깨기보다는 가능한 한 조금씩 이전 세계기록을 깨나갔다. 그는 1센티미터씩 세계기록을 깨는 경우도 많았다.

1990년대 중반 부브카가 전성기를 지날 때까지 그의 기록은 꾸준한 상승 곡선을 그렸다. 부브카 자신과 그의 코치만이 부브카가 실제로 어느 높이까지 뛸 수 있는지를 알고 있었다. 성과급 덕분에 부브카는 상당히 많은 세계기록을 세웠지만, 대신 그는 대중들 앞에서 자신의 최고 실력을 발휘하지 않았을지도 모른다.

물론 모든 객관적 성과 측정법이 그렇게 기만적이거나 형편없게 설계된 것은 아니다. 그러나 똑똑한 관리자들은 그 이면에 숨겨져 있는 문제점들을 인식하고 있다. 성과의 몇 가지 측면은 측정이 가능할 수도 있지만 그랬다가는 직원들의 그릇된 태도를 유발할 것이다. 슈퍼마켓의 사례에서처럼 단순히 속도에 의해 대가를 지불할 경우 합리적인 직원들이라면 일의 '질'에 대해서 신경을 쓰지 않을 것이다. 세이프라이트의 경우 두 가지, 즉 속도와 질(바람막이가 제대로 설치되었는지)을 따졌기 때문에 객관적인 성과가 의미 있었다. 그러나 대부분의 일에는 두 가지 이상의 변수가 작동하며, 어떤 변수들은 정의하기조차 매우 어렵다. 그런 일의 경우 좀 더 종합적인 성과 측정법이 필요하다.

따라서 상사들은 우수한 직원들을 보상해줄, 좀 더 비공식적인 방법들을 찾아보는 게 합리적이다. 예를 들어 구체적이고 객관적인 성과 측정법을 정해두기보다 '잘한 일'에 대해 자기 나름의 기준을 정해두고 직원들에게 보상해주는 것이다. 이렇게 하는 이유는 관리자들이 '잘한 일'을 명확하게 정의할 수는 없어도 구분해낼 수는 있다고 생각하기 때문이다. 그리하여 관리자들은 모든 사람들이 인정은 하되 객관적으로 증명하기는 어려운 기준에 맞춰서 아주 융통성 있게 보상하거나 제재를 가할 수 있게 되는 것이다.

다만 한 가지 중요한 문제는 관리자들이 거짓말에 능숙하다는 사실이다. 성과에 따른 보너스가 자신의 재량에만 달려 있을 경우 상사는 보너스를 지불하지 않을 수도 있다. 그 경우 직원들은 보너스에 의해 동기를 부여받지 못하게 된다. 상사가 임금 인상과 승진을 약속하지만 구체적으로 어떤 수준의 임금 인상과 승진을 말하는 것인지, 어떻게 해야 그런 혜택을 누릴 수 있는 것인지 밝힐 수 없다면 누가 그들을 믿겠는가?

이 문제를 해결할 방법은 있다(불행하게도 이 방법을 썼을 경우 여러분의 상사는 자신이 엄청난 보너스를 받아야 할 합리적인 이유를 찾아낼 것이다). 다만 그 방법을 따르려면 사무실을 토너먼트 경기장으로 바꿔놓아야 하기 때문에 경제학자들은 그 이론을 '토너먼트 이론tournament theory'이라고 부르게 되었다. 그 이론은 놀랄 만큼 정확하게 사무실의 애처로운 상황을 설명해준다.

사무실 토너먼트에서 살아남기

토너먼트 방식을 따를 경우 상대적 성과에 따라서 보상하면 된다. 다시 말해 똑같은 일을 하는 사람들끼리 비교해서 누가 얼마나 일을 잘하는지를 정한다. 대부분의 테니스 토너먼트에서 각 경기의 승자는 패자보다 두 배 정도 많은 상금을 받는 동시에 16강전, 8강전, 4강전, 결승전에 진출할 기회도 차례로 얻는다.

상대적 성과에 따른 보상은 객관적인 기준을 정하기 어려울 때 어느 정도 유효하다. 스티븐 레빗의 책이 노벨 경제학상 수상자인 밀턴 프리드먼Milton Firedman의 책보다 많이 팔렸는지를 알아내기는 쉽지만, 현재의 '테니스의 황제'인 로저 페더러가 왕년의 테니스 스타 존 매켄로보다 더 뛰어난 선수라고 말하기는 힘들다. 바로 이런 이유로 레빗은 책의 판매 부수에 따라서 돈을 받지만(성과에 대한 객관적인 평가), 로저 페더러는 윔블던에서 자신의 경쟁자인 라파엘 나달을 이겨야만 돈을 받는다(성과에 대한 상대적인 평가). 페더러는 열심히 했다거나 멋진 경기를 보였다고 해서 보상을 받지 않는다. 그는 토너먼트에서 경쟁자들을 이겨야 보상을 받는다. 그 때문에 페더러는 매 경기마다 최선을 다할 수밖에 없다.

여러분은 페더러의 성과를 객관적으로 측정할 수 있다고 생각할지 모르지만 사실 그는 순전히 상대적인 기준에 의해 상금을 지급받는다. 누구와 경기를 하느냐에 따라 페더러의 서브 에이스, 리턴 성공률, 심지어 실책 수까지 달라진다. 예를 들어 그가 나와 경기를 한다면 그는 단 하나의 실책도 범하지 않고 승리할 것이다. "페더러가 매켄로보다 낫다"는 건 주관적 판단이다. "페더러가 35개의 서브 에이스를 땄다"고 말하는 건 객관적이지만 상대가 누구인지를 모를 경우 아무런 의미가 없다.

테니스 토너먼트라는 게 이렇다. 그렇다면 사무실 토너먼트는 어떨까? 사무실 토너먼트도 테니스 토너먼트와 같다. 상사가 '훌륭한 성과'를 올린 직원에게 1000달러의 보너스를 약속했다고 하자. 그는 '훌륭한 성과'가 무엇인지를 구체적으로 정해놓을 필요가 없기 때문에 어느 정도 재량권을 얻게 된다. 동시에 직원들은 상사가 약속을 지키지 않을 이유가 없다고 생각하고 상사의 말을 신뢰한다.

사무실 토너먼트보다 테니스 토너먼트에서 승자를 가려내기가 훨씬 쉽다. 그럼에도 관리자들이 확보하고는 있지만(슈퍼마켓의 경우 관리자가 엄청나게 많은 정보를 갖고 있었다) 근로계약서에 집어넣지는 않는 정보가 얼마나 많은지 생각해보자. 훌륭한 성과를 구분해내기는 쉽지 않으므로 객관적인 기준을 따르기보다는 어떤 직원이 다른 직원보다 상대적으로 얼마나 일을 잘하는지 평가하는 게 쉬울 것이다.

어떤 사무실 토너먼트에서는 최고의 성과를 올린 직원에게 보너스를 주겠다고 대놓고 알리기도 한다. 아마도 두 번째 내지는 세 번째로 일을 잘한 직원도 보너스를 받을 수 있을 것이다. 사실 사무실 토너먼트에는 체계가 없다. 이런 문제는 보너스로 지급할 자금이 제한되어 있다는 사실에서 비롯된다. 여러분은 동료보다 상대적으로 일을 잘하는 것처럼 보일 경우에만 많은 보너스를 받게 될 것이다. 혹은 승진을 할 수도 있다. 체계적이든 그렇지 않든 토너먼트가 지닌 장점은 교활한 관리자가 일을 잘한 사람에게 보상을 주겠다고 약속하면서 여러 가지 재량권을 갖게 된다는 것이다.

토너먼트는 또한 근로자들을 통제 불능의 위험으로부터 보호해준다. 기업들은 경기 침체, 경쟁 심화, 허리케인 등으로 피해를 볼 수 있다. 이런 문제들이 모든 근로자에게 똑같은 영향을 끼친다면 그들이 더 열심히 일하려는 인센티브는 동일하게 남는다. 그렇지만 스톡옵션이나 이익 분배금PS: Profit Share 등 다른 방법으로 보상해줄 경우 직원들은 그들의 노력과는 상관없이 회사에 계속 행운이 따라줘야만 보상을 받게 된다.

이는 모두 합리적인 결과지만, 사무실 토너먼트는 회사를 끔찍한 곳으로 바꾸기도 한다. 사무실 토너먼트의 첫 번째 문제는 눈으로 쉽게 확인할 수 있다. 상사가 뛰어난 성과를 올린 직원에게 거액의 현금을 뿌리기 시작하면 다른 직원들은 이 게임에서 이길 방법은 두 가지뿐이라고 생각하게 된다. 첫째, 자기가 일을 아주 잘하거나 둘째, 동료가 일을 못하게 막는 것이다. 로저 페더러가 상대의 신발 끈을 묶어서 상대가 못 움직이게 만들거나 상대의 라켓 줄을 스파게티 면발로 바꿔놓은 적은 없지만 운동선수 가운데 상대의 경기를 훼방놓은 사람은 많았다. 그런데 이런 행위도 종종 경기의 일부로 여겨진다.

토너먼트식의 인센티브 때문에 직원들이 동료들의 뒤통수를 치는 것도 합리화된다. 바람막이를 빠르고 정확하게 설치했을 경우 보상을 해주자 세이프라이트 근로자들은 그에 맞춰 행동을 바꾸었다. 마찬가지로 다른 근로자들도 그런 식의 인센티브에 합리적으로 반응한다. 호주의 23개 기업을 조사한 결과 가장 우수한 근로자의 임금을 대폭 올려주었을 경우 다른 근로자들도 휴가를 줄이는 등 일에 헌신하는 모습을 보였다. 이것은 쉽게 예상할 수 있는 결과다. 그러나 같은 조사에서는 근로자들이 동료에게 장비와 도구를 빌려주는 걸 거부하는 모습도 나타났다. 이것 역시 토너먼트식 인센티브에 대한 근로자들의 합리적인 반응이다.

토너먼트는 불공정하다고 여겨지기 때문에 근로자들에게 동기를 부여하지 못한다는 주장도 있지만 그것은 잘못된 것이다. 토너먼트는 근로자들에게 강한 동기를 부여해준다. 다만 근로자들이 일에 헌신하게 하는 한편, 서로 중상모략하게도 만든다는 게 문제다. 관리자가 토너먼트 식의 승진과 성과급 제도를 도입하려고 할 때, 자신의 성과를 올리기 위한 노력과 동료의 성과를 깎아내리기 위한 노력이 상쇄 작용을 일으키지는 않는지 먼저 주의해야 한다. 가장 치열한 테니스 토너먼트조차 선수들에게 상대 선수를 해코지해야겠다는 인센티브를 부여하지는 않았다. 따라서 여러분이 관리자라면 이런 교훈을 명심해야 할 것이다.

과도한 경쟁 외에도 토너먼트식의 보상이 가져오는 부정적인 현상은 또 있다. 즉 많은 근로자들이 단지 운이 좋아서 보상을 받는 것처럼 보일 수도 있다는 것이다. 비합리적으로 보일지도 모르지만 이는 완벽하게 논리적인 현상이다. 운이 많이 개입할수록 토너먼트로 동기를 부여하려면 승자와 패자 사이의 임금 격차를 더 확대해야 한다. 승진이 95퍼센트가 운때문이고 5퍼센트가 노력 때문이라면 열심히 일하지 않는 게합리적인 반응이다. 복권에 당첨되기 위해 열심히 일하는 사람이 없는 것처럼 말이다. 복권은 100퍼센트 운에 좌우되기 때문에 복권에 당첨되기 위해선 전혀 노력할 필요가 없다. 게으름뱅이들이 복권을 좋아하는 이유도 그 때문이다. 그런데열심히 일했을 경우 복권에 당첨될 확률이 5퍼센트 높아진다면 사람들은 더 열심히 일할 것이다. 노력에 대한 대가가 너무

크기 때문이다.

　회사 생활도 마찬가지다. 열심히 일하는 게 무엇보다 중요하다면 근로자들은 동료들보다 열심히 일하면 임금 인상을 보장받을 것이라고 생각한다. 그러나 운이 큰 역할을 한다면(예를 들어 경영 컨설팅 분야처럼), 승자와 패자의 보수 차이가 커야 근로자들은 열심히 일할 것이다(단, 열심히 일하는 게 정말로 중요하지 않다면 열심히 일하라고 돈을 줄 필요가 없다).

　따라서 성공이 주로 운에 좌우된다면 토너먼트 방식이 도입되었을 때 근로자들은 태만하게 근무하면서 더 큰 보너스만 요구할 것이다. 이처럼 토너먼트 이론은 직장에서 일어나는 부정적인 현상들을 합리적으로 설명해주지만 문제는 여기서 끝나는 게 아니다. 토너먼트 방식이 도입되면 높은 직급일수록 불합리할 정도로 많은 임금을 받게 된다. 최하위 직급에서는 승진이 연봉 높은 상위직으로의 승진 가능성을 열어주므로 이 직급에 속한 사람들에게는 굳이 임금 인상을 많이 해줄 필요가 없을지도 모른다. 그런데 이렇게 상위직으로 승진을 하면 할수록 미래의 승진 가능성은 점점 줄어들기 때문에 승진만으로는 근로자에게 동기를 부여할 수 없게 된다. 이 경우 거액의 연봉만이 그들의 근로 의욕을 자극할 것이다.

　시간이 흐르는 동안 수많은 경험적 연구가 토너먼트 이론을 뒷받침해주었다. 즉 상사가 점점 더 많은 임금을 받으면서도 일은 점점 덜 하는 모습을 보며 직원들은 승진을 목표로 더 열심히 일해야겠다는 동기를 부여받는다.

토너먼트 이론의 주창자인 에드 레이지어Ed Lazear는 이렇게 말한다. "사장의 임금은 사장에게 열심히 일해야겠다는 동기를 부여하기보다는 부사장에게 열심히 일해야겠다는 동기를 부여한다." 이 말이 정답이다.

무엇이 CEO의 연봉을 결정하는가

월트 디즈니사의 CEO인 마이클 아이스너Michael Eisner는 13년 동안 회사로부터 8억 달러를 받았다. 이를 스티븐 레빗이 『괴짜경제학』으로 벌어들인 수백만 달러의 수입과 비교해보자. 앞에서 레빗의 수입에 대해서는 논란이 있을 수 없음을 살펴보았다. 그는 계약금을 받은 후에도 출판사로부터 받을 인세가 남아 있었고, 레빗은 더 많은 인세를 기대하며 더 적극적으로 책 판매에 기여했다. 만일 그가 정해진 인세만 받았더라면 상황은 달라졌을 것이다. 그렇다면 마이클 아이스너의 수입도 이렇게 정당화할 수 있을까?

그렇지 않다. 레빗의 경우와 똑같은 논리를 적용해보자. 아이스너가 디즈니 주주들로부터 8억 달러의 연봉을 받음으로써 주주들의 수입을 그 이상 올려주어야겠다는 동기를 부여 받았다면 그 8억 달러는 제대로 쓰인 것이다. 좀 더 정확히 말해서 그가 13년 동안 고작 8000만 달러가 아닌 8억 달러를 받았으니 그 차액인 7억 2000만 달러 이상의 추가 수익이 주주들에게 돌아갈 수 있도록 열심히 일해야겠다는 동기를 갖게 되었다면 그 8억 달러의 돈은 제대로 쓰인 것이다. 사실 8000만 달러만 줘도 아이스너는 아침 일찍 이사회에 출석하여 졸지 않고 회의에 임했을지 모른다. 그러나 디즈니의 투자자들은 그 13년 동안 미국 국채에 투자하는 것보다도 훨씬 적은 수익을 올렸으므로 여기서 하는 말들은 모두 '가정'에 불과하다.

그러나 토너먼트 이론에 따르면 8억 달러의 임금은 아이스너에게 동기—디즈니 주주들에게 그만큼의 돈을 추가로 벌어주어야겠다는—를 부여해줄 필요는 없다. 실제로 이 돈이 제2의 아이스너를 꿈꾸는 부하 직원들에게 열심히 일할 동기를 부여했다면 그 값어치는 한 것이다. 아이스너의 임금이 디즈니 전체 직원들에게 8억 달러 이상을 벌어야겠다는 동기를 부여해주었다면 아이스너가 책상 위에 두 발을 얹고 하루 종일 〈톰과 제리〉를 보며 놀더라도 그에게 8억 달러를 지불한 건 디즈니 주주들에게는 합리적인 결정이었을지 모른다.

이는 토너먼트 이론의 흥미로운 측면을 보여준다. 즉 CEO

의 임금은 그의 성과와는 무관할 수 있다. 이런 시각으로 보면 CEO는 생산적 흐름에서 배제되어 있다. 그들은 여왕처럼 '상징적인 인물'에 불과하지만, 중요한 일을 도맡아서 하는 사람들보다 더 많은 보상을 받는다. 토너먼트 이론은 CEO의 임금이 천문학적으로 많은 이유에 대한 한 가지 만족스러운 설명을 제공해주었다. CEO의 천문학적 임금에 대해서는 또 다른 설명도 가능하지만 우선 CEO의 임금이 '어떻게' 결정되는지부터 살펴보자. 아이스너에게 많은 임금을 준 이유 중 상당 부분은 야심에 찬 그의 부하 직원들에게 동기를 부여하기 위해서였을지도 모른다. 그러나 이 시도가 충분히 효과를 보기 위해서는 아이스너 역시 정직하고 성실하고 똑똑하게 일해야겠다는 동기를 부여받았어야 한다. 그런데 정말 그랬을까?

아이스너의 임금이나 2001년 오라클사의 CEO 래리 엘리슨Larry Ellison이 받은 7억 600만 달러의 임금이나 우리가 언론 보도로 접하게 되는 엄청난 CEO의 수입은 대개 스톡옵션 덕분에 가능한 것이다. 스톡옵션이란 그것을 소유한 특정인이 특정 가격에 주식을 매입할 수 있게 해주는 계약이다. 만일 실제 주가가 스톡옵션 계약에 명시된 가격 이상으로 올라갈 경우 그 스톡옵션은 현금화할 수 있다. 따라서 오라클의 주식이 주당 100달러이고 내가 이 주식을 50달러에 살 수 있는 스톡옵션을 100만 주 갖고 있다면, 나는 총 5000만 달러어치의 주식을 사서 주당 100달러에 매각함으로써 즉시 5000만 달러를 벌어들일 수 있게 된다. 주가가 더 올라가면 스톡옵션의 가치는 더 높아지므로 스톡옵션은 CEO에 대한 합리적인 보상 방법으로 보인다. 스톡옵션은 CEO가 주가를 올리기 위해 온갖 노력을 기울이게 하고, 주가는 회사가 장차 수익을 낼 것인지에 대한 치밀한 계산으로 결정되기 때문이다.

래리 엘리슨이 올린 천문학적인 수입과 함께 정점에 이른 스톡옵션 혁명은 1990년 발표된 마이클 젠슨Michael Jensen과 케빈 J. 머피Kevin J. Murphy의 논문과 함께 시작된 것으로 보인다. 논문의 내용을 쉽게 이해하고 싶다면 여러 사람이 똑같이 비용을 부담하고 외식을 하는 상황을 상상해보라. 여러분이 내는 돈은 대부분 다른 사람의 식대로 들어가고, 마찬가지로 다른 사람이 내는 돈은 여러분의 식대로 들어간다. 이런 상황에서 모두에게 합리적인 전략이 떠올랐다. 바로 최고급 굴과 바닷가재와 샴페인을 주문하는 것이다! 여러분이 수프와 빵을 고집한다면 모두의 돈을 아껴줄 수는 있겠지만 대신 혼자만 맛있는 걸 먹지 못하게 된다. 따라서 여러분은 가장 값비싼 음식을 주문해야겠다는 생각을 하게 된다. 이처럼 식대를 나누어 낼 경우 사람들의 정직한 선택을 이끌어내기는 힘들다.

젠슨과 머피는 연구 대상이었던 1980년대 중반 미국의 CEO들이 이처럼 '비용을 나눠서 분담하는' 방법을 다소 변형한 형태로 임금을 받았다고 지적했다. 일례로 한 CEO는 주주들에게 100만 달러를 추가로 벌어줄 때마다 그해 보너스나 그다음 해 임금이 고작 20달러씩 인상되었다. 자신이 늘린 수익 중 극히 일부만을 나누어 받게 되자 그는 회삿돈을 유용하기 시작했다. 그 CEO는 주주의 돈 100만 달러로 사무실 벽을 치장하는 대신 자신의 수입 중 단 20달러만 포기하면 된다. 10년 동안 200달러만 포기하면 그는 1000만 달러짜리 회사 전용기를 살 수도 있다. 이것은 5만 명이 식대를 나눌 때 생기는 문제와 같다(이때 사람들은 더 많은 샴페인을 주문하게 된다).

이러한 설명이 문제를 약간 과장한 감이 없지는 않다. 젠슨과 머피는 성과급 외에 다른 인센티브도 작동한다는 사실을 인정했다. 첫째, CEO는 일을 끔찍하게 못할 경우 해고될 수 있다. 두 사람에 따르면 그러한 위험은 주주의 재산 100만 달러당 약 750달러의 가치로 계산할 수 있다. 그리 높지는 않지만 분명 CEO가 해고될 위험은 존재했다. 보통 CEO와 그의 직계가족은 회사 주식을 0.25퍼센트 정도 소유했다. 따라서 피카소 그림을 사기 위해 회삿돈 100만 달러를 쓰면 CEO의 개인 재산 2500달러를 쓰는 셈이었다. 결국 CEO는 피카소 그림을 벽에 걸기 위해 3250달러(2500달러+750달러)를 쓰는 반면, 다른 주주들은 99만 6750달러를 쓰는 셈이다.

젠슨과 머피에 따르면 CEO는 성과급이 너무 적었기 때문에 직원들의 처우를 개선해줄 수 있는 결정도 별 부담 없이 내렸다. 따라서 CEO는 화려한 사무실에 황금으로 치장한 임원 화장실을 설치하고 벽마다 피카소 그림을 거는 것도 마다하지 않았다. 주주들이 추가로 100달러를 더 받을 때마다 CEO에게 떨어지는 몫은 불과 32.5센트였다. 그렇다면 CEO가 너무 많이 받기는커녕 너무 적게 받는 건 아니었을까?

이런 문제의 명백한 해결책은 CEO가 회사의 모든 주식을 소유하는 것이다. 그러면 CEO가 회삿돈으로 자신의 사무실에 걸어둘 100만 달러짜리 피카소 그림을 산다고 해도 아무도 불평하지 않을 것이다. CEO는 자기 돈을 꺼내서 쓰는 것이므로 횡령이 문제되지도 않는다.

그러나 회사 자체를 넘겨버림으로써 회사 가치를 높인다면 무슨 소용이 있겠는가. 다행히도 CEO가 회사의 모든 주식을 갖되 아무것도 공짜로 얻지 못하게 하는 방법도 있다. 주주들이 적절한 가격에 주식을 파는 것이다. 이 경우 CEO의 임금은 기업의 실적에 따라서 크게 달라진다. 이것은 생각만큼 미친 짓은 아니며 이미 실제로 벌어지고 있는 일이다. '경영자 차입 매수leveraged management buyout'는 CEO가 돈을 빌려서 회사를 매입하는 걸 의미한다. 그들의 시도가 성공한다면 많은 돈을 벌겠지만 실패한다면 파산하게 된다. 인센티브는 강력하지만 결과가 좋아야만 경영자도 많은 임금을 받는다.

CEO와 말단 직원의 차이점

CEO만 회사 수익에 영향을 주는 것은 아니다. 일반 직원도 10달러 상당의 종이 클립을 훔침으로써 회사에 10달러의 손해를 입힐 수 있다. 이런 일을 막기 위한 확실한 대책은 인센티브를 강화하는 것이다. 모든 직원이 회사의 주식을 100퍼센트 보유하고 있다면 아무도 종이 클립에 손을 대지 않을 것이다. 그런데 이런 생각이 실효를 거둘 수 있을 만큼 주식 수가 충분하지 않다면 근로자들은 주가와 연동하여 연봉을 받겠다는 계약서에 서명할 수 있다. 회사가 10억 달러의 적자를 냈다면 근로자들 역시 그만큼의 손해를 보고, 반대로 회사가 10억 달러의 흑자를 올렸다면 근로자들 역시 그만큼의 이익을 보게 되는 것이다. 이런 계획이 일부만 도입되어도 근로자들은 수십만 달러를 빌려 회사 주식을 매수함으로써 회사의 실적을 개선하고자 하는 인센티브가 강화될 것이다.

어리석은 생각 같지만 고려해볼 가치는 충분하다. 이 생각이 어리석은 이유는 근로자가 주식 매입에 필요한 돈을 빌릴 수 없기 때문은 아니다(실제로 주식을 사려는 사람은 거의 없을 것이다. 얼마나 되는 근로자가 회사 주식에 투자하기 위해 10만 달러, 아니 1만 달러라도 빌리려고 할까?). 이 생각이 어리석은 이유는 따로 있다. 즉 근로자가 맺는 계약에 극도의 위험이 내포될 수 있기 때문이다. 예를 들어 100억 달러짜리 회사의 지분을 0.1퍼센트 보유한 근로자는 1000만 달러짜리 위험에 노출되지만, 여전히 종이 클립을 훔쳐야겠다는 생각을 할 것이다. 그 이유는 종이 클립의 구입 비용 가운데 99.9퍼센트는 다른 주주들이 지불하기 때문이다. 실제로 일반 근로자들을 이런 식의 위험에 노출시킨 사례도 있었다. 파산한 엔론의 임원들은 직원들에게 연금을 털어 자사 주식을 매수할 것을 권했다. 엔론처럼 회사가 파산할 경우 연금을 포기하고 주식을 산 근로자들은 거의 모든 걸 잃게 된다. 엔론의 근로자들 중 자신이 주가에 책임을 지고 있다고 느낀 사람은 거의 없었다. 그 때문에 그들은 연금으로 주식을 사고도 더 열심히 일하지는 않았다.

그러나 CEO를 비롯한 경영진의 사정은 조금 다르다. CEO는 매우 높은 연봉을 받고, 주가에도 큰 영향력을 가지므로 그들에게 높은 인센티브가 수반되는 위험한 일을 감당하게 하는 건 합리적일 수 있다. 자신감 있고 합리적인 CEO라면 더 높은 임금을 받기 위해 기꺼이 위험을 감수할 것이고, 주주들은 그런 CEO에게 더 높은 임금을 제시할 것이다.

만일 CEO가 낮술에 취해 구조 조정을 실시한다면 주주들의 재산은 물론이고 자신의 재산(회사의 지분을 아주 조금 갖고 있더라도)에도 커다란 피해를 줄 것이다. 그러나 직원이 낮술을 마시고 할 수 있는 구조 조정이란 고작 컴퓨터에 붙어 있는 포스트윗을 정리하는 정도다. 예를 들어 CEO가 회사 지분을 0.1퍼센트 가지고 있다고 하자. 이 경우 그가 회의 시간에 졸다가 1000만 달러짜리 실수를 한다면 그는 개인적으로 1만 달러의 손해를 입게 된다. 그러나 청소부가 회사 지분을 0.1퍼센트 가지고 있을 경우 그로 인해 그가 어떤 행동을 취해야겠다는 동기를 얻을 것 같지는 않다. 그의 행동으로 인한 손해나 이익은 극히 적기 때문이다.

CEO와 일반 직원 사이에 세 번째로 중요한 차이점이 있다. 직위가 낮을수록 성과 관리가 쉽다는 점이다. 청소부가 사무실을 청소하지 않으면 해고될 게 뻔하다. 영업 사원이 영업을 하지 않으면 역시 해고될 것이다. 앞에서 말했듯이 이런 문제를 해결하는 것은 어렵지만, 토너먼트 임금제의 도움을 받으면 해결이 불가능한 건 아니다. 그러나 CEO의 경우는 조금 다르다. CEO는 이미 토너먼트에서 '우승'한 것이나 마찬가지고, 더구나 그의 성과는 측정이 어렵기 때문이다. 어떤 결정을 내려야 할지 누구나 안다면 CEO가 왜 필요하겠는가?

CEO의 경우 많은 위험을 감당해야 하고 인센티브에 따라 다르게 행동하지만, 적절한 인센티브가 별로 없다. 따라서 그의 임금을 주가와 연동시켜서 지불하거나, 스톡옵션을 지불하는 게 좋다. 그런데 자세히 살펴보면 이런 논리에는 또 다른 문제가 존재한다.

스톡옵션의 숨겨진 비밀

1990년 젠슨과 머피는 《하버드 비즈니스 리뷰》에서 이렇게 투덜댔다. "미국 기업들은 임원들을 관료처럼 대우한다." 1970년대와 1980년대 초에는 그런 불평이 사실이었다. 1년간 회사 이익을 20퍼센트나 끌어올린 CEO가 1년간 회사 이익을 10퍼센트 끌어올린 CEO보다 불과 1퍼센트 정도 더 많은 돈을 받았다. 이런 상황에서는 CEO가 자신의 핵심 역할을 무시한 채 자신의 안위에만 신경을 쓰는 게 당연한 일이었다.

당시에는 그랬다. 하지만 이제 CEO는 관료가 아닌 부정축재 정치인처럼 돈을 받는다. 2005년이 되자 인센티브에 기초한 임금 제도(변동급 보너스, 임직원 특전, 장기 인센티브 등)는 미국뿐만 아니라 거의 모든 선진국 CEO들에게 적용되었다. 1980년대부터 CEO의 임금은 회사가 얼마나 좋은 성과를 올렸느냐에 따라 달라지기 시작했다. 예를 들어 1990년대 중반 주가 상승률이 하위 30퍼센트에 속하는 회사의 CEO는 1년에 100만 달러 정도를 벌었다. 반면 주가 상승률이 상위 30퍼센트에 속하는 회사의 CEO는 그보다 다섯 배나 많은 돈을 벌었다. CEO로서 회사를 성공으로 이끄느냐 그러지 못하느냐에 따라서 임금 격차는 크게 벌어졌다. 이런 격차가 생긴 근본 원인은 스톡옵션에 있다.

이 모든 논의는 경제적으로 타당해 보인다. 다시 말해 CEO 는 주주들을 속이지 못하도록 스톡옵션을 부여받는 것이다. 그러나 의심 많은 독자들을 피해가지 못할 또 다른 가능성이 존재한다. 그것은 바로 CEO가 주주들을 속여왔고, 스톡옵션은 그들이 부정하게 취득한 성과일 수 있다는 점이다.

CEO에게 주는 거액의 보상이 주주들의 이익을 보장하지 못한다. 2003년 CEO들은 1980년에 비해 여섯 배나 많은 돈을 받았다. 그러나 같은 기간 미국 대기업들의 가치 역시 여섯 배가 늘어났을 뿐이다. 600억 달러 가치의 회사를 경영하는 CEO가 내리는 결정이 100억 달러 가치의 회사를 경영하는 CEO가 내리는 결정보다 여섯 배 높은 가치를 지닌다면 전자에게 그만큼의 대우를 해주는 게 당연하다.

그러나 이와 같은 스톡옵션에 기초한 보상 제도에는 몇 가지 의심스러운 면이 존재한다. 스톡옵션은 주가가 떨어질 때 종종 재조정된다. 회사의 성과가 부진할 때 100달러에 주식을 살 수 있는 스톡옵션이 50달러에 주식을 살 수 있는 스톡옵션으로 바뀌는 경우다. 이런 조정은 CEO에게 이런 식의 제안을 하는 것과 같다. "회사의 주가가 올라가면 당신은 스톡옵션으로 상당한 수익을 낼 수 있다. 회사의 주가가 떨어져도 걱정하지 마라. 어쨌든 당신이 큰돈을 벌게 해줄 테니까." 이런 인센티브가 얼마나 합리적일까?

이외에도 CEO가 받는 보상에는 의심스러운 면들이 몇 가지 더 있다. 복잡한 임금 제도에 대해서는 말하지 않겠다(이런 제도는 일반인들이 이해하지 못하도록 설계된 것 같다). 다만 기업이 선호하는 임금 제도 중에 '리로드 옵션reload option'이라는 게 있다. 스톡옵션의 만기 때 추가로 옵션을 부여하는 리로드 옵션은 주가가 크게 반등할 경우 한시적으로나마 추가 이익을 안겨준다는 점에서 CEO에게 유리하다. 또 다른 임금 제도로 '백데이티드 옵션backdated option'이라는 게 있다. 이것은 주가가 낮은 날짜로 스톡옵션 부여일을 위장하는 것이다. 이렇게 하면 기업들은 좋은 조건으로 스톡옵션을 부여하면서도 그 사실을 감출 수 있다. 경제학자들은 주가가 오르기 전에 스톡옵션이 부여되는 경우가 많다는 데 착안하여 '백데이티드 옵션'의 속임수를 파헤쳤다. 백데이티드 옵션은 사실 사기와 마찬가지다. 2006년 10월 이 행위가 적발되면서 일주일 만에 여섯 명의 CEO가 해고되었다(백데이티드 옵션을 적용한 기업 중에는 아이팟과 매킨토시로 유명한 애플사도 포함되어 있었다. 애플사는 CEO인 스티브 잡스에게 백데이티드 옵션을 부여했다. 이 중 일부는 이사회에서 승인이 난 것으로 알려졌지만 애플사는 나중에 이사회가 열린 적도 없음을 실토했다).

좀 더 분명히 짚고 넘어가자. 이처럼 수상쩍은 옵션들의 문제점은 CEO들에게 너무 많은 보상을 해준다는 데 있지 않다. 기업들이 CEO에게 과도한 보상을 해줄 수 있는 방법은 그것

말고도 많다. 그러나 수상한 옵션은 수상한 인센티브를 만들어내고(이것은 주주들의 이익에 반하게 된다) 간파하기도 어렵다(역시 주주들의 이익에 반하지만 탐욕스러운 CEO에게는 유리하다).

이것은 비합리적으로 보인다. 그렇다면 주주들은 왜 자신의 돈이 성과와는 별 관련도 없이 CEO의 주머니만 불리는데도 가만히 지켜보기만 하는 걸까? 주주들은 왜 이사회 해임을 의결하지 않는 걸까? 거기에도 합리적인 이유가 있다.

내 주머니에서 은밀하게 돈이 빠져나간다

몇 년 전 런던에서 먹은 저녁 식사는 최악이었다. 그 식당은 일회용 손님들로 붐비는 '거품 낀' 곳이 분명했다. 음식도 맛에 비해서 비쌌다(사실 런던에서는 이런 식당을 흔히 볼 수 있다). 놀랍게도 그 식당은 손님들의 주머니에서 현금을 빼가기 위해 합법적이라고 하기에는 좀 민망한 수법들을 썼다. 아내는 샐러드를 한 접시 주문했는데, 웨이터는 네 접시를 들고 왔다. 웨이터는 와인을 마시지 않는 사람들에게도 잔이 넘치도록 와인을 부어주었다.

거기서 무슨 일이 벌어진 걸까? 또 다른 '돈 나누기' 게임이 벌어졌다. 우리 일행은 12명이었는데, 소음 때문에 대화조차

할 수 없었다. 우리 중 누구도 그 밤을 망치고 싶지 않았다. 우리 앞에는 한 접시가 아닌 네 접시의 샐러드가 놓여 있었지만 1인당 1달러 정도만 더 내면 충분했다. 사실 모두들 다른 누군가가 샐러드를 주문했을 거라고 생각했다. 뚜껑을 딴 채 손도 대지 않은 와인 역시 마찬가지였다. 식당의 서비스는 형편없었지만 웨이터들에게 항의를 해봐야 소용없을 것 같았다. 참다 못한 나는 결국 디저트가 나오기 전에 자리에서 일어났고, 내 몫으로 거액의 밥값을 지불해야 했다.

그 식당에서 벌어졌던 것과 같은 일이 대기업에서도 벌어진다. 주주들은 자기 주머니에서 경영자들의 주머니로 돈이 '뚝, 뚝' 흘러 들어가는 걸 느끼지만 아무 일도 하지 못한다. 내가 S&P 500 지수에 편입된 기업의 주식을 5만 달러어치 가지고 있다면 당연히 주식시장에 관심을 가질 것이다. 그러나 CEO의 연봉 계약에는 신경을 쓰지 않을 것이다. 내가 S&P 500 지수에 편입된 500개 기업의 주식을 각각 100달러어치씩 가지고 있다면 각 기업의 CEO들이 기업의 수익 중 무려 1퍼센트를 챙긴다 해도 내가 부담하는 액수는 기업당 1달러에 불과하다. 게다가 이런 일은 은밀하게 벌어지므로 내가 각각의 CEO에게 보상금으로 1달러를 지불했는지조차 모를 것이다. 내 돈은 모두 500달러나 나가지만 나는 그들을 한 번에 한 명씩만 손봐줄 수 있다. 게다가 그러기 위해서는 다른 수많은 주주들에게 일일이 연락을 취해 CEO에 대한 인센티브 지급을 부결시키자고 설득해야 한다.

실제 상황은 이보다 더 심각하다. 내가 다른 주주들과 연대하여 이사회의 활동에 제동을 걸 경우 당장 CEO를 선임하는 데 어려움이 생길 것이다. 다른 회사가 우리 회사 주주들의 활동을 타산지석 삼아 이사회에 대한 기준을 약간만 엄격히 적용한다면 그 회사만 이득을 보고 우리의 용감한 '혁명가'들은 고생한 만큼 성과를 거두지 못할 것이다.

정리하면 이사회도 주주들을 너무 심하게 자극해서는 안 된다. 만일 내가 갔던 그 식당의 웨이터가 내 지갑을 강탈하려 했다면 나는 당장 자리에서 일어나 그의 행동을 제지했을 것이다. 그러나 그가 주문지도 않은 와인을 한 병 더 가져왔다면 어땠을까? 그 병이 테이블 끝에 놓이는 것을 보고 나는 어떻게 행동했을까?

주주들의 분노를 막을 수 있는 가장 쉬운 방법은 은밀하게 일을 처리하는 것이다. 리로드 옵션처럼 CEO에 대한 보상을 극대화하되 회사의 재정적 부담은 최소화할 수도 있다. 스톡 옵션 외에도 은퇴한 CEO에게 대출을 해주거나 자문료를 주는 식으로 보상할 수도 있다. 이런 식으로 위장을 하면 주주들이 모종의 조치를 취하기가 더 어려워진다.

물론 모든 CEO가 이런 혜택을 누리는 건 아니다. 대부분의

CEO는 자신의 노력이 아닌 외부적 요인으로 이익이 났을 때도 거액의 보너스를 받는 등 순전히 운이 좋아 돈을 번다. 그러나 이런 일은 한 명의 대주주만 있는 회사에서는 훨씬 적게 일어난다. 그럴 수밖에 없다. 여러분의 장인어른이 한턱을 내겠다고 하고는 뭘 주문하는지 눈을 부릅뜨고 감시한다면 샴페인을 주문하지 못하는 것처럼 대주주는 '돈 나누기' 문제를 해결하는 데 큰 효과를 발휘한다. 이와 달리 주식회사의 주주들은 단결된 모습을 보이지 못하는 경향이 있다.

어떤 문제들은 쉽게 해결되지 않는다. 나는 '합리적'이라는 단어가 '훌륭하다'는 의미를 지닌다고 한 적이 없다. 합리적 선택 때문에 여러분의 상사는 많은 돈을 받고, 여러분의 CEO는 더 많은 돈을 받는다. 또한 합리적 선택 때문에 여러분은 다른 사람들과 외식할 때 혼자 먹을 때보다 훨씬 더 많은 밥값을 지불해야 한다. 그러나 이제 여러분은 이 모든 일 뒤에 감춰진 논리를 이해하게 되었다. 5장과 6장에는 이보다 더 나쁜 상황들이 소개될 것이다.

CHAPTER 5

편견이
사는 곳을
결정한다

체스판 모델

이사할 때 사람들은 집의 위치와 더불어 이웃에 누가 사는지를 면밀히 따진다. 이웃에 나와 다른 사람—전과자나 이민자—이 산다면, 우리는 그곳에 살기를 꺼릴 것이다. 하지만 명심하라. 여러분의 작은 선호도가 도시를 극과 극으로 양분하는 엄청난 결과를 가져올 것이다. 그리고 한 가지 더. 이웃에 전과자가 사는 것보다 더 위험한 일은 대단지 고층 아파트에 사는 것이다.

우리가 사는 곳에는 분명한 선이 존재한다

　생각할 게 많았다. 새로운 일자리, 새로운 도시, 새로운 나라, 그리고 곧 태어날 아이 등. 세계은행은 전 세계에서 직원들을 채용하기 때문에 신입 직원들 대부분은 워싱턴 D.C.에 새로운 거처를 구해야 한다. 세계은행은 신입 직원들이 현지 의료 시스템과 행정 기관에 적응하고, 새 집을 찾을 수 있도록 사무실을 두고 있다. 머릿속으로만 그려보았던 미국의 수도가 '분열되어 있는' 도시라는 사실을 처음 실감한 곳이 바로 그 사무실이었다.

　세계은행의 주택 담당자와 잠시 대화를 나눈 나는 세계은행에서 멀지 않은 시내에 살고 싶다고 말했다. 그 말을 들은 담당자가 본격적인 설명을 시작했다. 그녀는 워싱턴 D.C. 시내를 자세히 그려놓은 대형 지도를 펼쳤다. 그리고 컬럼비아 지구를 네 등분한 후 북서쪽에 소재한 조지타운과 클리블랜드 파크 쪽을 손으로 가리켰다. "이곳들은 모두 안전해요." 그런 다음 그녀는 파란색 볼펜을 꺼내서 16번가를 따라 조심스럽게 선을 그었다.

이 선은 백악관에서 시작해서 북쪽으로 향했다. 그녀는 지도 위에 볼펜으로 구멍을 뚫었다. 나중에 워싱턴 D.C. 여기저기를 돌아다니면서 지도를 펴볼 때마다 볼펜 자국이 난 구멍들이 눈에 들어왔다.

그녀가 말을 잇는 동안 나는 그 선을 응시했다. "부동산 중개인이 이런 말을 하면 법에 걸리겠지만 저는 상관없어요. 이 선을 기준으로 서쪽에 거처를 정하세요." 나는 지도를 접어서 가방에 집어넣은 다음 계단을 내려와 건물 밖으로 나왔다. 눈부신 10월의 햇살이 내리쬐고 있었다.

그녀가 말한 '그 선'의 정확한 위치는 논란거리였지만, 분명 그 선은 존재하고 있었다. 워싱턴 D.C.의 어느 지역에 사느냐에 따라 겪게 되는 경험도 천지차이다. 16번가에 의해 두 개로 나뉜 지역은 경찰서의 제3구역으로 2005년 24건의 살인 사건이 일어난 곳이다. 다른 곳의 상황은 훨씬 심각했다. 강 건너 제7구역에 속하는 아나코스티아—세계은행 담당자는 그곳에 절대 가서는 안 된다는 당부를 누누이 했다—에서는 2005년 62건의 살인 사건이 발생했다. 그러나 제2구역인 조지타운과 클리블랜드 파크에서는 단 한 건의 살인 사건도 일어나지 않았다.

살인 사건이 적게 터졌기 때문에 조지타운과 클리블랜드 파크가 아나코스티아보다 살기 좋은 곳이라는 건 아니다. 조지타운과 클리블랜드 파크의 경우 빈곤 속에 사는 아이가 30명 중 채 한 명이 되지 않는다. 이는 아나코스티아의 15분의 1 수준이다. 빈곤율(가난한 사람의 비율)은 7.5퍼센트로 아나코스티아의 5분의 1 수준에 불과하다. 또 1000명당 고작 두 건의 강력 범죄가 일어나는데, 이는 아나코스티아의 10분의 1에 지나지 않는다. 그런데 이로 인해 혜택을 보는 것은 누구일까? 조지타운과 클리블랜드 파크 주민의 80퍼센트가 백인이고, 아나코스티아 주민의 93퍼센트가 흑인이라는 사실만으로도 두 지역의 차이를 충분히 설명할 수 있다.

언뜻 보면 워싱턴 D.C. 같은 도시에 왜 그렇게 가난한 사람들이 많은지, 왜 그렇게 인종차별이 심각한지 설명해줄 합리적인 이유는 없는 것 같다. 실제로 저소득층 거주 지역의 위치도 합리적이기보다는 병리적인 것 같다. 개개인이 합리적인 선택을 하더라도 그 누구도 원하지 않은 결과가 나타날 수 있기 때문이다. 따라서 여러분은 개개인의 합리적 행동이 사회적으로는 비합리적인 결과를 초래할 수 있다고 말할지도 모른다.

5장과 6장은 밀접하게 연결되어 있다. 5장에서는 도시 이웃들의 역할과 개인의 선호도와 합리적인 결정이 어떻게 이웃에게 절박하고 극단적인 결과를 초래하는지를 생각해볼 것이다. 왜 이웃들이 빈곤해졌는지, 왜 보통 사람들의 합리적인 선택이 그들의 이웃을 그러한 빈곤 속에 가둬놓는지 파헤쳐 볼 것이다. 워싱턴 D.C.가 그렇듯이 도시의 지리와 인종은 밀접하게 관련되어 있다. 다시 말해 가장 가난한 지역들을 살펴보면 이민자나 아프리카계 미국인들로 붐비는 고립 지역인 경우가 많다. 그곳들은 백인들에게는 기피 지역이 된다. 이런 사태가 생기는 데는 인종보다 이웃이, 지리보다 인종이 큰 역할을 하기 때문에 6장에서는 인종차별에 초점을 맞춰보겠다. 또한 5장에 이어 6장에서도 개인의 합리적인 결정이 사회 전체에 비극을 초래할 수 있는지 살펴볼 것이다.

하지만 우선은 인종과 지리로 인한 심각한 문제, 다시 말해 일부 미국 도시에서 나타나는 극단적인 인종차별에 대해 살펴볼 것이다. 사실 차별이 심각한 차별 의식에서 비롯된 것처럼 보일 수도 있지만 꼭 그런 것은 아니다. 인종과 계급과 소득에 따른 차별은 정말 '가벼운' 편견에서 비롯되는 경우가 많다. 그 사실은 지금 당장 확인해볼 수 있다.

체스판 모델

잠시 이 책을 내려놓고, 체스판을 준비하라. 체스판 위에 검은색과 흰색의 말을 교대로 놓는다. 귀퉁이 네 칸은 비워놓는다. 검은색 말과 흰색 말이 두 부류의 사람들을 나타낸다고 가정해보자. 흑인과 백인일 수도 있고, 토착민과 이민자 또는 부유한 사람과 가난한 사람일 수도 있다. 한 사람 주위에는 최대 여덟 명의 이웃이 있고, 네 귀퉁이 근처에 있는 사람은 적게는 네 명의 이웃만 있다. 이때 모든 사람은 한 가지 문제에만 관심을 갖는다. 즉 자기가 사는 곳에 자기와 다른 부류의 사람이 크게 늘어나는 일을 피하는 것이다. 사람들은 자기와 같은 사람의 수가 약간 부족하더라도 행복하게 살아갈 것이다. 그러다가, 예를 들어 세 명의 이웃 중 두 명 이상이 자신과 피부색이 다르다면 이질감을 느끼며 머지않아 다른 곳으로 이사를 가게 된다.

앞으로 어떤 일이 벌어질까? 222쪽 그림 1을 보면 서로 이질적인 사람들을 교대로 배치해놓았을 경우 모두 행복해진다는 걸 알 수 있다. 체스판의 중심부를 보면 흰색 말들이 수직과 수평으로 검은색 말들과 이웃하고 있고, 양쪽 대각선으로 흰색 말들과 인접해 있다. 검은색 말들도 마찬가지다. 체스판의 가장자리에 있는 흰색 말은 세 개의 검은색 말과 두 개의 흰색 말과 이웃하고 있지만, 이 정도까지는 괜찮은 수준이다. 이 체스판을 통합된 사회 모델로 여길 수 있을지도 모르겠다. 백인과 흑인이 말 그대로 함께 어우러져 사는 모습이다. 이 사회의 모든 구성원은 인종적 선호도를 갖고 있으므로 이 체스판이 인종적으로 화합을 이룬 유토피아는 아니다. 다만 이 체스판에서 인종적 선호는 약한 수준이며, 사회는 완전히 통합되어 있다. 그렇지만 이런 상황은 순식간에 악화될 수 있다.

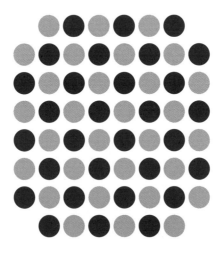

| 그림1 | 토머스 셸링의 체스판: 완벽하게 통합된 유토피아

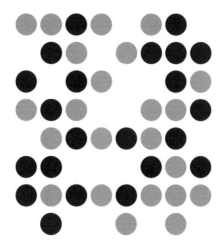

|그림 2| 무작위로 20개의 말을 없애고
다시 5개의 말을 추가한 체스판의 모습

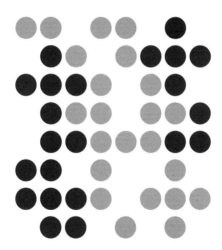

|그림 3| 각자가 선호하는 장소로 말들을 옮긴 후 체스판이 분리된 모습

만일 이것이 통합된 사회의 모델이라면 이 모델을 통해 그러한 사회가 얼마나 쉽게 무너질 수 있는지를 알 수 있다. 왜 그런지 알아보기 위해 말 배치에 약간 수정을 가해보자. 말들을 몇 개 무작위로 없애보자. 예를 들어 총 60개의 말 중 20개 정도를 없애보자. 그다음에 말을 다섯 개 정도 무작위로 추가해보자.

그림 2를 보면 알 수 있듯이 체스판은 좀 더 복잡해졌지만 여전히 통합된 상태를 유지하고 있다. 45개의 말 중 40개는 원래 자리에 그대로 있기 때문이다. 여기저기 빈 공간이 눈에 띄며, 새로 배치된 다섯 개의 말은 여전히 검은색과 흰색 말이 섞여 있는 곳에 들어가서 자리를 잡았다.

그러나 이 약간의 변화는 아주 결정적인 변화로 드러났다. 체스판을 보면 검은색 말보다 두 배나 많은 흰색 말에 둘러싸인 검은색 말이 보일 것이다. 검은색 말 하나를 흰색 말의 숫자가 그렇게 많지 않은, 인근의 빈 공간으로 옮겨보자. 방금 옮겼던 검은색 말과 같은 처지에 있던 흰색 말도 역시 같은 식으로 옮겨보라. 이제 여러분은 연쇄 반응을 목격하게 될 것이다. 즉 검은색 말이 자리를 옮길 경우 또 다른 검은색 말이 흰색 말에 에워싸이게 되고, 결국 그 말 역시 자리를 옮겨야 한다. 이런 일이 계속 이어진다.

검은색 말과 흰색 말을 계속 옮기다 보면 조화로운 융합 상태가 엉망이 되어버린다. 말들을 아무리 완벽하게 섞는다 해도 말들은 하나씩 분리되어 흰색은 흰색끼리, 검은색은 검은색끼리 고립된다. 이것은 무시무시한 현상이다. 서로 섞여서 행복하게 살던 사람들이 다양성이 점차 사라지면서 백인과 흑인의 집합체로 나뉘는 과정도 바로 이렇기 때문이다.

이처럼 간단한 과정이 보여주는 놀라운 진실은 앞에서 소개했던 게임 이론가 토머스 셸링이 찾아낸 것이다. 그는 장거리 비행 중 낙서를 하다가 누군가 인종적 고립을 피하기 위해 이사를 갈 경우 어떤 일이 벌어지는지를 알아보기 위해 +와 O을 아무렇게나 채운 격자를 그려봤다. 셸링은 이렇게 말했다. "연필과 종이만으로 하려니 힘들었다. 지워야 할 게 많았기 때문이다."

집으로 돌아온 그는 열두 살 난 아들과 함께 체스판과 동전으로 게임을 했다. 그는 동전들이 '선호하는' 것에 대해 간단한 규칙을 정해놓고 게임을 하다가 심오한 사실을 발견했다. "이웃에 자기와 다른 사람이 많지 않은 것을 아주 약간만 선호하거나, 자기와 같은 사람이 많기를 아주 조금만 바라는 경우에도 극단적인 분리 상태가 나타났다." 다시 말해 가벼운 이유만으로도 극단적인 결과가 초래될 수 있었다.

셸링의 체스판 모델은 유명해졌고, 2005년 그가 노벨 경제학상을 수상한 후에는 더욱 유명해졌다. 그러나 체스판이 정확히 무엇을 의미하는지는 그때그때 달라진다. 아나코스티아는 주민의 93퍼센트가 흑인인 반면, 조지타운과 클리블랜드파크는 80퍼센트가 백인이라는 관찰 결과를 생각해보자. 여러분이 긍정적인 기분에 젖어 있다면 셸링의 모델이 보여주는 극단적으로 분리된 상황조차 인종적 증오의 증거는 될 수 없다고 생각할지 모른다. 즉 셸링의 모델 같은 상황이 연출된 주된 이유는 심각한 불균형에 대한 약간의 거부감 때문이라 생각할지 모른다. 반대로 여러분이 비관적인 기분에 젖어 있다면 셸링의 모델은 극단적인 인종 분리의 필연적 결과로 보일 것이다. 아무리 인종적 편견이 심하지 않더라도 그 결과가 심각하다면 그냥 간과할 수는 없는 것 아닐까?

1960년대 후반 셸링은 야구 훈련 캠프인 다저타운의 카페테리아를 중심으로 다소 희망적인 관찰 결과를 제시했다. 마이너리그 선수들은 카페테리아에서 밥을 먹을 때 무조건 비어 있는 첫 번째 자리로 식판을 들고 가야 했다. 카페테리아 주인은 백인 선수에게 "흑인 선수와 밥 먹는 게 싫다면 다른 식당에 가서 먹으라"고 선언했다. 그 결과 테이블에는 백인 선수와 흑인 선수가 자연스럽게 섞여 앉았다. 그러나 메이저리그 선수들은 자기가 자리를 골라 앉을 수 있었기 때문에 흑백 선수가 테이블에 뒤섞여 앉기보다는 분리되어 앉는 경우가 더 많았다.

언뜻 보면 카페테리아의 광경은 백인과 흑인이 어쩔 수 없이 함께 식사를 하는 모습으로 보일 수도 있다. 그러나 사실은 좀 더 희망적이다. 카페테리아 주인이 관찰했듯이 도저히 피부색이 다른 사람과는 밥을 못 먹겠다는 선수는 다른 식당에서 밥을 사 먹었다. 아니면 자기와 피부색이 같은 선수들을 식당 앞에서 미리 만나 카페테리아로 왔다. 그러나 아무도 이런 인종차별을 실천하기 위해 시간을 들여 고민하지 않았다. 한편 메이저리그 선수의 경우도 상황은 그리 나쁘지 않았다. 인종별로 분리된 테이블이 나타나기는 했지만 단순히 함께 점심 식사를 할 이웃을 고른다는 차원에서 보면 큰 문제는 아니었다. 그러니 희망은 있는 것 같다.

5장의 나머지 부분에서는 셸링의 체스판에서 목격했던 것처럼 두 부류의 사람이 물과 기름처럼 분리되는 현상에 초점을 맞출 것이다. 그런 현상은 인종차별뿐만 아니라 온갖 가면을 쓰고 도시의 일상에 나타난다. 런던 시내의 공원을 한 번이라도 들러보면 알 수 있듯이 그런 일은 너무 흔하기 때문에 우리는 그런 차별이 일어나는 것조차 눈치채지 못한다.

우리 동네는 안전할까

해크니 다운스에 있는 공원은 토머스 셸링의 체스판처럼 급격하게 변하지만 그럴 만한 특별한 이유가 눈에 띄지 않는다. 일반적으로 사람들은 날씨나 시간 때문이라고 생각할지 모른다. 나는 토요일 오후 4시경 공원에 들렀다. 화창한 9월의 오후였다. 50여 명의 사람들이 삼삼오오 모여 있었다. 아이들은 뛰어놀고 있었다. 베레를 쓰고 검은색 보온복을 입고 학구적인 안경을 낀 자메이카 남성이 어린 딸 주변에서 축구공을 가볍게 차는 모습이 보였다. 또 아이들이 손가방을 끌어당기는 동안 유모차에 기대어 수다를 떨고 있는 폴란드 엄마들과 아기용 그네에 어린 딸을 태우고 가볍게 밀어주면서 즐거워하는 인도계 아버지의 모습도 보였다. 그림자의 길이가 점차 길어지면서 사람들의 수는 점점 줄었지만, 사람들의 혼합은 바뀌지 않았다.

오후 6시 30분이 지나자 땅거미가 드리워지는 가운데 가족 단위로 아빠와 엄마와 아기들 20명 정도가 여전히 공원에서 놀고 있었다. 그러나 공원은 이미 다른 모습으로 변하고 있었다. 부모들은 "5분만 더 노는 거다", "미끄럼은 한 번만 더 타자"라고 말하면서 아이들을 다그치고 있었다. 순식간에 공원에는 가족들의 모습이 보이지 않았다. 10대 청소년 패거리들이 공원 반대편에 자리를 잡았다. 한 패거리는 그네를 타고 있었고, 다른 패거리는 시소를 따라 줄 서 있었다. 그들은 아주 나쁜 아이들 같지는 않았고, 그저 자기들끼리 어울리는 게 좋아서 함께 모여 있는 것 같았다. 그러나 공원 분위기는 일순간에 바뀌었다.

이와 비슷한 극단적인 변화는 날씨가 바뀔 때도 볼 수 있다. 나는 구름이 끼고 가벼운 재킷을 걸쳐야 할 만큼 선선하거나, 비가 한두 방울 떨어지는 날씨에 딸을 데리고 공원을 찾으면 우리밖에 없을지 모른다는 걸 알고 있다.

그래서 어쨌다는 말일까? 공원은 날씨와 시간에 따라 그 모습이 달라진다. 사람들은 날씨가 화창하면 공원에 가는 걸 좋아한다. 반면 불량스러운 10대 패거리가 아니라면 저녁에 공원에 가는 사람은 좀처럼 없다. 그러나 한 가지만 지적해보자. 따뜻한 저녁에 집 정원이나 노천 카페에 앉아 있으면 너무나 행복하다. 그런데 왜 공원에서는 그러지 못하는 걸까?

날씨가 흐려지면 공원에서 노는 게 조금 재미가 없을지도 모른다. 그렇다고 눈보라나 허리케인이 몰아치는 것도 아닌데 기온이 몇 도 바뀌거나 시간이 몇 분 흘렀다고 해서 어떤 때는 50명이나 되는 사람이 공원에서 놀고, 또 어떤 때는 단한 사람의 모습도 보이지 않는 극단적인 변화가 일어나는 이유는 뭘까?

그런 변화는 상호작용의 결과라고 할 수 있다. 도심 속 공간은 교류하는 사람들로 가득 차 있다. 특히 공원은 더욱 그러하다. 흐린 날에는 딸을 데리고 공원을 찾아도 오래 머물지 않는다. 날씨 탓이 아니라 공원의 분위기 때문이다. 아무도 없어서 구경할 것도 없다. 날씨가 좋아지고 사람들이 조금씩 나타나면 공원에는 활기가 넘친다. 사람들은 공원에 활기가 넘치기 때문에 그곳에 나와서 놀고, 공원은 사람들 때문에 활력이 넘친다.

사람들이 북적대는 이유를 어떤 경제학자는 '긍정적 외부효과positive externality'라는 그럴듯한 말로 설명한다. 내가 딸과 함께 공원에 모습을 드러내면 공원에 긍정적인 외부효과를 주게 된다는 것이다. 다만 다른 사람들은 우리가 나타난 것을 보고 즐거워하지만 우리는 그들이 느끼는 즐거움을 느끼지 못한다. 이는 오염이나 혼잡이 당사자에게는 고통을 주지 않지만 다른 사람들에게는 고통을 주는 것과 정반대다. 그 때문에 긍정적 외부효과는 멋진 혜택처럼 들린다.

그러나 실제로는 그렇지 않다. 다른 사람이 공원에 있을 때만 내가 공원에서 즐거운 시간을 보내고, 내가 공원에 있을 때만 다른 사람이 즐거움을 느낀다면 우리 중 누구도 공원에 나가지 않을 가능성이 높다. 설사 공원에 나간다 해도 다른 사람이 올 때까지 기다리지 못하고 금방 나와버릴 것이다. 이처럼 긍정적 외부효과는 '만일 그 길로 갔다면 어디에 도착했을까?'라는 상상과 마찬가지로 순전히 가상적인 혜택인 경우가 많다. 공원에 모인 사람들이 공원에 나온 다른 사람들에게 무료로 즐거움을 준다면, 그들에게 돈 한 푼 주지 않고 공원에 자주 나와주길 바라는 건 어폐가 있다.

해크니 다운스 공원에서 목격되는 행동은 경제학자들이 즐겨 쓰는 '다중 평형 상태multiple equilibria'라는 것 때문에 예측이 불가능하다. 하나의 평형 상태는 움직이지 않는 그네처럼 예상이 가능하고 안정적인 상태다. 여러분이 그네에 탄 소녀를 밀어줘도 그네는 결국 똑같은 평형 상태로 돌아와서 멈출 것이다. 그러나 공원은 다중의, 즉 한 가지 이상의 평형 상태를 지니고 있다. 여러분이 공원에 가면 나도 그곳에 가고 싶고, 우리 모두가 그곳에 모인 것에 기쁨을 느낄 것이다. 반대로 내가 가지 않으면 여러분도 그곳에 가지 않으려 하고, 우리 모두는 그냥 집에 머물게 된다. 앞의 상황이 좀 더 효율적으로 공원을 이용하는 모습이기는 하지만 어쨌든 두 상황 모두 평형 상태다.

일반 경제학에서는 이 이상의 이야기를 해주지 않는다. 그러나 토머스 셸링은 그렇지 않다. 2장에 나왔던 토머스 셸링의 '초점'을 상기해보자. 초점은 큰 차이를 일으키는 조그만 것들이다. 이 차이는 한 가지 평형 상태에 도달하는 것과 다른 평형 상태에 도달하는 것 사이의 차이다.

예를 들어 동네 축구팀이 매주 토요일 아침마다 공원에 모여 훈련을 하거나, 집에만 있던 부모들이 매주 수요일 오후 3시마다 공원에 나온다면 다른 사람들이 그 주위에 조화롭게 어울림으로써 초점이 생길 수 있다. 축구팀이 공원에서 연습을 하면 강도들이 얼씬거리지 못해 공원은 안전할 것이고, 구경거리도 생길 것이다. 따라서 더 많은 가족들이 공원에 놀러 나올 것이다. 어떤 가족은 다른 가족이 공원에 나오는 모습을 보고 공원을 찾을 것이다. 축구 시즌이 끝나고, 축구팀이 더 이상 훈련을 하지 않아도 사람들은 축구팀이 여전히 그곳을 찾을 것이라 기대하며 공원을 찾는다. 이제는 축구팀이 없어도 공원에 생기가 넘친다.

이것은 다중 평형 상태가 얼마나 변덕스러운지를 보여주는 사례다. 그러나 결과는 변덕스럽지만 그 같은 변덕스러운 결과를 만들어내는 이유는 합리적이다. 공원에서 찾아볼 수 있는 논리는 도시에서 흔히 목격되는 상황들에도 적용된다. 즉 어떤 지역에는 백만장자들만 모여 사는 반면 아주 가까운 인근 지역에는 가난한 사람들만 모여 사는 이유를 설명해줄 수 있다.

대낮의 살인

    만일 그들이 만날 기회가 있었다면 서로 할 얘기가 많았을 것이다. 마거릿 뮬러와 세라 스테파넥은 모두 유럽 이민자의 딸이었다. 두 사람 모두 워싱턴 D.C.에 거주하다가 꿈을 품고 영국으로 건너온 케이스다. 둘 다 재능 많은 젊은 여성으로 마거릿은 예술가였고 세라는 경제학자였다. 게다가 그들은 똑같이 끔찍한 일을 겪었다. 마거릿과 세라는 출퇴근 시간에 사람들로 북적이는 도심에서 생면부지의 남자로부터 피습을 당했다. 하지만 두 사람은 만날 수가 없었다. 세라는 다행히도 살아남았지만 마거릿은 그렇지 못했다.

    화창한 2월의 어느 날이었다. 아침 8시 30분경 마거릿은 런던의 빅토리아 파크에서 조깅을 하고 있었다. 빅토리아 파크는 아름답기는 했지만 항상 한적했다. 출퇴근 시간에조차 그곳은 붐빌 이유가 없었다. 공원의 길이는 1.6킬로미터가 넘었고, 너비도 수백 미터에 달했으므로 그곳을 가로질러 출퇴근하는 사람은 거의 없었다. 공원의 동쪽은 차들로 붐비는 데다 사람들이 건널 수 있는 횡단보도가 없었다. 남쪽의 리젠트 운하는 아름답지만 다리도 몇 개 없고, 늘 조용했다. 북쪽으로는 높은 벽돌담과 강철 난간을 두른 공영주택들이 일렬로 늘어서 있었다. 이렇게 삼면이 가로막혀 있었으므로 공원을 관통하여 지나다니는 사람은 거의 없었다.

화창한 아침에도 사람들은 으슥한 곳에 자리 잡은 장미 정원 근처에는 얼씬대지 않았다. 게다가 그곳은 사람들의 왕래가 잦은 곳으로부터 수백 미터 정도 떨어져 있었다. 마거릿이 피습을 당한 곳은 바로 장미 정원이었다. 키가 150센티미터도 안 되던 마거릿은 당시 무방비 상태로 혼자였다. 괴한의 습격을 받은 그녀는 거의 50군데를 찔린 채 살해당했다. 근처에서 그녀의 비명 소리를 들은 행인들이 사건 현장으로 달려갔을 때에는 이미 살인자는 사라진 뒤였다.

세라 역시 마거릿과 똑같은 운명을 겪을 뻔했다. 그녀도 마거릿처럼 괴한의 공격을 받았다. 그러나 그녀가 공격받은 곳은 한적한 공원은 아니었다. 그녀를 공격한 레지널드 존스는 워싱턴 D.C.의 15번가를 공격 지점으로 삼았다. 후텁지근한 7월의 어느 날 저녁 사람들은 더위를 참지 못해 밖으로 나와 있었다. 어떤 사람들은 17번가의 술집과 식당과 아이스크림 가게 주변을 어슬렁거렸고, 어떤 사람들은 홀푸즈 슈퍼마켓으로 향했다. 어떤 사람들은 행인들을 지켜보면서 맨션 현관에 앉아 있었다.

세라(키가 크고 날씬하고 아름다우며, 흰색 바지와 짧은 티셔츠를 입고 있었다)가 곁을 지나치는 순간 존스는 기분이 상했다. 존스는 "흰색 바지를 입은 년은 백인 창녀다"라고 소리치면서 그녀를 쫓기 시작했다. 순간 행인들이 그를 제지하려고 했다. 어떤 사람은 차를 세워 세라를 태우려고 했다. 그러나 결국 존스는 세라를 붙잡아 구타하기 시작했다. 그녀는 비명을 지르면서 아스팔트 위에 '쿵' 하고 쓰러졌다. 존스는 칼로 그녀의 등과 배를 찌르면서 주먹으로 그녀의 얼굴을 구타했다. 세라가 그의 주먹을 막으려고 안간힘을 쓰자 존스는 그녀의 팔을 움직이지 못하게 했다.

불과 몇 초 만에 한 남자가 집에서 뛰쳐나와 존스를 밀쳐냈고, 칼은 땅바닥에 떨어졌다. 곧이어 다른 사람들도 재빨리 존스에게 달려들었다. 피범벅이 된 존스는 필사적으로 세라를 죽이려 했지만 실패했다. 10여 명의 사람들이 달라붙어서 세라로부터 그를 떼어낸 후 경찰이 도착할 때까지 그를 깔고 앉아 있었다. 현장에 도착한 경찰관들은 목격자들의 진술을 듣고 아연실색했다.

존스의 공격은 너무나 흉포했기 때문에 15번가 사람들이 달려들지 않았다면 세라는 살아남지 못했을 것이다. 그녀는 15번가 이웃들이 자신을 지켜주었다면서 고마워했다. 대부분의 도시민들은 이런 끔찍한 사건을 경험하지 않는다. 그럼에도 우리는 우리의 안전을 이웃들에게 의존하고 있다. 대개 우리는 살인자들을 쫓아달라거나 소매치기들을 붙잡아달라고 행인들에게 호소할 필요가 없다. 그 이유는 합리적인 살인자와 소매치기는 주변에 사람이 있을 경우 범행을 저지르지 않기 때문이다.

도시 경제를 연구한 제인 제이콥스Jane Jacobs는, 세라와 마거릿의 사례에서 알 수 있듯이 이웃은 범죄로부터 우리를 보호해주는 '거리의 눈' 역할을 한다고 주장했다. 이것은 긍정적인 외부효과의 또 다른 사례다. 즉 내가 공원에 감으로써 공원은 더 흥미롭고 안전한 곳이 된다. 그로 인해 더 많은 사람이 공원을 찾을 것이고, 그들 때문에 나는 더 안전함을 느낄 것이다. 반대로 인적이 없는 거리는 활력이 없고 위험하게 느껴지므로 늘 비어 있다. 사람들로 북적대는 거리는 흥미롭고 안전하다. 그러니 북적대는 게 당연하지 않을까?

제인 제이콥스는 거리와 건물 설계의 아주 세부적인 면들을 강조했다. 분명 그녀가 도로와 공영주택과 수로로 둘러싸인 빅토리아 파크를 보았다면 당연히 한적할 수밖에 없다고 생각했을 것이다. 그녀는 또한 해크니 다운스 공원이 사람들로 북적대는 걸 보고도 당연하게 여겼을 것이다. 공원은 삭막한 도심 내에 자리를 잡고 있는 유일한 녹색 공간이다. 따라서 그곳이 안전하고 흥미롭게 느껴진다면 당연히 많은 사람이 찾을 것이다. 하지만 공원은 주변의 환경으로부터는 안전과 흥미 면에서 거의 도움을 받지 못한다. 공원 한쪽은 철로로 막혀 있고, 다른 쪽은 높은 울타리를 두른 학교와 접해 있으며,

또 다른 쪽은 우중충한 고층 공영주택들과 붙어 있다. 이러니 등하교 시간을 제외하고는 공원을 가로질러 다니는 사람이 없는 것도 당연했다. 따라서 공원의 분위기는 순전히 공원 내의 상황에 의해 결정되었다.

제이콥스에게는 건축술도 중요한 관심 사항이었다. 고층 건물이 세워지면 미학적 문제뿐 아니라 그보다 중요한 문제도 발생했다. 예를 들어 고층 아파트는 사람들의 시선을 거리로부터 떼어냄으로써 거리를 더 위험하게 만들었다. 여러분이 아파트 14층에 살고 있다면 거리에서 강도 사건이 나도 피해자를 구하기 위해 당장 뛰쳐나가기는 힘들 것이다.

대단지 고층 아파트의 위험성

제이콥스의 이론은 그럴듯했지만 검증이 쉽지는 않았다. 그래서 에드 글레이저Ed Glaeser와 브루스 새서도트Bruce Sacerdote는 제이콥스의 말대로 큰 규모의 아파트가 정말 범죄의 원인인지 검증해보기로 하고 많은 자료를 모았다.

글레이저와 새서도트는 1만 4000명에 달하는 도시 거주자들을 연구해서 제이콥스의 이론을 놀랍도록 정확히 조사할 수 있었다. 고층 공영주택과 고층 민영주택, 그리고 저층 공영주택과 저층 민영주택을 비교한 후, 인종과 가난 같은 요인들을 반영하여 통계적 보정을 실시했다. 그러자 제이콥스의 이론이 타당하리라는 결과가 도출되었다. 즉 대형 아파트 단지 주민들이 범죄에 희생될 가능성이 더 컸고, 실제로도 그런 상황을 더 두려워하고 있었던 것이다. 대형 아파트 단지가 공영인지 민영인지는 중요하지 않았다. 건물의 크기만이 문제였다.

어쩌면 여러분은 합리적이라기보다는 심리적인 이유 때문에 그런 현상이 나타난 것이라고 생각할지 모른다. 실제로 대형 아파트 단지들은 사람들을 조그만 공간으로 몰아넣음으로써 심리적 압박감을 주어 범죄 발생률을 높일지도 모른다. 아니면 고층 아파트들이 도둑질에 더 취약하듯이 단순히 물리적인 이유 때문일지도 모른다.

그러나 글레이저와 새서도트는 그렇게 생각하지 않았다. 그들은 건물이 범죄를 조장하는 환경을 만들어낸 건 아니라는 사실을 알았다. 일반적으로 건물은 좀도둑질(예를 들어 가방에 들어 있는 지갑을 훔치는 것)이나 강도짓을 용이하게 해주지 않는다. 다만 대형 건물은 자동차 절도나 폭행 강도 같은 길거리 범죄를 조장한다. 다시 말해 대형 건물(단순히 큰 건물이 아니라 고층 건물을 의미한다)은 주위 도로를 더 위험하게 만들었다(좀 더 정확히 말하면 소형 주택들처럼 안전한 환경을 조성해주지는 못했다). 이처럼 건물 구조가 범죄에 미치는 영향은 모두 거리에 초점을 두고 연구되었다.

여러분이 사는 건물 높이가 한 층 높아질 때마다 여러분이 거리에서 강도를 당하거나 자동차 절도를 당할 위험은 2.5퍼센트 올라간다. 다시 말해 여러분이 2층 건물이 아닌 12층 건물에 산다면, 강도를 당할 위험은 25퍼센트 올라간다. 건물이 높아질수록 거리로부터 멀리 떨어져 살게 되기 때문이다. 제인 제이콥스가 옳았다.

건물은 도시 미관뿐 아니라 사람들의 생사에도 영향을 미친다. 그리고 모두가 평등하게 그런 해로운 영향에 노출되는 것은 아니다. 예를 들어 전체 인구의 92퍼센트가 백인인 영국에서 인종차별은 '종단적'으로 일어난다. 즉 고층 건물의 5층 이상 높이에 살고 있는 사람들 가운데 백인은 소수에 불과하다. 반면 가난한 사람들은 하늘과 가까운 곳에 산다.

거리 모델에 대한 시각은 체스판 모델과 마찬가지로 극단적으로 발전하는 경향이 있다. 주변 지역은 생동감이 넘치고 안전하거나(앞으로도 계속 활기차고 안전한 지역으로 남을 것이다), 활력이 없고 위험하거나(앞으로도 침체하고 위험한 지역으로 남을 것이다) 둘 중 하나라는 것이다. 그러나 거리 모델과 관련하여 한 가지 고무적인 사실은 셸링의 체스판 모델과는 달리 도시를 부정적인 평형 상태로 이끄는 근본적인 원인이 존재하지 않는다는 점이다. 거리 모델에 따르면 어떤 거리든 도시계획가들이 조금만 신경을 쓰면 다양성과 생동감이 넘쳐나는 좋은 평형 상태를 유지할 잠재력이 있다고 한다.

세라가 칼에 찔렸던 15번가가 그런 변화를 겪었다. 도로는 그대로였다. 주택은 여전히 많았고, 워싱턴 D.C. 시내와 뒤퐁서클 지역과도 여전히 가까웠다. 그런데 술집과 식당들이 임대료가 저렴한 인근 지역으로 이동하면서 뒤퐁서클은 17번가까지 자연스럽게 확대되었다.

이곳의 분위기를 바꿔놓은 술집 문화의 주된 소비자는 동성애자였다. 이 같은 사실은 또다시 감춰진 합리성을 드러낸다. 우리는 모두 비용과 혜택을 저울질한다. 많은 사람들에게 저렴한 주택과 편리한 유흥 생활의 접근성은 혜택인 반면 위험한 거리와 형편없는 학교는 비용이다. 그러나 동성애자들에게 유흥가와의 인접성은 특별한 혜택이었던 반면 형편없는 학교와 위험한 거리는 대수롭지 않은 비용이었다. 그들이 빈민가의 범죄에 무관심했던 것은 아니다. 그보다는 뭔가를 포기하면 얻는 게 있고, 학부모가 아니라 자식을 걱정할 필요도 없다는 데 더 관심을 가졌다. 그것은 긍정적인 연쇄효과를 일으켰다. 동성애자들이 모여들면서 거리는 활기 넘치고 재미있고 안전해졌다. 그러자 가난에 찌들었다고 외면받던 거리에 사람들이 몰려들었다. 이런 변화의 결정적인 원인이 된 것은 14번가와 15번가 사이에 대형 매장을 연 슈퍼마켓 체인 프레시 필즈(후에 홀푸즈로 바뀌었다)였다. 이 매장은 '초점'이 되어 이 지역의 발전을 이끌었고, 곧이어 아파트 단지, 식당, 커피숍, 미술관 등이 들어섰다. 세라가 피습을 당했던 2005년 당시 15번가는 누군가를 살해하기에는 최악의 장소로 변해 있었다. 이곳은 밤낮 없이 워싱턴 D.C.에서 가장 분주한 지역 가운데 하나였다.

동네를 활기 있게 만드는 방법

셸링의 체스판 모델에 따르면 15번가와 같은 변화는 불가능하다. 모든 것은 분리되고, 사람들은 항상 편견에 굴복하며, 사소한 걱정은 큰 분열로 이어진다.

그러나 셸링의 모델은 예측이 아니라 개인의 상호작용에서 생길 수 있는 예상치 못한 변화의 사례를 보여줄 뿐이다. 이후 40개의 말이 아닌 수십만 개의 의사결정 요소를 갖춘 컴퓨터 시뮬레이션들이 도입되었다. 이 시뮬레이션들은 체스판 모델처럼 갑작스러운 변화를 찾아내기는 했지만, 그것이 항상 최악의 결과를 의미하는 것은 아니었다.

브루킹스연구소(세라가 피습당한 지점으로부터 몇 블록 떨어져 있다)

의 로스 A. 해먼드Ross A. Hammond도 이런 시뮬레이션을 개발했다. 해먼드는 2000년 자신이 거주하던 워싱턴 D.C.가 극적일 정도로 안전해지던 시기에 자신의 모델을 개발했다. 해먼드가 타락하고 범죄에 찌든 사회가 교양 있고 준법 정신이 강한 사회로 움직여가는 모델을 개발할 수 있었던 것도 그런 분위기 덕분이었을 것이다.

해먼드의 컴퓨터는 사람들로 붐비는 단순한 세계를 창조한다. 그 모습을 보는 건 변화 중인 셸링의 체스판을 빨리 돌려서 보는 것과 약간 유사하다. 조그만 타일들이 스크린 위에서 쏟아져 내려오는데, 각 타일은 개개인을 나타내고, 고유의 행동 양식을 보여주는 색깔도 갖고 있다. 그런데 사람들은 어떻게 행동할까? 컴퓨터는 '매일(사실상 1초에 여러 번)' 무작위로 사람들을 짝짓는다. 컴퓨터는 그렇게 짝지은 사람들에게 선택권을 부여한다. 정직하게 살지 부정직하게 살지, 고르는 선택권이다. 짝을 이룬 두 사람이 함께 부정직하게 행동하면 두 사람 모두 뇌물을 받는다. 반면 한 사람만 부정직하게 행동하고, 다른 사람은 정직하게 행동하면 앞 사람은 감옥에 수감된다.

해먼드의 모델은 이 인공적인 세상이 얼마나 빠르게 변하는지를 마술처럼 보여준다. 처음에는 이기적인 악한들이 가득하고, 몇몇 정직한 시민이 그들 사이에 점점이 흩어져 있다. 그 정직한 시민들은 인센티브에 반응하지 않는다. 그들은 비합리적으로 항상 정직하게 행동한다. 반면 악한들은 인센티브에 반응한다. 그들은 상대가 호응할 것으로 믿느냐 그렇지 않느냐에 따라 다르게 행동한다. 정직이 최고의 선택이 될 가능성은 처음부터 아주 낮고, 부정직이 판치는 날들이 계속된다. 정직한 사람들은 무기력하기만 하다.

그러나 해먼드의 악한들은 다른 악한들이 정직하게 행동할까 봐 두려워지면 자신들 역시 정직하게 행동할 것이다. 이런 상황은 몇몇 임의적 사건(예를 들어 정직한 사람들이 연대하여 법적 조치를 취할 것 같은 인상을 줄 때)에 의해 나타날 수 있다. 셸링의 모델에 비해 해먼드의 모델은 오랜 타락 끝에 오는 변화를 좀 더 극적으로 보여준다. 갑자기 그리고 순식간에 세상의 모든 사람이 정직하게 살기로 결심하는 것이다. 이러한 변화가 시작되는 순간 그것을 멈출 도리는 없다. 이때 타락한 거래를 제안하는 건 비합리적이며, 갑자기 세상은 정직이 최상의 정책이라고 마음을 고쳐먹은 악한들로 가득 찬다. 이것은 '자기 성취적인self-fulfilling' 결정이다. 컴퓨터 스크린에 쏟아져 내리던 타일들은 도처에 정직이 출현하면서 갑자기 색상을 바꾼다.

물론 해먼드의 모델은 사회를 상당히 단순화시켜놓은 것이다. 그러나 이 모델은 끔찍하게 타락한 사회가 갑자기 비교적 질서 있는 사회로 옮겨가는 이유를 암시해준다. 또 이 모델은 그런 변화가 극적으로 일어날 수 있음을 확인시켜준다. 변화는 사소한 이유, 어쩌면 아무 이유 없는 우연한 사건에 의해서도 일어날 수 있다. 조그만 돌이 언덕을 굴러 내려오면서 큰 산사태를 만드는 것처럼 합리적인 개인들이 내린 결정은 다른 사람들의 결정을 변화시킨다. 해먼드의 모델에서 그러하듯이 그러한 합리적인 상호작용이 빚어낸 집단적 결과는 개개인의 욕구와는 전혀 닮지 않았을지 모른다. 물론 그 결과는 바람직하지만 말이다.

부자 동네 가난한 동네

불행하게도 가난의 악순환에서 탈출하는 사람은 많지 않다. 부동산 중개인은 툭하면 특정 지역이 '뜰' 것이라 집어주지만 그들의 예측도 빗나가기 일쑤다. 못 믿겠다면 19세기 말 런던의 부유한 지역과 가난한 지역을 그려놓은 찰스 부스Charles Booth의 지도를 살펴보라. 부스는 각 블록의 주민들을 G(상류 계층 및 중상류 계층의 부유한 사람들)에서부터 시작해서 F, E, D(정기적으로 약간의 소득을 올리는 사람들)를 거쳐서 C, B 그리고 A(최저 소득 계층으로 타락한 범법자들)로 등급을 매겼다. 부스의 지도를 오늘날의 극빈 지역들과 대조해보면 정신이 번쩍 들 것이다. 거의 예외 없이 과거에 가난했던 지역은 지금도 가난하기 때문이다.

런던이 과거보다 훨씬 더 부유해졌다고는 하지만 현실은 여전하다. 이처럼 수십 년간 상대적 빈곤이 지속되고 있다는 건 대부분의 사람들에게 충격(그리고 부동산 중개인들에게는 저주) 이다. 그러나 도시가 양극단으로 스스로 분열되는 성향을 보인다는 사실과, 안전하고 활기가 넘치는 지역은 점점 더 안전하고 활기가 넘치는 지역이 되는 반면 위험하고 활기가 없는 지역은 점점 더 위험하고 활기가 없는 지역이 된다는 사실을 우리가 이미 알고 있다는 걸 감안하면 그리 충격적인 일도 아니다. 오히려 이것은 합리적인 현상이다.

어쩌면 어떤 지역이 다른 지역보다 항상 가난하다는 건 중요하지 않을지도 모른다. 항상 가장 가난한 지역과 가장 부유

한 지역이 있을 수밖에 없기 때문이다. 가장 부유한 지역에서는 범죄가 가장 적게 일어날 것이고, 가장 가난한 지역에서는 범죄가 가장 많이 일어날 것이다. 그러나 사람들이 자유롭게 이동할 수 있는 사회에서 이러한 사실은 크게 중요하지 않다. 그보다 훨씬 더 걱정스러운 일은 오늘날 가난한 지역에 모여 사는 사람들이 수세대 전 똑같이 가난한 지역에 모여 살았던 사람들의 후손일 가능성이 높다는 점이다. 다시 말해 지리와 역사는 운명이며, 탈출할 수 없는 '덫'이다.

이것은 너무나도 개연성 있는 사실이다. 3장에서 우리는 남녀 간의 성차별에 대해 잠시 논의한 적이 있다. 6장에서는 인종차별의 진실을 파헤쳐볼 것이다. 그러나 성적 불평등과 인종적 불평등 사이에는 엄연한 차이가 존재한다. 흑인들은 가난한 흑인 부모에게서 태어나 흑인 거주 지역에서 성장했을 가능성이 높다. 반면, 여성들은 여성 가족에서 태어나 여성들만 모인 지역에서 성장하지 않는다. 다시 말해 흑인들은 여성들과는 달리 부모로부터 가난과 거주지 등에 따른 불이익을 물려받을 가능성이 높다.

흑인 거주 지역에 살고 있는 젊은 흑인 남성을 예로 들어보자. 통계적으로 볼 때 그에게 행운이 따를 가능성은 낮다. 문제는 그 이유를 명확하게 대기가 어렵다는 것이다. 이유가 너무 많기 때문이다. 어쩌면 그 지역에서 횡행하는 범죄가 어떤 식으로든 그에게 전염될지 모른다. 어쩌면 그도 다른 사람들처럼 의욕 부진에 시달릴지 모른다. 그가 학교에서 열심히 공부하면 친구들로부터 조롱을 받을지 모른다. 어쩌면 그는 슬럼가를 벗어난, 좀 더 다양한 사람을 만나지 못해 사회생활에 필요한 인맥을 만들 수 없을지도 모른다. 그리고 어쩌면 그는 고용주들이 만들어낸 차별의 희생양이 되어 취업의 기회조차 갖지 못할지도 모른다. 결국 가장 오래된 이 같은 설명들은 틀리지 않는다.

이런 설명들이 과연 옳은지 파헤쳐보는 것도 중요하다. 이것이 지리적인 문제라면(흑인 남성들이 가난한 지역에서 태어나 출세하지 못하는 것이라면) 해결책 역시 지리적일 수밖에 없으므로 그 지역들을 재건하거나 개조할 방법들을 찾아야 한다. 그러나 문제가 다른 곳에 있다면 그런 노력은 실패할 것이므로 가난한 사람들을 다른 곳에 이주시키고 분산시키는 방법을 써야 할 것이다. 복잡한 세상을 매우 제한된 정보만으로 이해하려 했던 세월에 좌절한 경제학자들은 숫자를 통해 사실을 파악하는 데에는 뛰어난 능력을 보여주었다. 이런 기술 가운데에는 순전히 통계적인 것도 있지만, 대체로 새로운 정보를 찾아내거나 창조해냄으로써 새로운 사실을 밝혀내는 데 유용하게 활용된다. 덕분에 우리는 빈민가에서 실제로 벌어지는 일을 이해할 수 있게 되었다.

좋은 동네로 이사 가면 인생이 바뀔까

1994년 보스턴의 최극빈 지역에 살던 주민들은 '실험용 쥐'가 되어 공영주택 프로젝트에 참가했다(이 실험은 볼티모어, 시카고, 로스앤젤레스, 뉴욕의 최극빈층에게도 실시되었다). 무작위로 선택된 주민 가운데 3분의 1은 가계소득의 30퍼센트만 임대료로 내고 공영주택에 거주할 수 있었다. 또 다른 3분의 1은 주택 바우처(저소득층의 주택임차 지원을 위해 쿠폰 등의 형태로 임차료를 보조하는 제도로, 수요자가 임대주택에 굳이 들어가지 않고 주거 형태를 직접 선택한 뒤 정부로부터 주거 비용을 지원받는 제도–옮긴이)를 제공받고 원한다면 민영주택에서 살 수 있었다. 이 경우 주민은 가계소득의 30퍼센트를 임대료로 냈고, 나머지는 바우처로 충당했다. 나머지 3분의 1은 MTOMoving to Opportunity(새로운 기회를 찾아 떠나는 이사–옮긴이) 프로젝트에 등록되었다.

MTO는 각 가정이 슬럼가를 떠났을 때 어떤 일이 벌어지는지를 알아보기 위한 프로젝트였다. 여기 참가한 사람들은 특별 상담을 받았고, 소득의 30퍼센트를 초과하는 임대료는 주택 바우처로 충당할 수 있었다. 그러나 이 모든 혜택에는 '함정'이 도사리고 있었다. 바우처는 각 가구가 빈곤율 10퍼센트 이하인 지역에 정착할 때만 유효했다. 그것은 정말 야심찬 목표였다. 가구의 연평균 소득이 20만 달러나 되는 조지타운과 클리블랜드 파크에서조차 빈곤율은 7.5퍼센트나 됐기 때문이다. 이 프로젝트에 참가한 가구는 빈곤율이 40퍼센트 이상인 지역에서 다른 지역으로 이사하게 되었다.

MTO는 슬럼가의 고립과 가난과 범죄로부터 벗어난 새로운 삶을 약속했다. 로렌스 카츠Lawrence Katz, 제프리 클링Jeffrey Kling, 제프리 리브먼Jeffrey Liebman은 MTO의 또 다른 의미도 찾아냈다. 그것은 이웃들이 얼마나 중요한지를 깨달을 수 있는 기회였다. 빈민층은 이웃 때문에 질 낮은 삶을 살아야 했던 걸까? 아니면 이웃과 상관없는 가난이나 고용주의 인종차별 같은 다른 요소들 때문에 피해를 입은 걸까? 빈민가에 남은 사람들과 다른 지역으로 이사 간 사람들 사이에 어떤 차이가 나타나는지를 살펴봄으로써 해답을 찾을 수 있을 것이다.

카츠와 클링과 리브먼이 찾아낸 사실은 단순화하기 어렵다. 때로는 이웃이 중요한 역할을 한 반면, 때로는 별 역할을 하지 않았다. 실험 결과를 정리해보면 이렇다. 부유한 지역으로 이사한 가구는 훨씬 더 안전하고 행복해졌다. 아이들이 중상을 입을 위험은 예전에 비해 4분의 1로 낮아졌고, 소녀들의 행동 장애는 25퍼센트나 줄었다. 아이들이 공격이나 강탈이나 위협을 당할 확률은 5분의 1 수준으로 줄었고, 어른들이 심하게 스트레스를 느낀다거나 행복을 느끼지 못한다거나 평화로운 느낌이 안 든다고 말할 확률도 약 3분의 1 정도 줄었다.

그리하여 사람들의 전반적인 건강 상태는 좋아졌다. 네 살배기 딸을 둔 한 엄마는 이렇게 말했다. "지금도 우리는 예전에 살았던 동네로 차를 몰고 가지 않아요. 아이가 무섭다면서 '싫어, 싫어, 싫어' 하고 울음을 터뜨리거든요. 아이는 그 근처에는 얼씬도 하지 않으려고 해요. 어린애인데도 그런 일을 잊지 않고 있다니 정말 놀랐어요."

그러나 새롭고 덜 가난한 지역으로 이사를 한 어른들은 일자리를 찾는 데 애를 먹었다. 아이들의 성적도 별 차이가 없었다. 예상과는 달리 범죄율은 거주지와는 관계가 없었다. 새로운 거주지의 범죄율이나 소득과는 관계없이 아이들은 여전히 비행을 저질렀다.

이 모든 결과는 무엇을 말해주는 걸까? 물론 이웃은 여러분의 건강과 행복에 큰 영향을 준다. 그러나 이웃 때문에 시험 성적이 떨어지거나 범죄를 저지르거나 실직 상태가 되는 것은 아니다. 다시 말해 이웃이 중요하긴 하지만 여러분의 운명을 좌우하지는 않는다는 뜻이다.

새로운 기회를 찾아 이사한 젊은이들은 갱단과 범죄와 마약의 굴레로부터 벗어났으며, 결과적으로 더 행복하고 더 안전하고 더 건전해졌다. 그러나 그들의 고용 전망은 개선되지 않았고, 시험 성적 역시 마찬가지였다. 적어도 이사를 하고 처음 몇 년 동안은 그랬다(시간이 지나면 그들도 일자리를 찾을 가능성이 높다). 빈민가가 구직에 별 영향을 미치지 않는다는 사실이 놀라울 수도 있다. 사람들이 새로운 삶을 찾고 싶을 경우 빈민가를 벗어나는 일이 많기 때문이다. 그러나 그렇게 이사를 가는 사람들은 무작위로 뽑혀 가는 것이 아니라 자신의 선택에 의해 이사를 가는 것임을 기억해야 한다. 예를 들어 제니퍼가 빈민가에서 나와 새로운 인생을 시작한다면 그것은 새로운 이웃 때문일까, 제니퍼 자신 때문일까?

그렇지만 MTO 실험에 담긴 진정한 메시지는 이웃이 우리의 앞길을 가로막는 유일한 요인은 아니라는 사실이다. 이 문제에 대해서는 6장에서 다시 살펴볼 것이다.

CHAPTER 6

이성적인 선택이
불러온
비극적 현실

합리적 차별

나이가 많다고, 피부색이 다르다고, 혹은 이름만으로 취업에서 불이익을 당한 적이 있다고 믿는가? 하지만 너무 원망하지 마라. 놀랍게도 이런 차별은 경우에 따라 합리적이다. 합리적인 것이 항상 옳은 것은 아니다. 합리성의 함정에서 벗어나려면, 개인과 사회가 모두 편견을 깨기 위해 노력해야 한다. 그리고 그것은 얼마나 효과적인 인센티브를 제시하느냐에 달려 있다.

차별은 죄가 없다

2003년, 버지니아 대학교 학생 몇 명이 돈을 받고 실험에 참가했다. 롤런드 프라이어Roland Fryer, 제이컵 괴리Jacob Goeree, 찰스 홀트Charles Holt가 고안한 실험이었다. 실험은 재미있는 게임처럼 시작했지만 이성적인 대학생들이 상대방을 좌절시키고 분노시키면서 재미없게 끝나버렸다.

실험에서 학생들은 '고용주'와 '근로자' 역할을 맡았다. 근로자 역할을 맡은 학생들은 무작위로 초록색과 자주색 중 한 가지 색깔을 부여받았다. 이후 학생들은 간단한 인터넷 사이트에 접속하여 세 가지 실험 단계를 거치게 되었다. 우선 근로자들은 '교육'을 위해 일정액의 돈을 지출할 것인지 말 것인지 결정해야 했다. 돈을 지출하면 '테스트'에서 높은 점수를 받을 가능성이 높아진다. 그러고 나서 테스트가 실시되었다. 무작위로 주사위를 던지는 것이었다. 사실은 이때 교육에 돈을 투자한 사람에게 더 높은 숫자가 나올 수 있도록 프로그램이 설정되어 있었다. 최종적으로 채용 결정이 내려졌다. 각 고용주는 각 근로자에 대해 두 가지 정보를 갖고 있었다. 즉 근로자의 테스트 결과와 근로자에게 부여된 색깔(초록색인지, 자주색인지)을 알고 있었던 것이다. 테스트 결과는 지원자가 교육을 받기 위해 돈을 지불했는지는 짐작할 수 있게 했지만 확실히 알려주지는 않았다. 고용주들은 이 정보만으로 근로자를 채용할지 말지를 결정해야 했다.

실험 단계는 20번 반복되었다. 실험이 진행되면서 인터넷 사이트에는 평균 테스트 점수와 바로 이전의 고용 결정 단계에서 초록색과 자주색 근로자 각각의 채용률이 공개되었다. 유용한 정보였다. 고용주들은 교육을 잘 받은 근로자를 채용할 때마다 돈을 더 받고, 그렇지 못한 근로자를 채용할 때마다 벌금을 내야 한다는 말을 들었기 때문이다. 근로자들은 채용이 될 때마다 돈을 받지만, 각 라운드가 시작될 때마다 그 금액을 교육 비용과 따져보아야 했다. 결국 실험에 참가한 두 집단의 학생들은 더 많은 현금을 벌기 위한 도박을 해야 했다.

과연 어떤 일이 일어났을까? 첫 번째 실험에서 고용주들은 시험 결과만으로 채용을 결정했고 근로자의 색깔에 따른 차별은 없었다. 어떻게 그럴 수 있었을까? 실험이 백지 상태에서 시작되었기 때문에 '초록색'이나 '자주색'은 어떤 정보도 전달하지 않았던 것이다.

그렇지만 두 번째 실험부터 근로자들의 과거 기록을 따질 수 있게 되었다. 첫 실험에서 자주색 근로자보다 초록색 근로자가 교육을 받는 비율이 높았기 때문에 초록색 근로자의 테스트 점수가 더 높았다. 색깔은 무작위로 배정된 것이었기 때문에 이런 결과가 나온 것은 순전히 우연이었다. 그렇지만 고용주는 이 결과를 토대로 초록색 근로자가 자주색 근로자보다 교육에 더 많은 투자를 한다고 생각하게 되었다. 고용주들은 점수가 낮더라도 초록색 근로자를 더 많이 채용하게 된 반면, 점수가 높더라도 자주색 근로자들을 채용하는 걸 꺼리게 되었다.

이전 실험의 평균 채용률이 공개되자 근로자들은 재빨리 반응했다. 초록색 근로자들은 계속 교육에 투자한 반면 자주색 근로자들은 더 이상 교육에 투자하지 않았다. 자주색이란 이유로 고용주가 자신을 채용할 가능성이 낮은데 왜 교육에 돈을 쓰겠는가? 그렇게 악순환이 뿌리를 내리게 되었다.

실험이 종료된 후 토론이 벌어졌다. 좌절의 목소리가 봇물처럼 터져 나왔다. 프라이어가 말했다. "놀라운 일이었다. 학생들은 정말 화가 나 있었다. 자주색 근로자들은 '네가 나를 고용하지 않을 텐데, 무엇 때문에 투자를 하겠어'라고 말했고, 고용주들은 '네가 투자를 하지 않았기 때문에 고용하지 않은 거야'라고 응수했다. 최초의 불균형은 우연 때문에 발생했다. 그러나 사람들이 그 최초의 불균형에 집착하면서 차별이 심해졌다."

젊고 이성적인 학생들이 서로를 차별할 만한 사전 정보가 전혀 없었음에도 게으른 자주색과 성실한 초록색이라는 편견을 재빠르게 만들어낸 것이 정말 이상해 보일 것이다. 그런데 그보다 더 이상한 점은 그들의 행동 방식이 합리적이었다는 것이다. 최초의 차이는 단순한 우연의 결과였음에도, 그리고 초록색 근로자와 자주색 근로자 사이에 기본적인 차이가 전혀 없었음에도 초록색 근로자들이 교육을 받을 가능성이 높다는 고용주들의 편견은 절대적으로 옳았다(사실 꼬치꼬치 따진다면 그들은 너무 성급하게 결론을 내렸다고 할 수 있다. 존 폰 노이만이나 크리스 퍼거슨이라면 초기에 나타나는 패턴들이 일시적인 것임을 깨달았을 것이다).

자주색 근로자들이 합리적으로 희망을 포기하고 교육비를 지출하지 않게 되자 고용주들의 견해는 확실한 것이 되어버렸다. 이런 악순환이 시작되자 색깔에 대한 편견을 거부하던 고용주는 그렇지 않은 고용주에 비해 많은 돈을 잃게 되었다. 프라이어와 그의 동료들은 '인종차별적인' 불평등성, 편견, 인간을 개인이 아닌 집단의 일원으로 보려는 태도가 나타나는 것을 목격했다. 또한 자주색 근로자들이 줄줄이 희망을 포기하는 광경도 목격하게 되었다. 이 모든 일은 모두가 동등한 입장에서 출발한 게임에서 벌어졌다. 그러니 인생의 출발점이 동등하지 않은 실제 세계에서는 상황이 얼마나 더 나쁘겠는가?

합리적 인종차별

여기서는 합리적 인종차별의 위험을 다룰 것이다. 나는 인종차별이 일부 합리적으로 보인다고 해서 옹호할 마음은 전혀 없다. 1장에서 범죄로 인한 실보다 득이 많을 경우에만 범죄를 저지르는 합리적인 범죄자에 대해 이야기한 바 있다. 마찬가지로 합리적인 인종차별주의자는 인종차별이 득이 될 경우에만 인종차별주의자가 된다. 그러나 어떤 경우든 자신의 행동으로 이득을 얻는다고 해서 행동이 정당화되는 것은 아니다.

매우 불쾌한 표현이지만 '합리적 인종차별'을 직시해야 하는 이유는 합리적 범죄를 직시해야 하는 이유와 동일하다. 즉 합리적 인종차별이든 합리적 범죄든 뿌리 뽑아야 하기 때문이다. 우리는 범죄의 인센티브를 변화시키고 범죄가 돈이 되지 않도록 하기 위해 경찰을 채용하고 교도소를 짓는다. 마찬가지로 우리는 인종차별주의자들을 위한 인센티브를 언제 어떻게 바꿀 수 있는지 파악해야 한다.

이번 장에서는 아프리카계 미국인들이 처한 곤경에 초점을 맞출 것이다. 최근 경제학자들은 아프리카계 미국인의 상황을 심도 있게 연구하고 있다. 평균 수명, 유아 사망률, 취업률, 소득, 교육 수준, 성적 등을 보면 아프리카계 미국인들은 그리 잘 살지 못하는 것 같다. 그 이유는 무엇인가? 피부 색깔이 그런 차이를 만들어낼 수 있다는 사실이 정말 비합리적으로 보인다. 그리고 솔직히, 그런 차이 중 일부는 비합리적이다. 편견에 사로잡혀 흑인을 채용하고 싶어 하지 않는 고용주들이 여전히 존재한다. 그러나 앞에서 프라이어와 그의 동료들이 수행한 실험에서 보았듯이 그런 편견은 때로 합리적일 수 있다. 고용주가 개개인을 자격에 따라 세밀하게 심사하기보다는 특정 집단(실험에서는 자주색 근로자)의 일원으로 대우할 경우 시간과 노력이 절약되기 때문이다.

여기서는 비합리적인 차별과 합리적인 차별을 모두 살펴보고, 프라이어의 실험에서 나타났던 악순환(고용주가 점수보다는 색깔에 더 관심을 갖는다고 생각한 자주색 근로자들이 교육을 포기한 것)이 현실에서는 어떤 모습으로 나타나는지 살펴볼 것이다. 또한 열심히 공부하는 흑인 아이가 친구들의 따돌림을 받는 이유도 살펴볼 것이다. 6장에서 다룰 이야기들은 대체로 우리의 마음을 불편하게 한다. 그러나 6장 마지막에 소개될 이야기는 우리에게 희망을 줄 것이다.

우선 버지니아 대학교의 실험이 현실을 반영하는지를 검증해보아야 한다. 실험에서 고용주들이 자주색 근로자들에게 그랬던 것만큼 실제 고용주들도 흑인 지원자들에 대해 성급한 판단을 내리고 있을까? 실제 고용주들은 편견에 사로잡혀 있지 않으며, 흑인들이 백인들에 비해 좋은 일자리를 얻지 못하는 유일한 이유는 자질 있는 흑인의 수가 부족해서는 아닐까? 최근까지도 이런 가능성을 지지하는 주장이 우세했다. 그러다가 두 명의 경제학자가 정말 단순한 실험으로 그 가설을 완전히 무너뜨렸다.

가짜 이력서 실험

매리앤 버트런드Marianne Bertrand와 센딜 물라이나산Sendhil Mullainathan은 미국에서 성공한 이민자들이다. 벨기에 출신인 버트런드는 하버드 대학교에서 박사 학위를 취득했다. 물라이나산은 인도의 외딴 마을에서 태어나 일곱 살 때 미국 로스앤젤레스로 이주했다. 물라이나산은 외딴곳에서 벗어나 더 큰 세상으로 나왔다. 현재 그는 하버드 대학교 교수다. 서른 살이 되기 전 그는 맥아더재단으로부터 50만 달러 상당의 '천재' 장학금을 받았다. 그는 MIT 빈곤행동실험실Poverty Action Lab의 설립자 중 한 사람이다. 빈곤행동실험실은 개발도상국의 빈곤을 조사하고 퇴치하는 데 앞장서는 기관이다. 따라서 그가 인종차별에 관심을 가졌다는 사실이 조금 의아하게 느껴지기도 한다. 그렇지만 두 사람의 연구 방식은 괴이할 정도로 단순했다.

그들의 연구팀은 취업 사이트에 게재된 이력서를 바탕으로 연락처, 주소 그리고 기타 정보를 변형시켜 5000개의 가짜 이력서를 만들었다. 이력서 일부는 아르바이트 경력, 컴퓨터 자격증, 군복무 기록 등을 추가하여 좀 더 호감이 가는 '양질의 이력서'로 만들었다. 반면 다른 이력서들은 따로 손을 대지 않아 평범했다. 그다음 연구팀은 이력서에 무작위로 이름을 배정했다. 일부 이력서에는 타이런 존스나 라토야 워싱턴과 같은 흑인 이름이 붙었다. 다른 이력서에는 앨리슨 월시, 브렌던 베이커와 같은 백인 이름이 붙었다(그 이름들이 흑인 이름인지 백인 이름인지 어떻게 알겠는가? 여기서도 사람들의 인식이 중요했다. 그래서 연구팀은 거리로 나가 사람들의 생각을 물어보았다. 흑인들 사이에서 흔히 찾아볼 수 있음에도 흑인 이름으로 인식되지 않는 모리스 같은 이름은 사용하지 않았다).

연구팀은《보스턴 글로브》와《시카고 트리뷴》에 실린 1000여

개의 구인광고를 보고 이력서를 보냈다. 그들은 '흑인' 이력서와 '백인' 이력서를 각각 두 부(호감이 가는 것과 평범한 것)씩 제출했다. 따라서 어떤 차이가 나타난다면 순전히 지원자의 이름에서 기인하는 것이었다. 신약의 효과를 시험하는 것처럼 완전히 무작위적인 실험이었다. 그 결과 신약 연구자들이 새로운 두통약의 효과를 구분해내듯이 물라이나산과 버트런드는 자말이나 에보니 같은 흑인 이름이 어떤 효과를 발휘하는지 구분해냈다.

그들은 음성 사서함을 개설해놓고 응답을 기다렸다. 결과는 암울했다. 백인 이름이 흑인 이름에 비해 50퍼센트나 많이 면접에 오라는 연락을 받은 것이다. 이렇게 표본이 큰 실험에서(편견이 존재하지 않는 세상이라면) 이런 일이 우연하게 발생할 확률은 1만분의 1도 되지 않는다. 프라이어의 실험에서 가짜 고용주들이 '자주색'이라는 단어를 보자마자 지원자들을 탈락시켰던 것처럼 진짜 고용주들 역시 흑인 이름을 보자마자 지원자들을 탈락시켰던 것이다. 이런 단순한 실험은 인종차별이 과거사라는 생각을 완전히 무너뜨린다.

물라이나산과 버트런드는 실험 중 다른 사실도 발견했다. 그것은 훨씬 더 불쾌한 것이었다. 앞서 말했듯이 이력서는 '흑인'과 '백인'으로 분류되었을 뿐 아니라 '좋은 이력서'와 '평범한 이력서'로 구분되었다. 그리고 '좋은 이력서'와 '평범한 이력서'에는 백인 이름과 흑인 이름이 각각 하나씩 균등하게 지정되었다. 예상대로 우수한 지원자들이 면접에 오라는 연락을 많이 받았지만 그건 백인의 경우에만 그랬다. 고용주들은 흑인 지원자의 경우 자격증이나 경력에 전혀 관심을 갖지 않았다. 흑인의 경우 '좋은 이력서'든 '평범한 이력서'든 아무 차이도 나타나지 않았던 것이다. 마치 '능력 있는 백인,' '평범한 백인,' '흑인'만이 존재하는 것처럼 말이다.

이는 모든 흑인이 면접 볼 확률이 상대적으로 낮다는, 단순한 인종차별보다 훨씬 더 고통스러운 것이다. 롤런드 프라이어의 실험에서 나타난 것과 같은 악순환이 시작되기 때문이다. 여러분이 젊고 재능 있는 흑인이라면 무엇 때문에 애써 학위를 따거나 경력을 쌓겠는가? 고용주들은 여러분에게 관심을 보이지도 않을 텐데 말이다. 이런 합리적인 반응은 사태를 더욱 악화시킨다. 의식 있는 고용주조차 흑인 지원자 대다수가 교육 수준이 떨어지고 경험이 부족하다는 사실을 깨닫게 될 것이다. 얼마 지나지 않아 항상 시간에 쫓기는 모든 인사담당자들이 이력서를 제대로 살펴보지도 않게 될 것이다. 그저 타이런이라는 이름만으로 모든 게 결정될 테니까.

통계적 차별과 선호 차별

경제학자들은 차별을 두 가지로 나눈다. 하나는 '선호에 기초한taste-based' 차별이다. 나는 이것을 더욱 직설적인 표현을 사용해 '편견bigotry'이라 부르고 싶다. 선호 차별은 인종차별주의자인 고용주가 흑인을 좋아하지 않아서 흑인의 채용을 거부할 때 발생한다. 또 다른 차별은 '통계적' 차별이다. 내가 '합리적 인종차별'이라고 부르는 것이 여기 해당한다. 지원자가 소속된 인종 집단의 평균적인 업무 수행 능력을 기초로 채용 여부가 결정될 때 통계적 차별이 발생한다.

버지니아 대학교의 실험에서 나타난 것은 명백히 통계적 차별이었다. 학생들이 자주색 지원자를 '채용'하는 데 본능적인 거부감을 느낀 건 아닐 테니 말이다. 버트런드와 물라이나산의 실험에서는 실제 고용주의 마음속에서 벌어지는 일을 분명하게 알 수가 없다. 어떤 고용주는 회사에 흑인이 있는 것이 싫어서 흑인 이름이 적힌 이력서를 무시했을 수도 있다. 어떤 고용주는 오전에 100개의 이력서를 살펴보느라 정신이 없어서 자말이라는 이름보다는 브렌던이라는 이름의 이력서를 보는 데 더 많은 시간을 할애하기로 결심했을지 모른다(그는 그것이 효율적이라는 사실을 경험으로 배웠을지 모른다).

차별에 이런 구분이 중요한가? 어떤 면에서는 그렇지 않다.

두 가지 차별 모두 정당하지 않다. 지원자를 개인이 아닌 집단의 일원으로 취급하기 때문이다. 두 가지 차별 모두 불법이다. 여러분이 자격을 잘 갖춘 무직의 흑인이라면 두 가지 차별 사이에 어떤 차이가 있든 중요하지 않을 것이다. 더구나 그런 구분은 인종차별주의자들에게 자신의 편견에 대한 지적 도피처를 제공하기 때문에 위험하기도 하다.

그럼에도 두 가지 차별을 구분해야 할 충분한 이유가 있다. 인종차별주의자에게 도움이 되는 인종차별과 궁극적으로 자멸하게 될 인종차별 사이에는 분명 차이가 있기 때문이다. 능력 있는 흑인을 거부하는 인종차별주의자는 결국 사업에 타격을 받게 될 것이다. 다시 말하면 선호 차별은 피해자뿐만 아니라 가해자에게도 비용이 많이 드는 일이다.

그러나 통계적 차별은 다르다. 통계적 차별을 현명하게 활용할 경우 오히려 수익이 향상될 수 있다. 통계적 차별은 단순한 편견보다 더 오래 지속될 가능성이 있기 때문에 더욱 걱정스럽다. 우리가 나서지 않으면 이런 차별은 절대 사라지지 않을 것이다.

통계적 차별이 지속적으로 존재한다는 증거를 찾기는 어렵지 않다. 인종차별과 관련 있는 통계적 차별은 불법이지만, 인종차별과 관련 없는 통계적 차별은 종종 합법적이며 공개적으로 드러나 있기 때문이다. 보험사는 자동차 보험료를 책정할 때 보험 가입자의 나이와 성별을 고려한다. 보험 가입자가 젊은 남성이라면 같은 나이의 쌍둥이 여동생보다 더 많은 보험료를 지불하게 될 것이다. 젊은 남성이 교통사고를 낼 확률이 더 높기 때문이다. 우리는 성적 차별이나 연령별 차별이 문제가 있다고 생각하면서도 신중한 운전자와 부주의한 운전자가 별도의 집단으로 구분되는 것에 이의를 달지 않는다. 보험사가 모든 17세 남성을 쫓아다니면서 개개인의 운전 실력을 판단하는 것은 비효율적인 일이기 때문이다.

이러한 차별은 결코 스스로 사라지지 않을 것이다. 그것이 합리적 인종차별(혹은 합리적 성적 차별이나 합리적 연령 차별)과 선호 차별의 차이다. 여성을 차별하는 보험사 사장이 오직 여성이 싫다는 한 가지 이유 때문에 남성의 보험료를 깎아준다면 그는 결국 경쟁에서 밀려나 파산하게 된다. 이렇게 경쟁 시장에서 선호 차별은 높은 비용을 치러야 하는 반면 합리적 차별은 오히려 높은 수익성을 보장해주기도 한다.

경쟁의 힘 때문에 결국 선호 차별은 사라지겠지만, 불행히도 그런 일은 금방 일어나지 않을 것이다. 한동안 사람들은 차별로 고생할 것이다. 흑인이라면 무조건 채용을 꺼리는 회사를 상상해보자. 그 회사는 똑똑한 흑인과 우둔한 백인 중 한 명을 선택해야 할 때 우둔한 백인 지원자를 채용할 것이다. 그러면 똑똑한 흑인 지원자는 인종차별이 없는 경쟁 업체에 취업할 것이다. 이것은 별로 똑똑한 전략이 아니다.

그러나 이런 사실이 흑인 지원자에게도 큰 위안이 되지는 않는다. 많은 기업이 인종차별을 하지 않아서 흑인들 역시 백인들만큼 돈을 벌 수 있는 최상의 경우에도 여전히 흑인 지원자들을 부당하게 거부하는 인종차별 기업은 존재할 것이다. 상대적으로 소수의 기업만이 인종차별을 하지 않는 경우 혹은 모든 기업이 인종차별을 하고 일부 기업은 다른 기업보다 더욱 가혹하게 인종차별을 하는 최악의 경우 흑인 근로자들은 일상적인 모욕뿐만 아니라 낮은 임금도 감수해야 할 것이다. 물론 시장의 힘이 인종차별이 덜한 업체에 수익을 안겨주면서 인종차별주의자인 경영자들은 결국 분노한 주주들과 충돌하거나 파산 법정에 서게 될 것이다. 그러나 인종차별주의자들이 받는 타격은 그 희생자들이 받는 타격에 비하면 아무것도 아니다. 따라서 스스로 문제가 해결되기만을 무작정 기다릴 수는 없다.

편견으로 누가 가장 큰 타격을 받는지 파악하기 위해 다시 한번 게리 베커를 만나보자. 베커는 간단한 수학 모델을 활용해 효과의 균형balance of effects이 무엇인지 설명했다. 그의 계산에 따르면, 차별은 인종차별주의자와 그 희생자 모두의 수익에 타격을 주지만, 그 정도는 다수 집단 대 소수 집단의 크기로 결정된다. 미국에서 흑인(또는 아프리카계 미국인) 인구는 전체 인구의 12퍼센트를 차지한다. 이 말은 백인의 작은 차별이 흑인에게는 심각한 경제적 효과를 미치는 반면 백인 다수의 심각한 편견이 백인의 수입에는 큰 피해를 주지 못한다는 의미다. 또한 경쟁의 압력이 의식 있는 기업에 유리하게 작용하기까지 오랜 시간이 걸릴 것이다.

베커는 이 상황을 남아프리카공화국의 인종차별 정책과 비교했다. 남아프리카공화국에서 가차 없는 차별의 대상이었던 흑인은 인구의 80퍼센트를 차지했다. 이런 차별은 도덕적 분노를 유발했고 국가 경제에도 악영향을 미쳤다. 흑인에 대한 차별은 미국보다 남아프리카공화국에 큰 타격을 주었다. 베커는 남아프리카공화국에서 인종차별 정책이 철폐된 이유 중 하나가 바로 이 때문이라고 주장했다.

베커는 얼마나 많은 인종차별이 선호(편견)에 기반을 두고 있는지, 따라서 시장의 힘에 침식될 가능성이 얼마나 있는지, 혹은 그런 침식이 얼마나 빨리 일어날 것인지에 대한 설득력 있는 주장을 제시하지 않았다. 그러나 버트런드와 물라이나산의 실험을 더욱 자세히 살펴보면 그에 대한 단서를 찾을 수 있다. 흑인 이름의 이력서는 사기업에서나 공기업에서나 똑같은 대접을 받았다. 공기업은 (선호 차별을 응징하는) 경쟁의 영향을 가장 적게 받는 곳이기 때문에 우리는 잠정적으로 다음과 같은 두 가지 결론을 이끌어낼 수 있다. 두 가지 결론 모두 암울한 것이다. 첫째, 선호 차별이 팽배해 있지만 경쟁이 그것에 드러날 만한 영향을 미치기에는 너무나 미미하다. 둘째, 미국 취업 시장의 경우 인종차별은 대개 수익성이 높아 영구히 지속될 수 있다.

한 번 불리하면 영원히 불리하다?

차별은 두 가지 방식으로 소수에게 타격을 가한다. 하나는 직접적인 방식으로 소수에게 기회를 제공하지 않는 것이며, 다른 하나는 간접적인 방식으로 열심히 공부하고 높은 목표를 세우는 데 필요한 인센티브를 점차 줄이는 것이다. 간접적인 효과는 점증적인 피해를 가져올 뿐만 아니라 장기적으로 더욱 심각할 수 있다. 롤런드 프라이어의 실험을 다시 생각해 보자. "자주색 근로자들은 '네가 나를 고용하지 않을 텐데, 무엇 때문에 투자하겠어'라고 말했고, 고용주들은 '네가 투자하지 않았기 때문에 고용하지 않은 거야'라고 응수했다." 이런 종류의 통계적 차별은 합리적인 학생들이 애써 공부를 하지 않게 만든다.

버트런드와 물라이나산의 실험에서 기업의 인사 담당자들이 지원자를 어떻게 분류했는지 생각해보라. '능력 있는 백인', '평범한 백인' 그리고 '흑인'. 그런 편견에 대한 합리적인 대응은 무엇인가? 여러분이 백인이라면 열심히 노력해서 이력서의 빈칸들을 채울 것이다. 여러분이 흑인이라면 아무것도 안하는 게 낫다.

모든 차별이 이런 영향을 미치는 것은 아니다. 예를 들어 교육을 많이 받은 여성이 교육을 적게 받은 여성에 비해 차별을 덜 당한다는 증거가 있다. 그러니 여학생이 남학생보다 공부를 훨씬 더 잘하는 것도 놀라운 일은 아니다. 그러나 인종 문제의 경우 합리적 인종차별과 선호 차별 모두 열심히 노력하고자 하는 흑인 학생들의 인센티브를 감소시킨다. 합리적 인종차별이 영구적으로 지속되면, 동시에 선호 차별이 추가적인 피해를 가져온다. 선호 차별은 흑인들의 취업 기회를 감소시킬 뿐 아니라 흑인들이 교육을 덜 받도록 조장하고, 그리하여 인종차별을 하지 않는 고용주를 만난다고 해도 낮은 임금을 받게 만든다.

차별이 오늘날 젊은 흑인이 직면하고 있는 유일한 장애물은 아니다. 잘못된 출발을 바로잡는 것 또한 어려운 일이다. 초록색 근로자와 자주색 근로자는 같은 입장에서 출발했지만, 흑인의 경우 결코 백인과 똑같은 입장에서 경쟁할 수 없었다. 롤런드 프라이어는 이렇게 말했다. "1964년 미국의 공민권법(인종, 피부색, 종교, 출신국에 따른 차별을 철폐할 목적으로 제정된 연방법-옮긴이)이 통과될 당시 차별이 존재하지 않았다고 가정해 보자. 그래도 이미 지니고 있던 부, 수입, 거주지 등에서 차이가 존재했을 것이다. 그 후 2세대밖에 지나지 않았다. 상황은 그렇게 빠르게 변하지 않는다."

롤런드 프라이어는 『괴짜경제학』의 공저자인 스티븐 레빗과 함께 불우한 출발로 얼마나 심각한 핸디캡이 발생하는지 살펴보기 위해 젊은 흑인들의 교육 현실을 광범위하게 연구했다. 그들은 흑인 어린이들이 흑인이기 때문이 아니라 가정환경 때문에 불리하게 시작한다는 사실을 발견했다. 예를 들어 젊은 흑인 가족은 백인 가족에 비해 더 가난하고, 집에는 동화책도 많지 않았다. "유사한 가정환경에서 자란 흑인 아동과 백인 아동은 취학 후 유사한 성적을 올린다." 프라이어와 레빗은 《차세대 교육Education Next》 2004년 가을호에 발표한 논문에서 이렇게 주장했다. 일부 연구자들이 인종 탓이라고 보았던 차이가 사실은 계층, 건강, 부모의 교육, 부의 차이 때문에 나타난다는 것이다. 처음 유치원에 입학할 때 흑인 아동과 백인 아동 사이에는 상당한 차이가 존재하는데, 그 차이는 인종적인 것이 아니라 사회적인 것이다.

그러나 이런 제한적인 평등조차 오래가지 못한다. 단지 몇 개월이 지나면, 흑인 아동은 유사한 배경에서 자란 백인 아동에 비해 뒤떨어지게 된다. 그 차이는 시간이 가면서 점점 벌어져 보통 흑인 학생과 보통 백인 학생 사이의 차이가 초등학교 4학년생과 중학교 2학년생의 차이만큼 커진다. 단순히 학교가 나빠서일까? 처음에 프라이어와 레빗은 그렇다고 생각했지만 연구를 진행하면서 그러한 설명을 포기해야 했다. 더욱 확실한 이유는 아이들이 합리적이라는 사실에서 찾아볼 수 있었다. 자주색 근로자들이 적대적인 취업 시장에 직면할 것을 알았듯이, 흑인 아이들 또한 적대적인 취업 시장에 직면할 것을 알고 애써 공부하지 않았다.

그것이 흑인 학생들이 학교에서 제 실력을 발휘하지 못하는 이유라면 그것만으로도 충분히 걱정스럽다. 학습 부진이라는 강철 논리는 합리적이기 때문에 정말로 깨기 어렵다. 그렇지만 흑인 학생들에게 영원히 지속되는 악순환을 만들어내는 또 다른 합리성이 존재한다. 그것은 고용주들의 합리적인 인종차별만큼이나 신경에 거슬리며 또한 논쟁적인 것이다. 그것은 바로 '백인 행세하기acting white'라는 현상이다.

오바마의 '백인 행세하기'

2004년 7월에 열린 민주당 전당대회에서 버락 오바마는 기조연설 하나로 하룻밤 사이에 무명의 일리노이주 상원의원에서 언론에 센세이션을 불러온 유명 인사로 거듭났다. 그리고 흑인 오바마는 민주당의 젊은 희망이 되었다. 그의 연설은 또한 미국인의 의식 속에 '백인 행세하기'라는 문구를 깊이 각인시켰다. "흑인 젊은이가 책을 들고 다니면 백인 행세를 한다고 중상모략합니다. 우리가 그런 중상모략을 멈추고, 아이들에 대한 기대치를 높이지 않는다면 아이들은 그 무엇도 이룰 수 없을 겁니다." 오바마는 이렇게 말했다.

'백인 행세하기'는 성실한 흑인 아이가 변절자로 여겨지고, 친구나 부모 등의 웃음거리가 된다는 논리다. 다시 말해 흑인들이 정말로 성공하지 못하는 이유는 흑인 문화 탓이라는 것이다. 이것은 입에 담기조차 민망한 생각이다. 젊은 흑인 경제학자인 글렌 라우리Glenn Loury는 1984년 시민운동가들 앞에서 연설을 하면서 인종차별이 더 이상 문제가 되지 않는다고 주장했다. 흑인 사회 자체의 나약함이 문제라는 것이었다. 연설이 끝나갈 즈음 마틴 루서 킹의 미망인인 코레타 스콧 킹은 소리 없이 흐느끼고 있었다.

흑인 학자인 롤런드 프라이어는 그런 생각이 옳은지 조사해보기로 했다. 프라이어는 라우리나 오바마만큼 진지하게 '백인 행세하기' 논리의 가능성을 받아들였다. 그는 학업을 전혀 장려하지 않는 환경에서 자랐다. 어린 시절 프라이어의 친척 열 명 중 여덟 명은 사망했거나 감옥에 수감되어 있었다. 그의 식구 중 다수는 싸구려 코카인을 만들거나 거래했으며, 그의 사촌은 살해당했다. 프라이어는 사실상 우연한 기회에 대학에 진학하기로 결심했다.

그가 열다섯 살 때 친구들이 도둑질을 하러 가자고 하자 그는 핑계를 대며 거절했다. 그날 낮에 백인 경찰에게 괴롭힘을 당했기 때문이었다. 그의 친구들은 도둑질을 감행했고 결국 감옥에 갔다. 그 후 프라이어는 공부하기로 결심했다. 그가 새롭게 발견한 학업에의 열정은 가까운 사람들에게 자부심을 주기는커녕 위협이 되었다. 프라이어는 스티븐 더브너에게 자신이 텍사스 대학교에서 장학금을 받았을 때 아버지가 어떤 반응을 보였는지 들려주었다. "나는 네가 얼마나 많은 교육을 받을지, 네가 얼마나 성공하게 될지에 관심이 없다. 너는 항상 깜둥이일 테니까."

이런 잔인한 반응은 프라이어가 하버드 대학교 동료들에게서 받은 격려와 대조를 이뤘다. 더브너는 《뉴욕 타임스 매거진》에 프라이어의 이야기를 소개했다. 프라이어는 이렇게 회상한다. "동료들이 어떻게 생각할지 몰랐다. 하지만 그들은 기꺼이 받아들였다. 난생처음 나 자신을 인정할 수 있을 것 같은 생각이 들었다."

그렇지만 잠시 생각해보자. 버락 오바마가 성실한 흑인에 대한 따돌림을 비난한 것은 그저 정치적인 수사일 수 있다. 그리고 글렌 라우리나 롤런드 프라이어의 어린 시절 경험에서 알 수 있듯이 열심히 공부하는 흑인 아이가 주변 사람들의 인정을 받지 못하는 것은 단순히 일화적인 사건일 수 있다. 그렇지 않다는 사실을 증명할, 좀 더 과학적인 증거가 있을까? 많은 학자들이 '백인 행세하기' 논리를 조사한 결과 백인의 경우보다 흑인의 경우 성실하거나 똑똑한 학생들이 따돌림을 당하는 경향이 높았다. 그러나 성적이 좋은 학생들이 실제로 얼마나 인기가 있는지를 조사한 양적 연구에 따르면 '백인 행세하기' 논리는 근거 없는 사회적 통념에 불과한 것으로 드러났다.

그러나 프라이어는 그렇게 생각하지 않았다. 이전의 연구자들은 연구 대상 아이들의 기본적인 인센티브를 고려하지 않았다. 한 연구자가 여러분에게 친구가 있느냐고 물어보면 여러분은 진실을 말하겠는가? 프라이어는 "열두 살짜리에게 얼마나 인기가 있느냐고 물어보는 것은 그들에게 섹스를 얼마나 자주 하느냐고 물어보는 것과 같다. 대답은 얻을 수 있겠지만 정답은 아닐 것이다"라고 지적했다.

그 대신 프라이어는 9만 명의 학생을 대상으로 친구의 이름을 적어내게 했다. 그는 아이에게 얼마나 인기가 있느냐고 묻는 대신 다른 학생들이 그 학생의 이름을 얼마나 적어내는지를 살펴보았다. 성적이 좋은 백인 아이들의 이름은 여러 번 등장했다. 그렇지만 흑인 아이들(그리고 히스패닉 아이들)은 성적이 중간일 경우 친구가 더 많은 것으로 나타났다. '백인 행세하기' 논리는 근거 없는 소리가 아니었다.

이런 현상이 존재하는지 그렇지 않은지에 대해서는 그만 이야기하고, 이제부터는 이런 현상을 어떻게 바라보아야 할지 생각해보자. 성실한 흑인을 백인처럼 행동한다고 비난하는 것은 비합리적이다. 이런 현상을 인정하는 사람들은 보통 문화적인 요소에 문제가 있다고 지적한다. '백인 행세하기'라는 표현을 좌우익은 다르게 받아들인다. 좌익은 상처받은 개개인이 인종차별적 사회에 대처하는 방식으로, 우익은 희생자 콤플렉스로 이해한다. '백인 행세하기' 논리에 내포된 사회적 배척이 비극적이지만 완전히 합리적이라는 사실을 깨닫기 위해서는 경제학자의 도움을 받아야 한다.

그 이유는 이렇다. 백인 학생의 경우 열심히 공부하는 것이 주변 사회로부터의 도피 수단이 되지는 않는다. 그의 부모, 가족, 친구들이 교육을 통해 얻은 일자리에서 일하고 있기 때문이다. 그러나 빈민가 출신의 흑인 학생은 열심히 공부하면 가난, 범죄, 상실, 그리고 친지로부터 도망칠 수 있는 수단을 얻게 된다. 이는 주변의 호응을 받을 만한 일이 못될 것이다. 사람들은 내 친구나 가족이 도피를 준비하는 모습을 보고 싶어 하지 않는다. 도피할 수 있는 기회가 존재한다는 사실 자체가 우리를 긴장하게 만든다.

비유해서 생각해보자. 여러분은 이직을 위해 따로 교육을 받고 있다는 사실을 사장에게 말하겠는가? 여러분이 광고사 직원인데 야간에 법학 수업을 듣는다고 가정해보자. 상사는 여러분을 격려해줄지 몰라도 해당 부서의 장기 계획을 세울 때에는 여러분을 배제해버릴 것이다. 상사가 승진 예정자 명단을 제출할 경우 여러분은 그 윗자리에 이름을 올리지 못할 것이다. 상사는 여러분이 언제든 떠날 수 있음을 알고 있기 때문이다. 여러분에게 도피할 수 있는 기회가 있다는 건 여러분이 신뢰할 수 없는 사람이라는 의미다.

흑인 사회뿐 아니라 다른 사회에서도 가치 있는 기술을 배우기 위해 자기가 속한 사회의 이익을 무시하는 사람들은 불신을 받는다. 이는 소외당하는 소수자 집단에서 나타나는 일반적인 현상이다. 프라이어는 영국의 노동자 계급(내 학창 시절 경험과 일치한다), 보스턴 웨스트엔드의 이탈리아 이민자, 뉴질랜드의 마오리족, 옛 일본의 최하층 계급인 '부락민部落民' 등 다양한 사회에서 흑인 사회의 '백인 행세하기' 논리와 유사한 현상이 나타난다고 지적했다. 그는 특히 스페인 카탈루냐 젊은이의 예를 즐겨 든다. 그 젊은이는 카탈루냐 사람들만 쓰는 카탈루냐어를 배움으로써 평생 지역사회의 일원으로 남겠다는 뜻을 알릴 것인가? 아니면 카탈루냐뿐만 아니라 다른 곳에서도 유용한 컴퓨터를 배울 것인가?

두 번째 선택은 도피 수단을 제공한다. 그가 도피하지 않더라도 도피 수단이 존재한다는 사실 자체가 그에 대한 신뢰를 떨어뜨릴 것이다. 변호사가 되려는 직원을 승진시키지 않는 합리적인 고용주처럼 합리적인 카탈루냐 아이들은 컴퓨터에 빠져 있는 아이와 친구가 되지 않을 것이다. 단순한 문화적 병

리 현상으로 보였던 '백인 행세하기' 논리가 실은 2장에 소개
되었던 포커판의 '허세'만큼이나 수학적 계산에 기초한 것임
이 드러난다.

차별에 대항하는 인센티브

지금까지 소개했던 암울한 현상들을 정리해보면 다음과 같
다. 첫째, 인종차별은 합리적일 수 있다. 놀랍게도 인종차별은
고용주에게 이익이 될 수 있다는 것이다. 둘째, 합리적 인종차
별이 나타날 때 흑인 아이들로서는 공부를 하지 않는 것이 합
리적인 행동이다. 셋째, 소외된 집단은 서로 응집하게 되며,
이 경우 열심히 공부하는 아이는 어떤 식으로든 친구들로부
터 처벌을 받게 된다. 비참한 이야기다. 그렇지만 문제를 인식
해야 해결책도 찾을 수 있다. 젊은 흑인들의 미래를 가로막는
장애는 아주 많기 때문에 그 모든 장애를 해소할 수 있는 단일
한 해결책은 존재하지 않는다. 그럼에도 해결책에 대한 논의
를 게을리해서는 안 된다.

우선 관료 사회가 인종차별에 가장 열심히 맞서야 한다. 강
력한 경쟁에 직면한 사기업들보다는 관료 사회가 더 많은 인
종차별을 하기 때문이다. 사기업의 인종차별이 선호 차별, 다

시 말해 단순한 편견일 경우 사기업은 스스로 피해를 자초하는 셈이다. 경쟁 업체들이 그 업체에서 탈락한 인재들을 가로챌 것이기 때문이다. 시간이 좀 걸리겠지만 이런 일이 누적되면서 인종차별은 소멸할 수밖에 없을 것이다. 그러나 관료 사회에는 그런 일이 발생하지 않는다. 편견에 사로잡힌 정부 기관이 망하도록 기다려보았자 소용이 없다. 그런 일은 일어나지 않기 때문이다. 따라서 의식 있는 교육이나 채용 정책이 극히 중요하다.

통계적 차별인 합리적 인종차별에는 다른 방식으로 맞서야한다. 합리적 인종차별은 수익성이 있기 때문에 합리적인 기업은 인센티브가 바뀌지 않는 한 수익성 있는 일을 포기하지않을 것이다. 합리적 인종차별을 없애는 한 가지 방법은 통계를 바꾸는 것이다. 고용주가 흑인 지원자들에게도 동등한 교육의 기회가 주어졌다는 확신을 갖는다면 굳이 흑인을 차별하지 않을 것이다. 따라서 흑인 학생들의 교육 여건을 개선하는 것이 중요하다(안타깝게도 여기 관심을 갖는 사람은 그리 많지 않다).

흑인들이 부정적인 인센티브의 함정에 빠져 있기 때문에우리는 그런 인센티브를 바꾸는 방법을 찾아낼 필요가 있다. 적극적 고용 개선 조치affirmative action program(여성이나 흑인처럼 사회적으로나 정치적으로 소외된 계층에게 교육이나 고용의 기회를 제공하는 것-옮긴이)는 오히려 소수자 집단의 의욕을 축소시키는 것으로 인식된다. 적극적 고용 개선 조치를 통해 일자리를 얻을 텐데, 무엇 때문에 열심히 일하겠는가? 물론 그런 부정적인 효과가 나타날 수도 있다. 그러나 반드시 그런 것만은 아니다. 적극적 고용 개선 조치는 스스로 기회가 없다고 생각하고 포기하는 젊은 흑인과, 공부를 하면 기회를 얻을 수 있다고 믿는 젊은 흑인 사이에 차이를 가져올 수 있다.

최근 뉴욕시 교육부의 '평등 정책 담당관'으로 부임한 롤런드 프라이어 역시 더욱 직접적인 인센티브를 생각하고 있다. 아이들에게 돈을 주고 책을 읽게 하면 어떨까? 혹은 성적이 오르면 돈을 주는 건 어떨까? 그는 여러 인종으로 구성된 몇만 명의 아이들을 대상으로 대규모의 실험을 실시하기 위해 자금을 확보했다. 어떤 아이들은 어떤 일을 해내면 그 대가를 받게 될 것이다. 예를 들면, 책을 한 권 읽을 때마다 2달러를 받는 식이다. 어떤 아이들은 전혀 돈을 받지 못할 것이다. 또한 어떤 아이들은 자신이 속한 집단이 성적이 좋을 경우 돈을 받게 될 것이다.

기존의 가치관에 따르면 이런 실험은 바람직하지 못하다. 심리학자 배리 슈워츠Barry Schwartz는 《뉴욕 타임스》 사설을 통해 프라이어를 공격했다. "그가 추진하는 프로젝트에 깔린 가정은 아주 간단하다. 사람들이 인센티브에 반응한다는 것이다. 문제는 그것이 들어맞지 않는 상황도 있다는 점이다." 그

는 학교에서 할 일은 공부의 즐거움을 일깨우는 것이라고 주
장했다. 이것은 사설에 실릴 만한 글이긴 했지만 그리 실용적
이지는 못했다.

슈워츠가 무슨 말을 하든 프라이어는 학생들이 현금에 반
응할 것이라는 '가정'을 한 적이 없다. 대신 그는 정밀한 실험
을 통해 가능성을 탐색하는 것도 가치 있는 일이라 생각했다.
또한 프라이어는 개별적인 인센티브보다는 집단적인 인센티
브가 통할 것이라 생각했지만 슈워츠는 그 사실을 언급하지
않았다. 집단적인 인센티브는 '백인 행세하기' 논리를 없애줄
지 모른다. 물론 실험으로만 확인할 수 있겠지만.

차별을 이겨내는 사람들

여러분은 '백인 행세하기' 논리가 흑인들이 모여 사는 빈민
가에서 더 큰 문제가 될 것이라고 합리적으로 예상할 것이다.
다행히도 1970년 이후 흑인을 다른 인종과 분리하려는 시도
는 극적으로 줄어들었다(현재 1920년 이후 최저 수준이다). 그러나
그 효과는 쉽게 나타나지 않는다. 5장에서 소개했던 로렌스
카츠, 제프리 클링, 제프리 리브먼의 연구를 다시 생각해보자.
그들의 연구에 따르면 빈민가에서 탈출해 더 좋은 지역으로

이사할 경우 혜택이 상당히 크긴 하지만, 당장 아이들의 성적이 향상되지는 않았다. 흑인 아이들의 교우 관계를 조사한 롤런드 프라이어의 연구도 이런 사실을 뒷받침한다. 그의 연구에 따르면 겉으로 보기에는 여러 인종이 통합된 듯한 학교에도 인종별로 별도의 교우관계가 형성되어 있었다. 그리하여 성실한 흑인 학생은 오히려 더 큰 고립감을 느끼게 된다. 놀랍게도 다른 연구자들은 여러 인종이 조화를 이룬 통합된 지역보다 흑인이 대부분 거주하는 지역에서 흑인 아이들이 제 실력을 발휘하지 못한다는 증거를 찾아내지 못했다.

이것은 참으로 중요한 질문을 유도한다. 빈민가가 그 주민들에게 조금이라도 이점을 제공하는가? 대답은 '아니오'다. 인종차별이 절정에 이르렀던 1970년대에 작성된 글렌 라우리의 박사 학위 논문은 그런 견해를 뒷받침한다. 그의 꼼꼼한 수학 공식에 따르면 전혀 차별이 존재하지 않는 장소라 하더라도 사람들이 인종별로 따로 군집하는 경향이 존재하는 한 흑인은 불이익을 당할 수밖에 없다. 사회학자들의 은어를 사용하면, 흑인들은 충분한 '사회적 자본social capital'이 없기 때문에 지속적인 불이익을 당하게 된다. 여기서 사회적 자본은 정치적인 인맥에서부터 지역사회의 지원에 이르기까지 모든 것을 의미하는 포괄적인 용어다. 흑인들의 사회적 자본이 적다는 것은 간단히 말해서 흑인들이 형편없는 학교, 높은 범죄율, 우수한 성적을 비난하는 친구 등에 에워싸여 있다는 의미다.

한편 인종차별은 때로는 소수자 집단에게 혜택을 주기도 한다. 서로를 돕고자 하는 사람들에게 둘러싸이기 때문이다. 사소하지만 상당한 의미를 갖는 예를 들어보자. 커윈 찰스는 결혼 시장(3장)뿐만 아니라 카풀에 대해서도 연구했다. 설명하면 이렇다. 여러분이 흑인이고 출근 시 카풀을 이용한다고 가정해보자. 이 경우 흑인 지역에 거주하는 것이 훨씬 유리할 것이다. 또 다른 예를 들어보자. 버트런드와 물라이나산의 실험에서 흑인 이름으로 제출한 이력서는 흑인 지역에 기반을 둔 기업으로부터는 차별을 적게 받았다.

그렇다면 답은 무엇인가? 인종적 고립이 도움이 되는가, 그렇지 않은가? 에드 글레이저, 데이비드 커틀러David Cutler, 제이크 빅더Jake Vigdor는 인종차별과 생활의 질에 대한 상세한 데이터를 분석했다. 그들은 흑인 빈민가에 거주하는 사람들은 취업의 기회뿐 아니라 학업 성적에 이르기까지 여러 면에서 피해를 받는다는 사실을 알아냈다.

그러나 그들은 빈민가가 패자뿐만 아니라 승자도 만들어낸다는 사실을 발견했다. 그들 승자들은 인종차별을 당하면서도 성장을 멈추지 않는다. 그들은 빈민가 안이 아니라 빈민가 인근에서 생활한다. 그들은 빈민가 밖에서 빈민가를 바깥 세계와 이어주는 고리이자 다리 역할을 한다. 빅더는 그들이 격리된 사회에 서비스를 판매하거나 그 구성원들을 고용하여 외부에 판매할 재화를 생산하는 사업가라고 믿는다. 다리나 고리 역할이 중요하다는 것은 모두들 알고 있는 사실이다. 사회학자 마크 그래노베터Mark Granovetter에 따르면 사람들은 자신과 똑같은 정보를 공유하는 친한 친구들이 아니라 다른 사회의 소식을 전해주는 사람들을 통해 일자리를 구한다고 한다.

커틀러, 글레이저, 빅더의 연구 결과는 빈민가 인근에 거주하는 사람들, 다시 말해 사회적 연결 고리 역할을 하는 사람들은 점점 성공하고 있을 뿐만 아니라 점점 증가하고 있다는 사실을 전한다. 좋은 소식임에 틀림없다. 게다가 합리적인 일이기도 하다. 고립된 인종을 세상과 연결해줌으로써 돈을 벌 수 있다면 더 많은 사람들이 몰리는 것은 당연한 일이다.

글레이저와 빅더에 따르면 인종차별이 줄어드는 것은 새롭고 통합적인 사회가 성장하기 때문이다. 그런 사회는 역동적이다. 흑인 인구가 빠른 속도로 증가하고 경제 또한 빠르게 성장하기 때문이다. 1990년에서 2000년 사이에 인종 문제가거의 개선되지 않은 지역은 디트로이트와 뉴올리언스뿐이었다. 반면 인종 문제가 눈에 띄게 개선된 곳으로는 라스베이거스, 피닉스, 오스틴 등이 있다. 이 지역들은 경제적 번영을 누리고 있다. 다시 말해 오래된 빈민가들이 다른 인종 사회에 통합되었기 때문에 인종차별이 줄어든 것이 아니라 더 많은 흑인들이 전통적인 백인 사회에 직장을 잡거나 가정을 꾸렸기 때문에 인종차별이 줄어든 것이다.

시장의 힘이 결국 선호 차별을 없애듯이 역동적인 도시의 경제적 성장은 오래된 인종 문제에 예상치 못했던 해결책을 제시하고 있다. 그렇다면 어떻게 해야 그 같은 해결책을 확산시킬 수 있을까? 어떻게 해야 도시 경제를 번성시킬 수 있을까? 7장에서 이 질문에 대한 대답을 찾아보자.

CHAPTER 7

도시의 집값이
비싼 까닭

스필오버

통신 기술의 발달로 재택근무도 가능한 세상에, 왜 사람들은 엄청난 집값과 복잡한 거리를 저주하면서도 대도시에 사는 걸까? 대도시에 사는 것은 비합리적인 일처럼 보인다. 하지만 거기에도 사람들의 합리적 선택은 존재하고 있으니, 도시가 가지고 있는 혜택을 누리기 위해서다. 도시의 혜택은 무엇일까? 멋진 공연장? 편리한 교통? 맛 좋은 레스토랑? 정답은 '사람'이다.

당신은 왜 도시에 사는가

열심히 일하는 뉴욕 시민은 불쌍하다. "우리의 달러는 미국 달러와 똑같이 생겼는데도 그 가치가 다른 곳에 미치지 못한 다." 뉴욕에 사는 금융 저널리스트 대니얼 그로스Daniel Gross가 투덜댔다. 그는 다음과 같이 대략적인 비교 수치를 내놓았다. 뉴욕 사람은 집을 사거나 임대할 때 다른 지역에서 집을 사는 것보다 14퍼센트가량 돈을 더 지불해야 한다. 세율도 높아 수 입의 6퍼센트가량이 세금으로 나간다. 각종 공과금, 식비 등 생활비 또한 4퍼센트 정도 더 든다. 거기에 뉴욕식 라이프스 타일을 유지하는 데도 돈이 든다.

그로스가 지적했듯이 뉴욕은 '모든 것이 최고인 도시'이기 때문에 다른 지역과 라이프스타일 비용을 비교하기가 어렵 다. 그는 또한 뉴욕의 야구 경기 관람료와 일류 레스토랑의 식 비 등을 미니애폴리스와 비교했다. 그 결과 뉴욕의 라이프스

타일 비용이 미니애폴리스보다 두 배는 비쌌다. 뉴욕에서 1달러의 가치는 61.2센트다. 물론 뉴욕의 임금이 미국 평균보다 높은 것은 사실이지만 기껏 15퍼센트 높을 뿐이다. 따라서 전형적인 뉴요커의 실제 구매력은 평균 미국인의 4분의 3밖에 되지 않는다.

일리노이주의 록아일랜드와 비교해보자. 그로스에 따르면 록아일랜드는 물가가 낮고 임금은 비교적 높은 편이다. 사실 뉴욕 맨해튼에서 록아일랜드로 이사하는 사람을 막을 것은 아무것도 없다. 마찬가지로 록아일랜드에 정착하려는 이민자나 사회 초년생을 막을 이유도 없다. 그러나 실제로 그런 사람은 없다. 사람들이 그렇게 하지 않는 데는 뭔가 합리적인 이유가 있을 테니, 록아일랜드가 사실은 형편없는 곳임에 틀림없다고 가정할 수 있다(록아일랜드 사람들에게는 정말 미안하다. 개인적으로 감정이 있는 것은 아니다. 나는 록아일랜드에 대해서는 아무것도 모른다. 단지 여러분이 뉴욕 사람에게 돈을 주면서까지 거기 살아달라고 부탁할 수는 없다는 사실을 알고 있을 뿐이다). 일부 합리적인 사람들이 록아일랜드보다 뉴욕에 살고 싶어 하니, 분명 뉴욕은 돈으로 살 수 없는 무엇인가를 제공하고 있음에 틀림없다.

큰 도시일수록 더 많이 공급되는 무엇인가가 있다. 하버드 대학교의 에드 글레이저는 미국 전역에서 구한 통계 수치를 비교한 결과 그로스가 뉴욕에 대해 발견한 사실이 대부분의 대도시에 적용된다는 점을 알아차렸다. 대도시에서는 평균 임금이 높은 반면, 생활비도 많이 든다. 대략 도시 규모가 두 배씩 커질 때마다 임금은 10퍼센트 증가하는 반면 물가는 16퍼센트 증가한다. 그렇다면 도대체 무슨 일이 벌어지고 있는 것일까? 왜 사람들은 록아일랜드의 넓은 집을 포기하고 맨해튼의 작은 아파트에서 대출이자나 월세를 버거워하는 걸까? 그들은 외딴곳에 넓은 목장을 구할 수도 있고 디트로이트 같은 도시에 6만 달러라는 저렴한 가격으로 집을 살 수도 있다. 그렇지만 그들은 그렇게 하지 않는다. 거기에 어떤 합리적인 이유가 있을까?

물론 있다. 그리고 그 이유는 단순히 록아일랜드의 인구 구성을 설명하는 것보다 훨씬 의미 있다. 게다가 번영하는 도시에서 무슨 일이 벌어지고 있는지를 보여준다. 바로 혁신이다. 여기서는 번영하는 도시, 혁신적인 도시를 위해 우리가 무엇을 할 수 있는지 살펴볼 것이다. 그렇지만 분명 도시를 번영시키고 혁신시키는 방법은 도시 그 자체에서 나온다. 사실 사람들이 화려한 도시에 살고 있는 이유나 여러분이 이 책을 읽고 있는 이유는 똑같다. 그런 이유가 없었더라면 나는 이 책을 쓰지 못했을 것이다.

대도시에서 공짜로 얻을 수 있는 것들

2004년 봄, 나는 스티븐 맥그로티Stephen McGroarty를 세계은행 회의실에서 처음 만났다. 진지한 책벌레 같을 뿐, 카리스마라고는 없는 세계은행 직원들 사이에서 그는 금방 눈에 띄었다. 그는 환한 미소를 짓고 있었다. 그는 아이디어로 충만했으며, 자신의 아이디어를 다른 사람들에게 들려준 후 평가를 받고 싶어 했다. 그는 열정이 가득했고, 인간적이었으며 사교적이었다. 그는 회의실에 앉아 있는 모든 사람을 당장 포용이라도 할 듯 정열적이었다. 나는 곧장 그에게 매료되었다.

그 후 스티븐과 나는 좋은 친구가 되었다. 그것 말고도 그에게 감사할 이유는 또 있었다. 그를 만날 즈음 나는 여러 에이전시에 내 책『경제학 콘서트 1』의 출판 제안서를 계속 보냈지만 아무도 관심을 보이지 않았다. 한때 출판 에이전시에서 일했던 스티븐은 나의 제안서를 보고는 열정적으로 아이디어를 쏟아내기 시작했다. 사실 그는 기네스 맥주, 술집, 내 딸, 최근의 세미나에 이르기까지 거의 모든 것에 열정을 발산했다. "정말 기가 막힌 책이군!" 그는 내 제안서를 허공에 휘두르면서 경탄했다. 슬프게도 기가 막힌 책은 아니었다. 그가 어디를 어떻게 바꿔야 할지 충고해주기 전까지는 말이다. 그리고 몇 주 후 그 원고는 출판 경로를 밟기 시작했다.

이제 스티븐과의 우정은 특별한 것으로 느껴진다. 물론 아주 특별한 것은 아니다(스티븐에게는 미안한 말이지만). 이런 만남은 도시에서는 흔하다. 파티에서, 거리에서, 혹은 회의에서 여러분은 재미 있는 사람을 만나거나 소개받는다. 그다음 여러분은 그 사람과 공통의 관심사나 서로 아는 친구 등 연결 고리를 발견한다. 여러분은 그 인맥을 지속시킨다. 어쩌면 돈독한 친구가 되거나, 사업적인 관계로 발전할 수 있다. 어쩌면 그 인맥 덕분에 일자리를 얻거나 거래를 성사시킬지도 모른다. 그 인맥 덕분에 여러분의 지식이 깊어질 가능성은 매우 높다. 왜냐하면 만날 때마다 두 사람 모두 서로에게서 무언가를 배우기 때문이다. 이것은 매우 중요한 사실이기는 하지만 별로 놀랄 일은 아니다. 항상 타인에게는 뭔가 배울 점이 있으니 말이다. 그런데 그러한 타인들은 어디에 사는가? 바로 도시다. 나는 운 좋게도 스티븐과 우연히 만났다. 내가 작은 도시에 살았다면 그런 행운은 찾아오지 않았을 것이다. 작은 도시에서는 큰 도시에서만큼 다양한 사람을 만날 기회가 없다(미디어 전문가인 제프 자비스가 맨해튼 거리에서 미디어 황제 루퍼트 머독과 우연히 마주친 후 말했듯이, "뉴욕이 있는데 무슨 인맥이 필요한가?").

2장에서 보았듯이 이것은 합리적인 자기 강화 과정 중 하나다. 도시는 사람들이 서로에게서 배우게 해준다. 그리고 그 과정에서 가장 많은 것을 얻는 사람들, 다시 말해 인맥을 잘 활용하고, 식당 주인부터 투자은행가에 이르기까지 모든 사람에게서 뭔가를 배우는 사람들이 큰 도시에 매료될 가능성이 가장 높다.

성공적인 도시는 사람들이 서로에게서 뭔가를 배울 수 있는 '삶의 대학교'다. 이 말을 곱씹어보면 맨해튼이 비싸고 록아일랜드가 싼 이유를 깨닫게 될 것이다. 실제로 사람들이 도시에 모여드는 이유가 바로 이것이라면, 대도시는 지적 활동과 혁신의 중심지여야 한다. 그것이 바로 케임브리지 대학교 경제학과의 정신적 지주이자 경제학 고전인 『경제학원리Principles of Economics』의 저자 앨프리드 마셜Alfred Marshall의 주장이다. 마셜은 1890년에 집필한 이 책에서 산업이 밀집되어 있는 곳에서 자연스럽게 새로운 아이디어가 발생한다고 확신했다.

동일한 직능을 추구하는 사람들이 서로 왕래하면서 얻을 수 있는 이점은 상당하다. 기술의 신비는 더 이상 신비가 아니다. 그 신비는 과거에도 그랬듯이 공기 중에 있고, 아이들은 무의식중에 그것을 배우게 된다. 잘한 일은 정당하게 칭찬을 받고, 기계나 공정이나 조직 등의 개발 및 개선에 대해서는 곧바로 논의가 이루어진다. 한 사람이 새로운 아이디어를 내면 다른 사람들은 거기 자신들의 의견을 덧붙인다. 이렇게 아이디어는 더 많은 아이디어의 원천이 된다.

마셜의 주장은 직관적인 것으로 여러 진실을 담고 있다. 마셜은 도시가 생기 넘치는 문명의 기본이 되는 혁신과 진보의 원천임을 깨닫고 있었다.

그렇지만 마셜의 주장에는 문제가 하나 있다. 아이디어가 그저 '공기 중에' 있다면 나는 다른 사람들과 어울리며 무언가를 배운다 해도 그 대가를 지불하지 않게 된다. 나는 그 배움의 가치를 50달러, 100달러, 혹은 1000달러로 책정하겠지만, 그래도 전혀 돈을 주지 않을 것이다. 만일 그런 배움을 준 사람이 합리적이라면 당연히 뭔가를 가르쳐주려는 생각을 덜 하게 될 것이다. 이런 면에서 아이디어는 핫도그와 다르다. 내가 핫도그에 2달러를 지불할 뜻이 있고 핫도그를 만드는 데 1달러가 든다면, 시장은 핫도그의 가격을 1달러와 2달러 사이에서 정할 것이다. 그러나 아이디어의 경우에는 그렇지 않다.

예를 들어 스티븐 맥그로티가 내게 출판 제안서 잘 쓰는 법과 출판사와의 계약 방법 등을 가르쳐주고 받은 것이라고는 겨우 기네스 맥주 한두 잔과 그에게 신세를 졌다는 막연한 생각뿐이었다. 다른 예를 들어보자. 나는 내 책의 출간에 맞춰 도서를 어떻게 홍보해야 할지 조언을 얻고 싶었다. 그래서 정기적으로 독서 토론에 참석하게 되었다. 서점 반스앤노블에서 『대중의 지혜The Wisdom of Crowds』의 저자인 제임스 서로위키로부터 독서 토론에 대한 아이디어를 얻는 데에는 돈 한 푼 들지 않았다.

스티븐의 조언이나 서로위키의 독서 토론은 핫도그처럼 포장해서 팔 수가 없다. 다시 말해 부실한 출판 제안서를 들고 있거나, 독서 토론에 대해 잘 모르는 작가 지망생은 있을 수 있어도 주머니에 2달러를 넣고도 핫도그에 대한 욕구를 충족시키지 못하는 사람은 없다는 소리다.

이는 경제학자들이 '외부효과' 혹은 '스필오버spillover'라고 부르는 현상이다. 보통 외부효과는 '부정적'인 것으로 여겨진다. 교통 체증이 대표적인 예다. 통행료가 없는 도로는 막히게 된다. 이 경우 사람들에게 혼잡세(다른 사람에게 가하는 부정적 외부효과의 대가)를 받는다면 교통량은 줄어들 것이다. 그러나 그에 못지않게 '긍정적 외부효과'도 중요하다. 제임스 서로위키의 독서 토론이 그 예다. 누구도 제임스 서로위키에게 비용을 지불하지 않는다면 그는 정당한 보상을 받기 위해 독서 토론의 횟수를 줄여야 한다. 이런 긍정적인 외부성은 '지식 스필오버 knowledge spillover'라고 불린다.

이런 이름이 붙은 데에는 충분한 이유가 있다. 지식 스필오버는 멋지게 들리지만 5장의 해크니 다운스 사례에서 보았듯이 실제로 발생해야 멋진 일이다. 은연중에 제공되는 가르침에 대해 공정한 대가를 지불하지 않는다면, 대다수의 잠재적인 스승들은 몽땅 은퇴해 메인주에 은거하며 매일 저녁 플레이스테이션이나 하는 게 합리적일 것이다. 교통 체증을 유발하는 사람들이 세금을 내야 하는 것과 똑같은 이유로, 대도시들이 저렴한 '삶의 대학교'라면 보조금을 지불해야 하지 않을까?

하지만 잠깐 다시 생각해보자. 여기서 긍정적인 외부효과와 지식 스필오버의 증거로 제시한 것이라고는 내 첫 번째 책과 관련된 두 가지 일화뿐이었다. 그것으로 충분한지 독자들이 의심하는 것도 당연한 일이다. 사실 긍정적인 외부효과는 가시적인 것이 아니라서 측정하기가 힘들다. 그러나 대도시에 거주함으로써 얻게 되는 보이지 않는 혜택을 현금으로 환산하는 방법이 있다. 그 방법은 여러 파티의 주요 화제이자 이 책의 서두에서 소개했던 집값을 이용한 것이다.

집값을 결정하는 요인

친구들, 괜찮은 카페, 최저 생활을 가능하게 해주는 직장 등 런던이 좋은 이유는 많다. 그러나 프롤로그에서 말했듯이 지금 사는 동네를 떠나고 싶은 이유도 많다. 마사지 업소, 사설 경마장, 고물상 등이 있어서다. 분명히 도시민들은 긍정적인 외부효과와 부정적인 외부효과를 모두 누린다. 그렇다면 부정적인 면과 긍정적인 면을 어떻게 비교해볼 수 있을까? 답은 아주 간단하다. 부동산 중개인에게 물어보면 된다.

그래서 나는 우리 동네에서 가장 잘나가는 부동산 중개인인 앤 커렐에게 집값을 떨어뜨리는 게 무엇인지 물어보았다. 그녀는 마사지 업소, 사설 경마장, 고물상이라고 했다. 따라서 집값은 우리가 긍정적인 외부효과(여기서는 각종 편의시설 근처에 집이 위치함으로써 얻을 수 있는 이점)에 얼마나 가치를 두느냐를 측정할 수 있는 훌륭한 도구다. 집값은 거주자를 행복하거나 불행하게 만들 모든 것을 요약한 것이기 때문이다. 침실이 하나 더 있고 직장과 가깝지만, 이웃이 마약 중독자들의 소굴이라면 집값을 어떻게 매겨야 할까? 이런 판단은 복잡하다. 커렐에 따르면 어떤 술집이 심야 영업권을 따낼 것이라는 소문이 돌자 술집에서 두 집 떨어진 곳에 있는 멋진 집이 타격을 보았다고 한다. 집을 보러 오는 사람이 줄었던 것이다. 사람들은 고성방가, 상한 맥주 냄새, 새벽에 술병 치우는 소리 등을 별로 좋아하지 않는다. 이런 부정적인 외부효과는 위치와 밀접한 관련이 있다. 그 술집에서 네 집 떨어진 곳에 있는 집은 타격을 받지 않았기 때문이다. 커렐의 추측에 따르면 술집에서 가까운 집의 경우 5퍼센트 정도 집값이 떨어졌을 거라고 한다. 그 집의 가격이 약 200만 달러였으므로 약 10만 달러 정도 손해를 본 것이다. 반면 다음 거리에 있는 집들은 술집에

드나들기 좋다는 이유로 오히려 집값이 뛰었다.

부동산 중개인의 모토인 '위치, 위치, 위치'는 집의 크기나 품질 외에 무엇이 집값(그리고 임대료)을 결정하는지를 보여준다. 주택 시장에서는 수많은 매도인과 매수인이 경쟁한다. 따라서 아파트 임대료는 그 지역이 어느 정도의 가치를 지니는지 측정할 수 있는 좋은 수단이 된다. 도시에서 외부효과는 정말 중요하다. 집값이나 임대료는 보이지 않는 외부효과를 가시화해준다.

임대료로 도시의 외부효과를 측정하자는 생각을 해낸 것은 로버트 루카스Robert Lucas였다. 1985년 루카스는 케임브리지 대학교에서 특별 강연을 하고 있었다. 당시 루카스는 화폐 경제학 및 사업주기 연구로 세계적 명성을 얻고 있었다. 그러나 그는 케임브리지 대학교에서는 마셜의 혁신 이론에 대해 강연을 펼쳤다. 루카스는 강연의 제목을 '경제 발전의 역학'이라고 붙였다. 그는 어떤 국가는 계속 가난한 반면 어떤 국가는 계속 부유한 이유를 밝히기 위해 동료인 게리 베커의 주장을 강조했다. 바로 교육, 훈련, 기술 등 '인적 자본'이 중요하다는 주장이다.

1959년 베커는 사업이나 주식에 투자하듯이 교육과 훈련에 투자하자는 주장을 했다가 다른 경제학자들까지 욕을 먹게 했다. 교육은 생산성에 대한 합리적인 투자와는 전혀 상관이 없는 것으로 간주되었기 때문이다. 나중에는 모두들 베커의 견해에 동조하게 되었지만 말이다. 그가 말했듯이 요즘에는 인적 자본 구축의 중요성에 대해 말하지 않는 정치인이 없을 정도다. 루카스가 케임브리지 대학교에서 강연할 당시 인적 자본의 중요성은 널리 인정받고 있었다.

그렇지만 루카스는 인적 자본에 대해 새로운 입장을 취했다. 그는 국가가 부유해지려면 인적 자본에 의한 외부효과 혹은 마셜의 표현에 따르자면 '공기 중에' 있는 지식이 중요하다고 생각했다. 똑똑하고 교육을 잘 받은 사람들이 서로에게서 무언가를 배우는 환경이 구축되어야만 그 국가는 부유해진다 (이는 끝부분에서 다시 다룰 것이다). 그렇다면 그 학습 환경이란 무엇인가? 물론 도시다.

루카스는 그 강연 이후 '공기 중에' 있는 지식을 어떻게 측정할 것인지 고민했다. 그는 이런 질문을 던졌다. '다른 사람과 가까이 있지 못한다면' 비싼 임대료를 내고 맨해튼이나 시카고 다운타운에 살 이유가 무엇이겠는가? 훌륭한 이론이 으레 그렇듯이 그 생각 역시 과감하고 현명하며 단순했다. 물론 맨해튼에 살며 비싼 임대료를 내는 것은 다른 사람과 가까이 있기 위한 합리적인 대안이다. 그러나 다른 사람들로부터 무언가 배울 것을 예상하고 우리가 그 돈을 지불하는 것은 아니다. 그 임대료 중 얼마가 '삶의 대학교'에 대한 수업료일까?

루카스의 주장과는 달리 맨해튼의 임대료가 공연장이나 박물관이나 좋은 레스토랑 등에 대한 접근성을 반영한다는 주장에 대해 생각해보자. 그 주장은 어느 정도 사실이다. 그러나 생활비의 차이가 너무 크므로 '도시는 재미있는 곳'이라는 이유만으로 그런 높은 임대료를 감당하는 것은 대부분의 사람들에게 부담이 된다. 예를 들어 뉴욕 그리니치빌리지에서 침실 두 개짜리 아파트를 임대하려면 한 달에 5000달러가 든다. 반면 록아일랜드에서는 500달러면 그 정도의 아파트를 임대할 수 있다. 두 아파트의 임대료 차이는 하루에 150달러다. 사람들이 얼마나 자주 오페라를 볼까? 물론 맨해튼의 레스토랑이 록아일랜드의 레스토랑보다 분위기는 좋을 것이다. 그렇지만 맨해튼 주민들이 레스토랑에 대한 접근성의 대가로 돈을 지불한다면, 집주인들은 좋은 레스토랑 근처에 멋진 집을 임대해준 대가로 매일 저녁 150달러를 받는 셈이다. 이 돈의 절반이라도 건지려면 정말 외식을 자주 해야 할 것이다.

같은 뉴욕이라도 좀 더 저렴한 곳에 산다면 더욱 저렴한 가격에 뉴욕의 혜택을 향유할 수 있다. 대신 높은 범죄율, 고통스러운 출퇴근, 끔찍한 학교 등을 받아들여야 한다. 소도시 거주자들은 저렴한 임대료를 위해 이러한 공포를 감수할 필요가 없다.

대도시 주택 임대료가 편의시설에 대한 접근성을 반영한다는 주장에 의문을 품는 또 다른 이유는 편의시설 대부분이 자체의 가격표를 따로 갖기 때문이다. 레스토랑이나 극장 주인은 자기들이 알아서 우수한 상품에 대해 높은 가격을 청구할 수 있다. 이는 여러분이 집주인에게 지불하는 임대료에 추가되는 비용이다.

도시 노동자의 가치

따라서 대도시의 임대료가 비싼 이유는 맛 좋은 테이크아웃 음식점 때문이 아니라 도시에서 배울 수 있는 것들 때문이라는 견해가 상식적으로 옳지 않을까. 그리고 이를 뒷받침해줄 증거도 있다. 에드 글레이저는 임대료가 아니라 임금에서 그 증거를 찾았다.

앞에서 보았듯이 대도시의 경우 물가가 비싸기 때문에 임금이 높다는 게 근로자들에게 별 의미가 없었다. 그렇지만 임금을 지불하는 기업의 입장은 다르다. 뉴욕 사람들에게 1달러는 61센트의 가치밖에 없더라도 뉴욕 기업들에게 1달러는 1달러의 가치를 갖는다. 작은 도시로 가면 직원들을 더 낮은 비용으로 채용할 수 있는데 왜 뉴욕 기업들은 그렇게 높은 임금을 지불하면서 뉴욕을 고수하는 것일까? 유일한 설명은 대도시 근로자들이 더욱 생산적이라는 것이다.

대도시 사람들이 생산적인 이유로는 세 가지를 생각해볼 수 있다. 첫째, 뉴욕이나 런던 사람들은 시골 사람들에 비해 똑똑하므로 당연히 돈도 더 잘 번다는 것이다. 대도시 사람들은 은연중에 이것이 사실이라고 믿는다. 그러나 절대 그렇지 않다. 예를 들어 자격 조건과 경력이 동등한 뉴욕 회계사와 록아일랜드 회계사를 비교할 경우 둘 사이의 임금 격차는 크다. 두 회계사가 통계적으로 측정할 수 없는 면에서 차이가 날 수도 있다. 그렇더라도 두 사람의 조건을 일대일로 비교해보면 임금 격차는 줄어들 것이라 여러분은 생각할지 모른다. 그러나 아무리 해도 임금 격차는 줄지 않는다.

둘째, 뉴욕 회계사들이 똑똑해서가 아니라 가까이 모여 있어서 더욱 생산적이라는 것이다(이 경우 회의 시간 등이 절약된다). 그렇지만 임금 패턴은 이런 주장을 뒷받침하지 못한다. 도시에서 시골로 혹은 시골에서 도시로 이동한 근로자를 살펴보면 어느 경우든 임금 변화는 거의 없다. 뉴욕에서 록아일랜드로 이동하는 회계사는 전에 받던 임금을 유지한다(실제로 이동하는 사람은 어느 정도 임금이 인상된다. 이는 당연한 일이다. 대개 임금 인상을 제안받고 이동할 가능성이 높기 때문이다). 따라서 뉴욕 회계사가 더 많은 임금을 받는 이유는 그들이 가까이 모여 있어서거나 더 똑똑해서가 아니다.

진짜 이유는 다음과 같다. 대도시 근로자들은 임금이 더 빨리 인상된다. 시골로 이동할 경우 예전에 받던 임금은 유지할 수 있지만 임금 인상률은 둔화된다. 도시로 다시 이동할 경우 임금 인상률이 다시 증가한다. 실제로 도시 임금 인상분은 지금 도시에서 일하는 사람이 아닌 장기간 도시에서 일했던 사람에게 돌아간다. 그 사람이 현재 도시에서 일하고 있는지 그렇지 않은지는 상관이 없다. 이에 대해서는 간단하게 설명할 수 있다. 사람들이 도시에 살면 서로에게서 배우기 때문에 더 빠르게 똑똑해진다는 것이다. 루카스와 마셜의 생각은 옳았다. 도시에서는 배움이 보이지 않는 '공기 중에' 있다. 그리고 임금이 어떻게 변하는지 살펴보면 그 보이지 않는 것을 볼 수 있게 된다.

그렇지만 세계는 빠르게 변하고 있다. 마셜은 전화가 발명되고 채 10년이 지나지 않은 시점에 글을 썼다. 루카스도 월드 와이드 웹이 개발되기 몇 년 전에 강연을 했다. 아마 그는 페이스북facebook이나 블랙베리blackberry(무선 이메일 기능이 있는 휴대 장비-옮긴이)를 전혀 상상할 수 없었을 것이다. 쉽게 가질 수 있고 강력한 새로운 통신 기술이 도시의 이점을 희석시키고 있는가? 그렇다면 도시는 미래에도 학습의 중심지로서 기능할 것인가?

세계는 뾰족하다

이 책의 상당 부분은 런던 중심에 있는 영국 도서관에서 집필되었다. 그렇지만 이 부분은 런던에서 차로 다섯 시간 거리에 있는 아름다운 레이크 지구에서 작성되었다. 그곳은 '도시의 죽음'에 대해 반추해볼 수 있는 최적의 장소다. 사실 도시들이 지식을 전파하는 데 중요한 역할을 했던 것은 사실이다. 그러나 기술 발달로 그러한 도시의 기능은 과거의 것이 되어가고 있다.

애덤 재프Adam Jaffe, 마누엘 트라즈텐버그Manuel Trajtenberg, 리베카 헨더슨Rebecca Henderson은 도시의 지식 스필오버에 대해 더욱 직접적인 증거를 제공했다. 특허청의 기록을 연구한 결과 파생 특허가, 모태가 된 특허와 동일한 도시에서 나온 것일 가능성이 그렇지 않은 경우보다 2~6배 정도 높았던 것이다. 그렇지만 이 연구는 20세기 말에 이루어진 것이다. 그 후 아이디어 전파를 목표로 하는 디지털 기술이 엄청나게 진보했으므로 도시의 지식 스필오버 기능은 쇠퇴할 것이 분명하다. 안 그런가?

이런 주장을 뒷받침할 증거를 찾는 것은 어렵지 않다. 레이크 지구에 도착한 이후 나는 며칠 동안 도시 경제에 대해 조사했다. 이 일이 가능했다는 사실만으로도 도시 경제가 변하고 있음을 알 수 있다. 나는 영국 도서관보다 여기에서 더 쉽게 학술 연구에 접근할 수 있었다(최소한 저렴하게는 했다. 영국 도서관의 인터넷 사용료는 터무니없이 비쌌다). 윈더미어 호수가 내려다보이는 언덕에서 온라인에 접속한 나는 최고 전문지에 실린 거의 모든 학술 논문을 읽을 수 있었다. 또한 인터넷으로 애덤 재프의 연락처를 알아내 매사추세츠주에 있는 그에게 쉽게 연락을 취할 수도 있었다. 나는 추수감사절 기간에 그에게 짧은 이메일을 보냈고 그다음 날 전화를 걸어 직접 대화를 나눴다.

간단히 말해 내가 이 모든 일을 하는 데 필요로 했던 것은 무선 인터넷, 휴대전화, 조용한 장소뿐이었다. 이것은 런던보다 레이크 지구에서 더 풍부하게 공급되는 것이다. 많은 연구자들이 디지털 기술 덕분에 도시가 본래 기능을 못 한다고 주장하는 것도 당연한 일이다. 그렇지만 종종 간과되는 사실이 하나 있다. 나와 같은 사람은 현대의 통신 기술이 도시에 어떤 영향을 주는지 판단할 입장이 아니라는 것이다. 이런 변화에 흥분을 감추지 못하는 작가, 학자, 컨설턴트는 현대 통신 기술의 혜택을 누구보다 빨리 누리기 때문이다.

나는 도시가 혁신과는 점점 멀어지는 것 같다는 말을 했다. 애덤 재프는 "터무니없는 소리"라고 대꾸했다. 그의 연구에 따르면 지식은 특정 지역에 더욱 집중되는 현상을 보인다. 사실 정보통신 기술의 발달로 도시의 지식 집중 기능이 사라질 것이라 생각하는 경제학자는 거의 없다.

그 이유를 알아보기 위해 교통이 낙후된 세계를 상상해보자. 진흙탕 도로, 마차, 노상강도 때문에 장거리 무역은 엄두도 못 낼 만큼 많은 비용이 든다고 가정해보자. 그런 세계에서는 대부분의 상품을 현지에서 생산하는 것이 합리적이다. 식량을 도시로 옮기는 데도 비용이 많이 들고 그 값으로 받은 물건을 도시에서 옮겨 나오는 데도 비용이 많이 들기 때문에 대도시는 존재하지 않을 것이다. 도시가 항상 도로를 중심으로 발달하는 이유가 바로 그 때문이다. 모든 길은 로마로 통한다는 말처럼.

이제 교통이 발달한 세계를 상상해보자. 도시가 성장하게 된다. 더 많은 식량을 더 멀리서 가져올 수 있게 되었으며 도시는 더 전문화된 상품을 생산해 먼 곳에 있는 소비자에게 판매할 수 있게 되었다. '거리가 없어짐'으로써 세상이 평평해지는 게 아니라 뾰족해진다. 점점 더 많은 활동이 대도시에서 이루어지기 때문이다. 운송비가 저렴해지면 합리적인 사람들은 도시, 최소한 도시 인근에 모여 살게 된다. 그렇다면 지식 전달도 마찬가지일까?

그런 것 같다. 지식 집약적인 산업일수록 작은 지역에 밀집된다. 특정 기술을 지닌 근로자들을 채용하는 직종 또한 같은 지역에 몰려 있게 된다. 경제학자들은 미국 전역에서 개발된 4000개 이상의 산업 혁신을 조사했다. 그 결과 절반 이상이 세 개 지역에서 이뤄진 것이었다. 바로 캘리포니아, 뉴욕-뉴저지, 매사추세츠가 혁신의 밀집 지역이다. 대다수 산업이 그곳에 집중되어 있었던 것이다. 하이테크 산업의 경우 이런 집중 현상이 더욱 심하다. 컴퓨터 분야의 경우 절반가량의 혁신이 캘리포니아주에서 이루어졌다. 의약 분야의 경우 절반가량의 혁신이 미국 인구의 3퍼센트 이하가 거주하고 있는 뉴저지주에서 이루어졌다. 정말 뾰족한 세상이다.

그리고 세상은 더욱 뾰족해질 것이다. 세계 선두 기업인 엑손모빌과 마이크로소프트를 비교해보자. 석유를 채굴하고 정제한 후 판매하는 구경제의 대표 기업인 엑손모빌은 세계 전역에서 영업을 하고 있다. 한편 신경제의 대표 기업인 마이크로소프트는 전 세계 소프트웨어 시장을 석권하고 있다. 대부분의 하이테크 기업들은 소수의 혁신 지역에 집중되어 있다. 물론 실리콘밸리는 맨해튼처럼 협소한 곳은 아니다. 그러나 실리콘밸리 기업들은 뉴욕의 설탕 산업이나 의류 산업과는 다른 방식으로 세계경제에 손을 뻗치고 있다.

세계경제는 매우 운송이 편리한 두 가지 상품들로 구성되어 있다. 우선 한 장소에서 생산되어 다른 곳으로 매우 저렴하게 운송될 수 있는 상품이 있다(심지어 상점의 디스플레이까지 중국에서 완제품으로 만들어진 뒤 세계 전역으로 운송된다). 또 다른 '상품' 은 운송이 더욱 쉽다. 바로 새로운 의약품이나 디자이너 핸드백의 제작 방법이다. 실제 상품은 현지에서 만들 수도 있고 그렇지 않을 수도 있다. 그렇지만 진정한 가치를 갖는 것은 바로 '제작 방법'이라는 상품이다.

이렇게 운송이 편리해지면서 특정 산업(런던의 금융시장, 이탈리아의 패션 시장, 시애틀의 소프트웨어 시장)의 지역적인 집중이 더욱 심화되었다. 우리가 소비하는 제품 중 다수는 다른 나라에서 온 것들이다.

이렇게 운송이 쉬운 제품과는 별도로, 서비스 분야 또한 빠르게 성장하고 있다. 서비스 분야의 성장은 부분적으로 다음과 같은 역설의 결과다. 즉 대부분의 일자리가 생산성 향상이 별로 없는 분야에서 창출된다는 역설 말이다. 자동차는 로봇이 만들지만, 음식은 여전히 사람들이 제공하고, 혈액 검사는 여전히 간호사가 실시하며, 택시는 여전히 운전기사가 움직인다. 상품 제조 면에서는 생산성이 크게 향상되었기 때문에 우리는 서로를 위한 서비스를 창조하며 대부분의 시간을 보낸다. 물론 작은 마을에서도 머리를 깎거나 의사의 진찰을 받을 수 있다. 그러나 최고의 헤어디자이너를 만나거나 최고의 신경외과 전문의에게 치료를 받고 싶다면, 혹은 이런 전문가들로부터 배우길 원한다면 큰 도시를 찾아야 한다. 이제 도시

경제는 세계 전역에서 소비될 '무게 없는weightless' 제품(IT, 생명공학, 소프트웨어, 통신 등을 일컫는 말–옮긴이)을 생산하는 데는 아주 작은 노력을 기울이는 대신 서비스를 제공하는 데는 상당한 노력을 기울인다. 상품 생산은 생활의 질을 결정하는 주요 요소다. 그러나 생산성이 크게 향상되면서 일자리나 수입 면에는 큰 영향을 줄 수 없게 되었다. 서비스 경제의 성장은 퇴폐의 신호가 아니라 경제의 복잡성을 드러내는 증후다.

휴대전화와 이메일과 도시 생활

정보통신 기술로 도시가 사라질 것이라 믿는 사람들은 은연중에 이런 믿음도 갖게 된다. 즉 정보통신 기술이 일대일 대면 접촉도 대체할 것이라는 믿음 말이다. 이런 견해에 따르면 우리는 누군가와 커피를 마시며 대화를 나누는 대신 전화를 하거나 이메일을 작성할 것이다. 혹은 양방향 통신을 포기한 채 웹사이트에서 정보를 다운로드받게 될 것이다.

그러나 이런 정보통신 기술이 일대일의 대면 접촉을 대체하는 대신 오히려 부추긴다면? 예를 들어 나는 이 글을 쓰는 동안 친구 셰이머스 맥컬리Seamus McCauley가 런던 시내에 있음을 알 수 있었다. 이는 '버디핑BuddyPing'이라는 서비스 덕택에 가능한 일이다. 버디핑은 휴대전화를 통해 특정인의 위치를 추적한 후 인터넷상에 표시해준다. 셰이머스는 자신의 블로그에 이렇게 썼다.

버디핑은, 내가 좋아하는 사람들이 너무나 멀리 있어서 만날 수 없다는 내 착각을 조롱한다. '내 친구' 목록을 보면 현재 내가 머무는 곳에서 반경 35킬로미터 이내에 있는 사람은 두 명이다. 우리는 지금 당장 일을 멈추고 30분 안에 같은 술집에 모일 수 있을 것이다.

셰이머스는 종종 버디핑을 활용하여 근처에 있는 친구들을 불러 모은다. 내가 그와 2킬로미터 떨어진 곳에 있었다면 우리는 버디핑을 이용해 만났을 것이다. 버디핑과 같은 하이테크 서비스는 만남을 대체하는 게 아니라 만남을 가능하게 하는 유일한 이유가 될 수 있다. 그렇지만 나는 레이크 지구에 있기 때문에 셰이머스가 런던의 어디에 머무는지 알 필요가 없다. 이런 기술은 런던 거주자가 누릴 수 있는 혜택을 오히려 증가시켰다.

오늘날에는 더 많은 통신이 디지털 채널을 통해 이루어진다. 동시에 이런 디지털 채널은 새로운 사람들을 만나거나 오래된 관계를 유지하는 데 중요한 역할을 한다. 디지털 통신은 만남을 대체할 수도 있고 더 용이하게 만들 수도 있다. 과거에 도시는 재미있는 사람과 우연히 부딪칠 수 있는 멋진 장소였다. 이제는 우연한 만남이 확실한 만남이 된다. 인터넷과 휴대전화 덕분에 여러분은 재미있는 사람을 만났으면 하고 단순히 바라는 것이 아니라 그런 사람들을 거의 피할 수 없게 된다.

버디핑 기술은 통신 기술이 어떻게 사람들의 만남을 촉진하는지 보여주는 사례다. 그밖에 휴대전화("지금 근처에 있는데 잠깐 만나서 커피나 마실래?" 이것은 문을 두드리는 것보다 더욱 쉽고 빠르며, 덜 침해적이다), 이메일, 페이스북 등을 통해서도 만남을 촉진할 수 있다. 휴대전화가 벽돌만큼이나 무겁고 신기한 물건이었던 시절 나는 대학생이었다. 당시에는 문득 친구가 만나고 싶으면 그 친구의 집으로 찾아가는 수밖에 없었다. 종종 친구를 만나지 못하면 만나자는 메모를 친구의 집 앞에 붙여놓곤 했다. 이제는 이메일과 휴대전화 덕분에 이런 거대한 도시에서도 사람을 만나는 것이 용이해졌다. 과거에는 사람을 만나기에는 너무 큰 곳이었던 도시가 이제는 만남이 용이한 장소가 된 것이다. 데이터를 살펴보면 이 사실을 확인할 수 있다. 미국과 일본 모두 대부분의 통화가 몇 킬로미터 이내에 머무는 사람들 사이에서 이루어지고 있다. 이메일과 생산성의 관계를 연구한 결과 가장 생산적인 직원은 '사내'에 가장 큰 이메일 통신 네트워크를 구축하고 있는 사람이었다.

새로운 기술 덕분에 군중 속에서 사람을 찾는 것도 쉬워졌다. 다시 말해 여러분이 누군가를 직접 만날 경우 과거에 비해 그 만남을 즐기거나 그 만남에서 수익을 올릴 가능성이 높아졌다는 의미다. 인터넷 덕분에 전 세계에 흩어져 있는 브래드 피트의 팬들과 쉽게 이메일을 교환할 수 있게 되었다. 또한 인터넷 덕분에 여러분이 '살고 있는 도시 내에서' 브래드 피트 팬들을 더욱 쉽게 찾을 수 있게 되었다. 노년층을 대상으로 한 시니어피플미트SeniorPeopleMeet부터 '뚱뚱하고 아름다운 여성들 BBW: Big Beautiful Women'과 그들을 숭배하는 사람들을 위한 BBW 데이트파인더BBW Datefinder에 이르기까지 틈새 데이트 사이트에서는 자신과 취향이 같은 사람들을 만날 수 있다.

인터넷 데이트가 대면 접촉의 대체물이 될 것이라고는 주장하지 마라. 대면 접촉이 목적이라면 수백만 킬로미터 밖에 사는 사람과 인터넷상으로 접촉하는 게 무슨 소용이 있겠는가? 지금까지 살펴보았듯이 네브래스카보다는 뉴욕에 살고 있을 때 거리의 제한이 없는 하이테크 통신이 여러분의 사교 생활에 더 큰 도움이 될 것이다.

또한 통신 기술은 같은 지역에 거주하는 사람들의 협력을 자극한다. 공동 논문을 예로 들어보자. 1960년대에 경제학자는 공동 연구를 거의 발표하지 않았다(최고의 경제 전문지에 실린 논문 중 단 12퍼센트만이 두 명의 저자가 공동 발표한 것이었다). 그러나

1990년대에는 공동 연구가 흔해졌다. 서로 다른 주나 다른 나라에 거주하는 공동 저자가 작성한 공동 논문도 많지만, 공동 논문 중 절반가량은 서로 가까이에 거주하는 공동 저자들이 작성한 것이었다. 장거리 통신이 늘었다고 근거리 통신이 줄어든 것은 아니다.

심지어 이런 장거리 통신조차 도시의 중요성을 강화한다. 1980년대 이후 항공기를 이용한 출장은 미국의 평균 경제성 장률보다 50퍼센트나 더 빠르게 증가했다. 예측대로라면 이와 같은 출장은 팩스, 전화, 이메일, 화상회의 등에 의해 없어 졌어야 한다. 교우 관계와 마찬가지로 사업 관계도 통신 기술을 통해 관리·유지될 수 있다. 그러나 통신 기술은 직접적인 회의가 더 늘어나도록 만들었다. 게다가 항공기 여행은 결국 도시 간 여행을 의미한다.

정보통신 기술 덕분에 한때 도시에서만 가능했던 업무가 시골에서도 가능해진 것은 사실이다. 그러나 정보통신 기술 덕분에 세계에서 가장 우수한 공급업자들이 전 세계에 자신들의 제품을 공급할 수 있게 되었다. 뉴욕의 광고업자든, 런던의 금융가든, 밀라노의 디자이너든, 인도 방갈로르의 소프트웨어 엔지니어든 말이다. 정보통신 기술은 도시의 다양성이 우정과 사업의 원천임을 드러내고, 도시를 더욱 관리 가능한 곳으로 만들어주며, 도시 간의 여행을 장려한다. 서비스 분야의 중요성이 증가하는 한편 도시가 점점 더 양질의 서비스를 다양하게 제공한다는 사실을 감안하면 다음과 같은 합리적인 결론이 불가피하다. 바로 도시가 새로운 황금시대에 접어들 가능성이 높다는 것이다.

최고의 도시를 찾아라

우리는 도시가 혁신과 학습의 허브이자 경제 발전의 기반이 될 수밖에 없는 이유를 살펴보았다. 하지만 분명 모든 도시가 시민에게 똑같은 혜택을 주는 것은 아니다. 그렇다면 어떤 도시가 가장 성공적이고 가장 혁신적일까? 어떤 도시가 합리적으로 자기 강화적인 퇴보 상태에 빠져들까?

제인 제이콥스는 맨해튼의 재봉사인 이다 로젠탈에게서 해답을 찾았다고 생각했다.

로젠탈은 대공황 이후 돈 많은 고객들에게 맞춤복을 팔았다. 그녀는 자신의 옷을 입은 고객들의 자태가 불만스러웠다. 실루엣이 살도록 그녀는 속옷을 고치기 시작했는데 그 결과 최초의 브래지어가 등장했다. …… 로젠탈 부인은 브래지어를 제작하고 도매하고 유통하는 일에 전념했다.

계속해서 제이콥스는 3M사가 사포에 잘 붙지 않는 연마제에서 시작하여 온갖 접착제와 테이프를 개발하게 된 과정을 묘사했다. 제이콥스에게 혁신이란 하나의 아이디어가 하나의 산업에서 다른 산업으로 혹은 완전히 새로운 세대의 산업으로 옮겨지는 타가수분cross-pollinatio(한 품종의 꽃가루가 다른 품종의 암술머리로 옮겨지는 현상-옮긴이)과 같았다. 타가수분은 도시가 제공하는 다양한 서비스에 의해 뒷받침된다. 로젠탈은 선적업자, 재봉틀 공급자, 박스 제작자, 직물 공급자, 은행가 등이 없었다면 아마 성공하지 못했을 것이다. 아웃소싱은 우리가 일반적으로 믿고 있는 것처럼 최근의 현상이 아니다.

가장 성공적이고 혁신적인 도시가 어떻게 움직이는지 궁금하다면 제이콥스의 생각이 옳은지를 먼저 확인해야 한다. 그녀는 혁신적인 도시가 온갖 종류의 기업의 온상이 되어야 한다고 믿었다. 그렇게 다양한 산업들이 인접해 있어야 브래지어 등 새로운 사업 아이디어가 창조될 수 있기 때문이다.

하지만 모든 사람이 혁신을 이런 식으로 이해하지는 않는다. 제이콥스가 앞에 인용한 글을 쓰고 30년이 흐른 후 사업 이론의 대가인 마이클 포터Michael Porter는 아이디어가 한 기업에서 다른 기업으로 이전되는 것이 얼마나 중요한지 깨달았다. 그러나 그는 모든 기업이 유사한 업종에 종사하는 도시가 가장 생산적인 도시라고 생각했다. 그런 도시에서는 모든 기업이 서로에게서 배우고, 상당히 전문화된 현지 지식을 활용하며, 유사한 절차를 통해 조금씩 개선을 꾀할 수 있게 된다.

혁신에 있어 도시의 역할을 강조했던 앨프리드 마셜은 제이콥스나 포터와는 다른 견해를 펼쳤다. 제이콥스와 포터가 작고 경쟁적인 기업들의 혁신을 강조했다면, 마셜은 크고 지배적인 기업들의 혁신을 강조했다. 그는 이미 100년 전에 구글, 마이크로소프트, 인텔같이 독점에 가까운 기업들의 시대가 도래할 것을 예측했던 것으로 보인다. 그의 추론은 간단하다. 아이디어가 한 사람에게서 또 다른 사람에게로, 혹은 한 팀에서 다른 팀에게로 '스필오버'할 경우 소기업들은 새로운 아이디어를 생산하는 데 많은 투자를 하지 않을 것이다. 왜냐하면 경쟁 업체들이 그 아이디어를 바로 따라 할 것이기 때문이다.

마이크로소프트와 같은 거대 기업은 똑똑한 사람들을 많이 채용할 수 있다. 또한 그런 기업은 직원들이 서로를 자극해 아이디어를 얻어낼 수 있고 그렇게 얻어낸 아이디어를 밖으로 유출되지 않게 지킬 수 있다. 마이크로소프트와 같은 거대 기업은 연구에 더 많은 자금과 직원을 투자할 수 있으므로 혁신의 중심지가 될 수 있다.

에드 글레이저를 비롯한 네 명의 경제학자로 구성된 연구팀이 이 세 가지 견해 중에 어느 것이 옳은지를 보기 위해 자료들을 수집했다. 앨프리드 마셜의 주장처럼 스타벅스나 마이크로소프트같이 크고 강한 기업이 뿌리를 내린 시애틀이 번성할 것인가? 아니면 마이클 포터가 주장했듯이 수많은 소기업들이 하나의 업종(의료)에 종사하는 보스턴이 번성할 것인가? 또는 제인 제이콥스의 주장대로 여러 업종에서 몇 개의 기업이 경쟁하는(가장 큰 기업조차도 경쟁 업체가 있다) 로스앤젤레스나 뉴욕이 번성할 것인가?

글레이저의 연구팀은 30년 동안 미국 170개 도시의 변화 상황을 살펴보고 각 산업의 성장 추이를 비교했다. 물론 일부 산업은 빠르게 성장하고 있었고 일부 산업은 쇠퇴하고 있었다. 그러나 한 산업이 한 도시에 집중되어 있을 경우 그 산업은 다른 곳에 비해 더 빨리 쇠퇴하거나 더 느리게 성장하는 경향을 보였다. 산업은 다각화된 도시에서는 성장한 반면 그렇지 않은 도시에서는 쇠퇴하는 것으로 나타났다. 포터와 마셜은 정반대의 상황을 예상했었다. 그들은 전통적인 지배 산업이 더욱 빠르게 성장할 것이라 생각했다. 최소한 글레이저의 연구팀에 따르면 제이콥스의 주장이 옳았던 셈이다.

포터와 마셜은 전문화가 혁신을 가져온다고 오인했던 것 같다. 한편 글레이저의 연구팀은 경쟁에 대한 포터와 제이콥스의 믿음을 뒷받침할 근거를 찾아냈다. 포터와 제이콥스는 소기업이 생존을 위해 싸우는 과정에서 혁신을 이룰 가능성이 높다고 믿었다. 사실 가장 빠르게 성장하는 기업은 경쟁 기업이 많은 도시에 근거를 두고 있었다.

도시의 다양성은 다른 면에서도 긍정적인 영향을 갖는다. 예를 들면 이민자들은 도시의 생산성을 향상시킨다. 1970년부터 1990년까지 이민자의 비율이 높았던 도시에서는 미국

토착민의 임금과 집값이 크게 인상되었다. 다양성이 생산성을 높이지, 생산성이 다양성을 높이는 것은 아니다. 더욱 그럴듯한 설명은 문화적 다양성이 어떤 식으로든 도시의 생산성을 개선시킨다는 것이다.

그렇다면 뉴욕이나 로스앤젤레스 같은 거대하고 다양성을 지닌 도시는 한물간 유물이 아니라 미래의 혁신적인 발전소가 될 가능성이 높다. 맨해튼 등지의 부동산 시장이 이런 견해를 뒷받침한다. 그렇지만 다른 도시의 상황은 전혀 다르다.

재난 지원의 함정

2005년 8월, 허리케인 카트리나의 상륙으로 뉴올리언스는 절망적인 상황에 빠졌다. 제방에 균열이 생기고 도시는 이미 물속에 잠겨 있었다. 세계가 보고 있는 가운데 재앙이 닥친 것이다.

그러나 이미 관심 있는 사람들은 매력적인 관광도시인 뉴올리언스 이면에 감추어져 있던 본모습을 알고 있었다. 분명 뉴올리언스는 카트리나가 상륙하기 몇 년 전부터 비참한 상태였다. 카트리나가 상륙할 당시 도시 인구의 4분의 1 이상이 빈곤선 아래에서 고통받고 있었고 공립학교의 4분의 3 정도가 루이지애나 주정부의 학군 평가에서 '미달' 혹은 '경고'를 받았다. 2004년 한 대학 연구팀은 실험을 위해 뉴올리언스 경찰에게 공포탄 700발을 발사해줄 것을 요청했다. 그 대낮에 도심에서 총소리가 나는데도 신고 전화는 한 통도 없었다.

뉴올리언스만 이런 상황에 처해 있는 것은 아니다. 볼티모어, 버펄로, 클리블랜드, 세인트루이스, 피츠버그, 필라델피아도 1950년부터 계속 쇠퇴해왔다. 영국에서는 1937년에서 2001년 사이 리버풀의 인구가 절반 가까이 줄었다. 그러나 모든 도시 중 디트로이트의 상황이 최악일 것이다. 1950년 이후 디트로이트의 인구는 절반 이상 줄었다. 미국의 그 어느 도시보다 빠른 속도다. 디트로이트에는 메소닉 템플 같은 건물들이 과거의 영광을 간직한 채 쓸쓸히 서 있고, 그 옆에는 버려진 창고나 공터가 있다. 아직도 교외는 부유하지만 디트로이트 도심은 완전히 쇠락했다.

부동산 경제학자 조 주르코Joe Gyourko는 에드 글레이저와 논문을 발표할 당시 디트로이트의 상황을 분명히 인식하고 있었다. 그래서 논문 중간에 디트로이트 관련 내용을 싣고 '왜 아직도 디트로이트에 사는가?'라는 소제목을 붙이려 했다(그들은 그 소제목이 문제가 될 수 있음을 깨닫고 논문에서 뺐다). 결국 디트로이트에 발이 묶여 있는 것은 북한이나 짐바브웨에 발이 묶여 있는 것과 다르지 않다. 날씨가 더 좋고 하늘이 더 높으며 일자리가 더 많은 곳으로 이사하는 것이 어렵지 않은데, 왜 모두 떠나지 않는 것일까?

그 답은 디트로이트, 세인트루이스 등 쇠퇴하는 도시의 집값이 저렴하다는 데 있다. 주르코에 따르면 건축비로 최소 8만 달러를 들인 주택을 디트로이트에서는 더 저렴한 가격에 살 수 있다. 보통 디트로이트의 집값은 6만 달러 정도다(그리고 많은 집들이 그보다 저렴하다). 주르코는 《뉴욕 타임스 매거진》에 "오늘날 이런 집을 지으려는 건축업자는 없다"라고 적었다. 디트로이트의 메소닉 템플 옆에 버려진 땅이 이런 상황을 잘 보여준다.

집은 한 번 지으면 몇십 년은 가기 때문에 집값이 점점 떨어지면서 사람들은 쇠락하는 도시로 몰려들게 된다. 예를 들어 카트리나로 폐허가 되기 전 뉴올리언스의 주택은 미국의 다른 지역보다 훨씬 낡아 있었다. 건축한 지 25년이 지나지 않은 주택은 열 채 중 한 채뿐이었다. 이는 미국 평균인 세 채 중 한 채보다 훨씬 낮은 수치였다.

집값은 싸되 좋은 일자리는 없는 도시에 어떤 사람이 매력을 느낄까? 이미 은퇴했거나, 기술이 없거나, 기술 변화 및 국제 경쟁으로 쓸모없어진 낡은 기술을 지닌 사람들이다. 그런 사람들에게 저렴한 집값과 무직 상태에 대한 합리적인 대안은 더 역동적인 도시에 있는 값비싼 주택이 될 수 있지만, 좋은 직장을 구하리라는 확신이 없다. 맨해튼에서는 6만 달러로 고작 옷장 하나밖에 못 사겠지만 기술을 갖춘 사람들이라면 아무리 비용이 높아도 역동적인 도시에서 기회를 찾을 것이다. 헤지펀드 파트너들은 집세를 줄이기 위해 디트로이트로 이주하지 않는다.

그 결과 또 다른 합리적인 자기 강화 과정이 나타난다. 이번에는 악순환을 유발하며, 쇠퇴하는 도시들은 능력 없는 사람들을 끌어들인다. 그러니 그들이 성공하는 도시에서 찾아볼 수 있는 것과 같은 '스필오버'되는 혁신을 창조할 가능성은 적다. 현대 경제는 능력 있는 사람에게 더욱 의존한다. 따라서 그런 사람이 없을 경우 심각한 사태가 초래될 수 있다.

이것은 왜 많은 도시 경제학자들이 뉴올리언스의 황폐화에 무심한 반응을 보였는지를 설명해준다. 그들은 쇠퇴하는 도시를 함정으로 파악했다. 기회와 혜택이 제한된 사람들은 저렴한 주택에 이끌리게 되고 결국에는 자신과 처지가 같은 사람들에게 둘러싸인다. 뉴올리언스를 휩쓸고 간 카트리나는 분명 재앙이었지만 정부가 보상 및 복구비로 책정한 2000억 달러는 새로운 기회일 수 있었다.

그러나 뉴올리언스 재건 계획은 다시 함정을 파고 희생자들을 그 안에 밀어넣으려는 것에 지나지 않았다. 글레이저는 경악했다. 그는 돈을 도시가 아니라 시민에게 사용해야 한다고 주장했다. 모든 이재민에게 넉넉하게 보상금을 주면 그들은 자신이 원하는 곳에서 생활을 재건할 것이다. 그들의 새로운 터전이 반드시 뉴올리언스일 필요는 없다. 다른 경제학자들도 이런 생각에 동의했다. 그들은 도시보다는 뉴올리언스 주민에게 더 큰 관심을 보였다. 스티븐 랜즈버그Steven Landsburg는 온라인 잡지 《슬레이트》에서 정부가 책정한 예산이라면 4인 가정에 80만 달러의 보상금이 충분히 돌아갈 것이라고 추정했다. 퍼듀 대학교의 경제학자로, 1995년 대지진(사망자가 6000명 이상이었는데, 이는 허리케인 카트리나로 인한 사망자 수보다 세 배 이상 많은 것이다) 이후 일본 고베의 재건 과정을 연구했던 조지 호위치George Horwich도 유사한 주장을 펼쳤다. 그는 뉴올리언스는 재건이 불가능하므로 이재민 개개인에게 보상금을 나누어 주어야 한다고 생각했다. 그는 내게 "그들을 웅덩이 속으로 다시 밀어넣어서는 안 된다"고 말했다.

대도시에 보조금을 지급하라

허리케인 희생자들을 뉴올리언스로 돌려보내려는 바로 그 정치적 논리는 대도시에도 적용된다. 샌프란시스코, 보스턴, 뉴욕같이 인구가 많은 도시에 더 이상 사람들이 유입되지 않게 하려는 정책이 바로 그것이다. 이런 정책은 그리 현명한 것이 아니다. 그렇다면 배후에 합리적인 설명이 존재하기는 할까?

1970년대에는 맨해튼이든 어디든 집값이 집을 직접 짓는 비용보다 비싸지 않았다. 지금은 토지 용도 제한 규정으로 새로운 주택을 짓는 것이 힘들어졌다. 에드 글레이저는 맨해튼조차 더 많은 사람을 받아들이지 못할 이유가 없다고 주장한다(오늘날의 아파트는 1970년대에 건축된 것보다 작고 낮다). 보스턴이나 뉴욕 같은 대도시에 살고자 하는 사람이 늘어남으로써 더 많은 아파트가 건축되기보다는 오히려 높은 물가 때문에 그 수요가 억제되고 있다. 글레이저와 주르코는 맨해튼의 아파트값 중 절반 이상이 토지 용도 제한 규정(공급 억제를 목표로 한다)을 담당하는 기획 담당관에 의해 결정된다고 추정한다. 주르코는 높은 임대료와 대출금을 감안하면 맨해튼이 토지 용도 제한 규정으로 얻는 규제 '세금'은 1인당 연간 7500달러에 이른다고 추정했다. 주르코의 연구 이후 맨해튼의 물가는 더 뛰었으므로 이제는 1인당 1만 달러는 될 것이다. 도시 외곽의 건축을 엄격하게 규제하는 그린벨트 정책에 묶여 있는 런던 또한 유사한 수치가 적용된다.

이러한 토지 용도 제한 규정은 위험하다. 맨해튼과 런던의 쓸데없이 높은 집값은 다양성을 제한할 위험이 있다. 비싼 집값은 도시에 다양성을 공급해줄 이민자(로스앤젤레스는 이민자들에게 인기 있는 곳이다)와 젊은이들에게 더 부담이 된다. 그렇다면 왜 이런 제한 규정이 존재하는 것일까?

압력단체가 이런 제한 규정을 지지하는 이유는 뻔하다. 그들은 집주인들로부터 직접적인 혜택을 받기 때문이다. 반면 환경 운동가들이 이런 제한 규정을 지지하는 이유는 훨씬 복잡하다. 돈 때문에 사람들이 맨해튼 이외의 지역에 자리를 잡는다면, 아마 그곳은 라스베이거스가 될 것이다. 라스베이거스의 집값은 고작 20만 달러이기 때문이다. 그리고 이것은 환경주의자들이 장려하는 일이 아닐 것이다. 뉴욕처럼 인구가 밀집된 도시는 '삶의 대학교'가 되어줄 뿐 아니라 환경 보호에도 도움을 준다.

이런 주장이 많은 사람들에게 색다르게 느껴질 것이다. 특히 영국의 레이크 지구에 살고 있는 내 장모 같은 사람들에게는 말이다. 그들은 도시가 낭비, 오염, 쓰레기의 주범이라고 확신한다. 그들이 그렇게 느끼는 데에는 이유가 있다. 면적을 기준으로 하면 도시는 분명 더 많은 오염 물질을 배출한다. 그러나 개개인을 기준으로 하면 상황은 다르다. 맨해튼 사람들은 식품점까지 걸어가서 물건을 구입한다. 그들은 좁은 아파트에 살고 있기 때문에 쓸모없는 물건을 쌓아둘 공간이 거의 없다. 그들은 대중교통 수단을 애용하고, 대공황기 이전과 같은 수준으로 휘발유를 소비하며, 세계에서 가장 에너지 효율적인 운송 수단인 엘리베이터를 이용한다.

농촌에 거주하는 800만 명의 미국인이 뉴욕에 살게 되었다고 가정해보자. 그들이 소유하고 있는 물건들(장난감, 창고의 잡동사니, SUV, 정원의 가구)을 쌓아놓을 경우 엠파이어스테이트 빌딩보다 높을 것이다. 저널리스트인 데이비드 오언은 뉴욕에서 소도시로 이사 갔을 때 전기료를 거의 열 배나 더 냈다고 한다. 그것도 에어컨을 틀지 않았을 때의 금액이었다. 게다가 차가 한 대도 없던 그는 졸지에 차를 세 대나 갖게 되었다. 기억에 남을 만한 그의 결론은 맨해튼이 '유토피아적인 환경주의자 사회'라는 것이었다.

환경 친화적인 도시가 어떤 모습인지, 그런 도시가 혁신과 성장에 얼마나 중요한지, 그런 도시가 미래에 어떤 역할을 하게 될지 등을 감안하면, 정치인들은 도시에 더 많은 관심을 가져야 할 것이다. 7장 앞부분에서 나는 지식 스필오버가 교통 체증과는 정반대의 문제이므로 도로를 사용하지 않도록 세금을 부과하는 것처럼 보조금을 주어 사람들을 도시로 끌어들여야 한다는 주장을 했었다. 농담은 아니었다. 그런 보조금이 없다면 스승이 될 만한 사람들은 은거하면서 이웃에게만 가르침을 줄 것이다.

그러나 그런 보조금은 없다. 오히려 그 반대다. 부유한 국가에서는 엄격한 도시계획으로 사람들을 런던이나 뉴욕 같은 대도시에서 살지 못하게 할 뿐 아니라 도시의 돈을 빼내 시골에 나눠주기까지 한다. 예를 하나 들어보자. 2006년 뉴욕주는 테러리즘 예방 기금으로 1인당 2.78달러를 받은 반면, 시골인 와이오밍주는 1인당 14.83달러를 받았다. 뉴욕은 테러리스트의 타깃이지만 와이오밍은 분명 그렇지 않다. 그러나 그런 사실은 문제가 되지 않는 것 같다. 농촌 지역은 선거구를 정할 때에도 더 많은 혜택을 누리려는 경향이 있다.

유럽의 상황도 비슷하다. 영국은 EU의 공동농업정책CAP에 의해 프랑스인들이 부당하게 보조금을 지급받는다고 맹공을 퍼붓곤 한다. 그러나 도시에서 시골 지역으로의 자금 재분배가 훨씬 더 심각한 문제다. EU가 농업 보조금으로 490억 유로를 나눠주고 여기에 무역 관세까지 부과하는 바람에 소비자들은 식비로 500억 달러 이상을 지불하고 있다. 그런데 EU 구성원 20명 중에 단지 한 명만이 농부이고 농업이 경제에서 차지하는 비중도 훨씬 적다. 영국의 경우 많은 런던 사람들이 가난하지만 공공서비스로 자신들이 받는 것보다 1인당 1740파운드(미화로 약 3500달러)씩을 세금으로 더 내고 있다. 반면 런던 사람들보다 부유한 잉글랜드 남동부 사람들은 시골에 산다는 이유만으로 세금을 훨씬 덜 낸다. 게다가 농촌 지역은 보조금도 많이 받는다. 예를 들어, 웨일스의 농촌 지역 거주자는 세금으로 낸 것보다 2870파운드나 더 많은 보조금을 받는다.

　도대체 무슨 일이 벌어지고 있는 것일까? 이 질문에 대답을 하기 위해서는 정치의 논리를 살펴보아야 한다.

CHAPTER 8

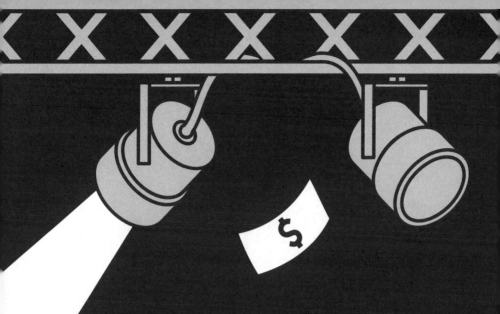

이상한 후보가
당선되는 이유

정치와 선택

대부분의 유권자는 자신의 한 표가 선거 결과에 큰 영향을 미칠 것이며, 많은 사람에게 도움이 되는 선택이라 확신한다. 과연 그럴까? 어쩌면 투표 행위는 '나도 할 만큼 했다'는 자기 합리화를 위한 지극히 이기적인 행동은 아닐까? 사양산업에 대한 보조금 지급이 나와 상관없는 소수집단의 이익을 위한 것이라면, 당신은 보조금 지급에 찬성하는 표를 던질 수 있을 것인가?

나의 소중한 한 표가 대통령을 바꾼다?

2000년 11월 8일, 앨 고어 전 미국 부통령이 대선에서 조지 W. 부시 대통령에게 패배했음을 선언하기 위해 비에 흠뻑 젖은 채 내슈빌 중심에 운집한 군중들을 향해서 걸어가고 있었다. 정치인이라면 누구나 하기 싫었을 연설이었다. 고어는 이미 자신이 플로리다에서 5만 표 차이로 부시에게 패배했음을 확신하고, 사적으로 부시에게 전화를 걸어서 패배를 인정한 상태였다. 그때 갑자기 고어의 호출기로 메시지가 들어오기 시작했다. 그가 플로리다에서 5만 표 차이로 진 게 아니라는 내용이었다. 고어와 부시의 표 차이가 수천, 아니 수백밖에 안 되며, 어쩌면 고어가 부시에게 진 게 아닐 수도 있다는 것이었다. 고어가 부시에게 다시 전화를 걸어서 "마음이 바뀌어서 패배를 인정하지 않기로 했다"는 말을 하는 걸 엿들었다면 얼마나 웃겼을까! 결론적으로 말하면 당시 대선은 박빙의 승부였다.

재검표 결과 플로리다에서 부시는 고어에게 불과 537표 차이로 승리를 거둔 것으로 드러났다. 이 승리로 부시는 미국 역사상 가장 박빙의 승부 끝에 재선에 성공했다. 이 기록은 조만간 깨지지 않을 것이다. 고어를 뽑아야겠다고 생각하고도 텔레비전을 보거나 쇼핑몰에 가는 바람에 투표를 하지 못한 플로리다 주민들은 분명 후회했을 것이다.

아니면 그 반대였을 수도 있다. 여러분이 플로리다 주민인데, 앨 고어를 지지했다고 치자. 여러분의 한 표 때문에 결과가 뒤집힐까? 그럴 가능성은 믿을 수 없을 만큼 낮다. 그럴 가능성이 얼마나 낮은지는 구체적으로 말하기 힘들지만 아무튼 여러분의 한 표 때문에 상황이 역전될 가능성은 아주 낮다. 당시 많은 선거 전문가들은 부시와 고어의 박빙 승부는 한 표가 중요하다는 사실을 보여주었다는 결론을 내렸다. 그것은 황당한 결론이다. 아무리 따져봐도 여러분이 투표장에 나가 고어를 찍었다고 해서 결과가 뒤바뀌었을 가능성은 0퍼센트였을 것이다. 여러분이 고어를 찍어봤자 부시와의 표 차이는 537이 아니라 536이었을 테니까!

그런 면에서 선거가 박빙의 승부일 때 여러분의 표가 얼마나 중요한 역할을 하는지 알아보는 것도 의미 있을 것이다. 대선 내내 실시된 설문 조사 결과 플로리다에서 부시와 고어는 50대 50으로 막상막하였다. 선거 전문가들의 의견대로라면 여기서 여러분의 한 표가 선거 결과를 뒤집을 가능성은 약 30만분의 1로 추산된다.

30만분의 1이면 대단한 건 아니다. 그렇다면 여러분이 고어를 찍으려다 찍지 않았을 경우 고어가 졌다고 투표를 안 한 걸 후회할 것인가? 그건 여러분이 고어의 승리를 얼마나 간절히 보고 싶었느냐에 달려 있다. 그리고 그건 여러분이 받아들이기 힘들지도 모를 '사고실험(머릿속에서 생각으로 진행하는 실험. 실험에 필요한 장치와 조건을 단순하게 가정한 후 이론을 바탕으로 일어날 현상을 예측하는 것-옮긴이)' 결과에 달려 있다. 여러분의 한 표에 1달러의 가치를 부여해보는 사고실험 말이다. 딕 체니가 찾아와 현금을 흔들어댔다면 여러분이 자신의 표를 팔았을지도 모른다는 소리가 아니다. 그저 여러분이 선거에 어느 정도의 관심을 가졌는지를 따져보자는 것이다. 여러분이 고어를 백악관에 보낼 수 있는 결정적인 표를 던졌다고 잠시 상상해보자. 정말로 그런 표를 던졌다면 얼마나 기분이 좋았을까? 유명 휴양지에서 사치스러운 휴가를 보내는 것만큼 기분이 좋았을까? 신형 렉서스 자동차를 사는 것만큼 기분이 좋았을까? 휴가를 가는 것보다는 기분이 좋았지만, 새 차를 살 때만큼은 기분이 좋지 않았다고 가정하자. 그런 기분을 돈으로 환산하면 얼마나 될까? 약 3000달러? 이번에는 또 다른 사고실험을 해보자. 여러분이 플로리다 외에 다른 곳에 가 있었는데 우연히도 여러분의 표 하나로 대선 결과가 결정되리라는 사실을 알게 되었다고 가정해보자. 여러분은 비행기를 타고 투표소가 있는 플로리다로 돌아오기 위해 얼마의 돈을 지불하겠는가?

유권자의 합리적 무지

아마도 여러분은 '내 표의 가치가 3000달러밖에 안 된다고? 30만 달러는 되겠지?'라고 생각하며 분개할지 모른다. 그러나 내가 보기에 3000달러도 큰돈이다. 분명 내가 지지하지 않는 사람이 선거에서 승리하는 걸 보면 기분이 나쁘겠지만, 3000달러를 날리는 것보다는 나을 것이다. 고어에게 한 표를 던지기 위해 기꺼이 3000달러를 날릴 준비가 되어 있었더라도 여러분이 투표를 하는 건 비합리적이었을 것이다. 그래봤자 결과를 뒤집을 수는 없었을 테니까. 여러분의 표가 결과를 뒤집어놓았을 확률이 30만분의 1에 불과하다면 여러분의 표의 기댓값은 1센트에 불과하다. 여러분의 표가 결과를 뒤집어놓았을 때 여러분이 느꼈을 가치인 3000달러에 실제로 결과가 뒤바뀌었을 가능성인 30만분의 1을 곱해야 하기 때문이다. 이처럼 표의 기댓값이 1센트밖에 안 되니 사람들이 투표를 포기하고 소파에서 뒹구는 것도 당연할지 모른다. 만일 여러분이 고어가 백악관에 입성하는 모습을 보기 위해 기꺼이 30만 달러를 포기했을 것이라고 주장(설마 정말일까?)하더라도 여러분의 표의 가치는 여전히 1달러(30만 달러는 3000달러의 100배이므로 1센트×100배= 1달러)에 불과하다. 복권을 사본 사람은 알겠지만 이것은 끔찍한 확률이다.

어쨌든 이 모든 시나리오는 여러분이 결정적인 표를 던질 확률을 최대화하기 위해 생각해본 것이다. 앞으로도 오랫동안 플로리다에서와 같은 박빙의 선거는 없을 것이다. 그리고 대부분의 유권자들이 플로리다에 사는 것도 아니다. 좀 더 평범한 선거나 평범한 주(예를 들어 민주당 성향이 아주 강한 뉴욕)에서 여러분의 한 표가 선거의 판도를 바꿔놓을 가능성은 0퍼센트에 가깝다. 또한 그 한 표의 기댓값은 1센트에도 훨씬 못 미칠 것이다. 스티븐 랜즈버그Steven Landsburg는 정치 판도를 바꾸고 싶다면, 당첨금을 로비 자금으로 쓰겠다고 결심하고 복권을 사는 게 낫다고 말한다.

자, 이제 정리해보자. 역사상 가장 박빙의 대통령 선거에서, 역사상 가장 치열한 경쟁이 벌어졌던 주에서, 가장 열정적인 유권자조차 자신의 표가 선거의 판도를 바꿔놓을 만큼 큰 가치를 지녔다고 생각했다면 그건 착각이다. 물론 많은 사람들이 투표를 한다. 그렇다면 유권자들이 바보라는 뜻인가? 그건 아니다. 그보다 유권자들은 자신의 한 표가 선거에 영향을 미칠 것이라는 기대감을 갖고 투표를 하지는 않을 거란 뜻이다.

우리는 투표 과정 자체가 기분을 좋게 해주기 때문에 투표를 한다. 아마 우리는 자동차에 "나를 비난하지 마라. 나는 고어를 찍었다!"라고 적힌 스티커를 붙여놓고 만족감을 느끼고 싶은 건지도 모른다. 아니면 그런 스티커가 다른 사람의 자동차에 붙어 있는 걸 보고 죄책감을 느끼게 될까 봐 투표를 하는 건지도 모른다. 그것도 아니면 유권자로서의 의무를 다했다고 느끼고 싶어서 투표하는 건지도 모른다. 나는 대부분의 사람들이 이런 기분으로 투표를 하러 간다고 생각한다. 다만 사람들은 기표소에서 그들이 내리는 선택이 어떤 의미를 갖는지를 인식하지 못한다.

놀랄 만한 사실 한 가지! 누구의 표도 선거 결과에 영향을 미칠 가능성은 극히 낮기 때문에 충분한 정보를 갖고 투표를 한다 해도 얻을 수 있는 혜택은 거의 없다. 그러니 누가 굳이 후보자에 대한 정보를 얻으려 하겠는가?

투표를 자동차 구매와 비교해보자. 특정 모델이 안전성도 뛰어나고 연비도 좋다고 착각해서 그 차를 샀다면 여러분은 그 실수에 대해 값비싼 대가를 치러야 할 것이다. 반면 조지 부시가 동성 결혼을 옹호해줄 것이라고 착각하고 그를 대통령으로 뽑았다면, 그러한 실수에도 불구하고 여러분의 표가 선거 결과를 결정한 건 아니기 때문에 여러분은 아무 손해도 입지 않는다. 따라서 새로운 자동차에 대해 조사해보아야 할지 아니면 대선 후보의 공약에 대해 조사해보아야 할지 선택의 기로에 섰을 때 합리적인 사람이라면 공약집보다는 《컨슈머 리포트》를 찾을 것이다. 합리적 선택의 관점에서 볼 때 전형적인 유권자들은 무지, 즉 '합리적으로 무지'하다.

이러한 무지의 한 가지 예를 살펴보자. 미국인들 가운데 41퍼센트는 미국의 해외 원조가 연방 예산에서 가장 큰 비중을 차지한다고 믿고 있다. 사실 해외 원조는 사회보장 기금이나 국방 예산의 약 50분의 1에 불과하다. 일반 유권자는 정부가 해외 원조에 어느 정도 돈을 쓰는지를 어처구니없을 정도로 모른다. 그러나 유권자가 그 사실을 모르는 게 비합리적일까? 그렇지 않다. 유권자가 그러한 무지 때문에 투표를 잘못한다고 해도 손해볼 것은 없다. 유권자는 어떤 사실에 흥미를 느끼거나, 남들 앞에서 똑똑해 보이고 싶을 때는 공부를 할지 모른다. 그러나 자신이 원하는 정책을 지지하기 위해 공부까지 해가며 투표를 하지는 않는다.

유권자의 합리적 무지는 〈스타트렉〉에 등장하는 가장 논리적인 인간인 미스터 스포크의 견해까지 뒤집어놓는다. 미스터 스포크는 "다수의 욕구는 소수의 욕구보다 중요하다"라고 말했다. 이제 살펴보겠지만 불행히도 현실의 정치 세계에서는 소수의 욕구가 다수의 욕구보다 중요한 경우가 많다. 왜 합리적 유권자들은 미스터 스포크의 견해를 비논리적으로 뒤집어놓은 듯한 상황을 만들어내는 것일까? 그 해답을 찾음으로써 '소수'가 '다수'를 어떻게 이용하는지를 살펴볼 것이다.

다수의 적은 이득 vs 소수의 많은 이득

정부 정책은 분명 유권자의 표를 의식하고 만들어진다. 정부가 다수의 유권자들로부터 19억 달러를 빼앗아서 10억 달러가 넘는 돈을 소수의 유권자들에게 넘겨주고 나머지 9억 달러는 집어던졌다고 치자. 여러분은 그런 정부에게 표를 던지겠는가? 그런데 미국인들은 거듭해서 그런 정부에 표를 던지는 것으로 드러났다.

물론 정부 정책에는 다른 의도가 따르기도 한다. 미국인의 일자리를 지키기 위해 불공정한 외국의 설탕 산업에 맞서는 것이 그 예다. 유럽의 각국 정부도 자국의 설탕 산업을 위해 이와 유사한 정책을 펼치므로 미국만 비난할 필요는 없다.

경제 메커니즘을 조금이라도 아는 사람이라면 설탕을 둘러싼 무역 장벽을 비난할지 모른다. 그런 장벽은 설탕을 원료로 하는 미국의 사탕 제조업체와 바이오연료 정제업체 등의 비용을 상승시킨다. 또 미국 소비자들이 지불해야 할 비용도 상승시킨다. 또 무역 장벽은 미국산 제품의 수출을 감소시킨다. 외국의 설탕 생산업체들은 무역 장벽으로 수출이 막히지 않았더라면 달러를 벌어들였을 것이고 그 돈은 미국산 제품을 구매하는 데 쓰일 수 있었을 것이다(8장은 무역이 아니라 정치를 다루고 있으므로 구체적인 설명은 피하겠다. 좀 더 자세한 설명을 원한다면 『경제학 콘서트 1』 9장을 읽어보라).

물론 무역 장벽은 미국의 설탕 생산업체에 혜택을 준다. 무역 장벽 덕분에 사탕수수 재배자들은 약 3억 달러를 벌고, 사탕무 재배자들은 약 6억 5000만 달러를 번다. 만약 설탕 산업에 종사하는 약 5만 명의 근로자에게 혜택이 골고루 돌아간다면 1인당 2만 달러를 벌게 될 것이다. 그러나 이런 혜택은 모든 근로자에게 돌아가기보다는 훨씬 소수에게 집중된다. 미국 정부의 보고서에 따르면 1991년 시행된 설탕 지원 프로그램으로 가장 큰 혜택을 본 것은 사탕수수 농장이라고 한다(총 지원금의 3분의 1 이상이 불과 33퍼센트의 사탕수수 농장으로 돌아갔다). 좀 더 최근에 시행된 설탕 지원 프로그램도 비슷한 결과를 나타낼 경우 대형 농장들은 약 1000만 달러의 혜택을 볼 것이다. 이 돈을 모두 합쳐보면 미국 국민 1인당 약 6달러 정도의 비용을 지불하는 셈인데, 이 중 3달러 정도는 온데간데없이 사라지고 나머지 3달러 정도는 농업 관련 산업에 흘러 들어간다.

앞서 예고했듯이 미스터 스포크의 견해는 뒤집혔다. 소수가 다수를 이용하고 있기 때문이다. 설탕 산업 보호 정책으로 손해를 보는 사람은 무려 3억 명에 이르는 반면 이익을 보는 것은 5만 명에 지나지 않는다. 게다가 그 이익의 대부분은 소수에게 흘러 들어간다.

민주 사회에서 이런 일이 일어나다니 기이하고 비합리적으로 보일 것이다. 그러나 그 이면을 들여다보면 그리 이상할 것도 없다. 앞에서 계속 살펴보았듯이 개인의 합리적인 행동이 사회적으로도 합리적인 결과만을 가져오는 것은 아니기 때문이다. 유권자인 여러분은 여러분의 돈이 설탕 산업으로 어떻게 흘러 들어가는지 모른다고 해도 별로 손해보지는 않는다. 그렇다면 굳이 다음 선거에서 어떤 후보가 설탕 보조금에 반대하는지 알아둘 필요가 있을까? 여러분이 아무리 정당한 분노를 터뜨린다 해도 여러분의 표는 아무런 효과도 내지 못할 것이다. 게다가 설탕 관세로 식료품 가격이 상승하여 연평균 6달러를 더 써야 한다는 사실을 알게 된들 사람들이 얼마나 관심을 쏟을까? 여러분은 다른 후보에게 투표하겠는가? 4장의 내용을 떠올려보라. 소액주주들은 탐욕스러운 경영자들을 혼내야 할 합리적인 인센티브를 갖지 못했다. 그런 의미에서 유권자들은 소액주주들과 일면 유사하다. 설탕 관세로 손해를 보는 유권자 수가 수백만 명에 이르지만 그들 중 단 한 명도 그 문제를 해결하기 위해 나서지 않는다.

반면 여러분이 설탕 산업에 종사하는 5만 명의 근로자 중한 명이라면 설탕 관세가 어떻게 변하는지에 촉각을 곤두세울 것이다. 플로리다 벨글레이드 출신의 캐럴 캠벨은 미국 의회가 설탕 수입에 대해 논의할 때마다 잠을 이루지 못한다. 그녀는 35년 이상 설탕 산업에 종사했기 때문이다. 부시가 537표 차이로 플로리다에서 승리를 거두었다는 사실을 기억해보자. 플로리다에는 캐럴 캠벨 같은 사람이 1만 명 가까이 산다. 분명 그들은 그들의 일자리를 보호해주겠다는 후보에게 표를 던질 것이다. 우리는 한 사람의 표가 선거 결과를 뒤바꿀 가능성은 합리적으로 무시할 수 있지만, 1만 명의 표라면 이야기는 달라진다. 그리고 보호주의를 옹호하는 정치인들은 설탕 산업 종사자들의 확실한 표만 원하는 게 아니다. 그들은 정치 후원금까지 노린다. 선거 때마다 이런 식으로 정치인들에게 흘러 들어가는 돈이 약 300만 달러다.

미국의 설탕 소비자는 약 3억 명에 이른다. 그들이 설탕 관세에 반대하기 위해 1센트씩 로비 자금을 모은다면 그 액수는 설탕 산업의 로비 자금과 맞먹을 것이다. 게다가 그들의 표가 훨씬 많기 때문에 결국 정치인들은 그들의 바람대로 설탕 보조금을 폐지할 것이다(그리하여 그들은 1년에 6달러를 절약할 수 있을 것이다). 그러나 그들은 절대 그런 일을 하지 않는다. 합리적인 행동이 아니기 때문이다. 한 가지 실험으로 그 이유를 알 수 있다.

지극히 이기적인 선택

텍사스 A&M 대학교의 한 교수가 26명의 학생들을 대상으로 실험을 실시했다. 우선 모든 학생은 두 가지 선택안이 적혀 있는 비밀 투표 용지를 받았다. 1번은 이기적이지 않은 선택안이었다. 다시 말해 1번을 선택하는 학생은 2달러를 받아 나머지 학생들과 나눠야 했다(1인당 8센트 정도가 돌아간다). 2번은 이기적인 선택안이었다. 2번을 선택하는 학생은 혼자 50센트를 갖고, 나머지 학생들은 한 푼도 받지 못했다. 모든 학생들이 1번을 선택한다면 모두가 더 많은 돈을 받게 된다. 모든 학생들이 1번을 고름으로써 받게 될 돈이 2번을 선택하지 않음으로써 입게 될 손해보다 훨씬 컸다. 그러나 모든 학생들은 2번을 선택해서 50센트를 자기 몫으로 확보한 뒤 다른 학생들이 모두 1번을 선택해주기를 바랐다.

미국의 설탕 소비자들과는 달리 학생들은 미리 무엇을 선택할 것인지 의논할 수 있었다. 그들은 모두 공동의 이익을 위해 1번을 선택하기로 했다. 그러나 약속은 지켜지지 않았다. 26명의 학생 중 22명이 자기는 이기적으로 굴되 다른 사람들은 이타적이기를 빌며 2번을 골랐던 것이다(무감각한 투표나 로비에 상응하는 행동이었다). 한 학생이 불쾌하다는 듯 말했다. "이제 다른 사람은 절대 믿지 않을 거야!" 그렇다면 그는 이기적이지 않은 1번을 선택했을까? 물론 아니다. 그러나 그는 자신이 1번을 선택했다고 우겼다.

이 실험에서 알 수 있듯이 개인을 위한 선택이 모두를 위한 선택은 될 수 없다. 특히 선택이 무기명으로 이루어질 때 더더욱 그렇다. 여러분은 자신의 밥값으로는 기꺼이 5달러를 쓰겠지만 아홉 명의 낯선 사람들과 함께 식사를 한다면 이야기는 달라진다. 여러분은 차라리 그들을 만나지 않으려 하거나 혼자만의 도시락을 싸갈지 모른다. 아홉 명의 낯선 사람을 만나 밥값으로 5달러를 쓴다면 여러분은 50센트어치의 음식밖에 먹지 못하기 때문이다(나머지 사람들이 각각 50센트 상당의 음식을 먹게 될 것이다). 낯선 사람들에게 이 돈을 쓰는 게 내키지 않는다면 뭔가를 기부하는 것도 합리적인 일은 아니다.

사실 사람들에게는 다른 사람들을 위해 돈을 쓰게 만드는 인센티브가 별로 없다. 따라서 열 명이 점심을 먹을 경우 모두들 혼자 점심을 먹을 때보다 적은 돈을 쓰려 한다. 설탕 산업에서 나타나는 현상도 마찬가지다. 분명 설탕 관세로 많은 혜택을 보는 설탕 산업의 몇 명은 3억 명의 피해자들이 각자 쓰는 돈보다는 많은 돈을 쓰려 할 것이다.

여러분은 낯선 사람들을 모아 함께 점심을 먹은 후 점심값을 나누어내면 다른 사람들이 이득을 본다고 생각할지 모른다. 또한 설탕 소비자들을 위해 캠페인을 벌이고 모든 사람에게 1센트를 기부해달라고 호소해봤자 다른 사람들이나 이득

을 본다고 생각할지 모른다. 그런 생각으로는 문제를 해결하지 못한다. 이것은 누가 점심값을 낼 것인지, 혹은 누가 설탕 관세를 폐지하기 위한 로비를 펼칠 것인지가 아니라 누가 사람들을 모을 것인지로 문제의 초점을 옮겨놓는 것에 불과하다. 사람들이 하나로 모였을 때 전체로서의 혜택은 크지만 개개인으로서의 혜택은 적다. 그러니 "단결하자"고 해봤자 아무것도 해결되지 않는다.

따라서 합리적인 정치의 이상한 논리에 따라 소수에게 다수가 이용당한다. 얻을 게 많은 소수의 시민들은 잃을 게 거의 없는 수백만 명의 시민들보다 훨씬 열심히 싸우고, 운동하고, 로비를 펼칠 것이기 때문이다.

그러나 모든 '소수'가 다수를 이용하기 위해 결집하는 것은 아니다. 예를 들어 내가 정부로부터 3000만 달러의 연구 보조비를 받을 수 있도록 '팀 하포드의 친구들'(만일 이런 조직이 존재한다면 아주 규모가 작을 것이다)이라는 조직이 캠페인을 벌이는 일은 없을 것이다. 3000만 달러면 미국인 1인당 10센트만 내면 된다. 나는 탐욕과는 거리가 먼 사람이다. 그래서 3000만 달러면 만족할 것이다. 여러분이 10센트 정도 손해를 본다고 해서 내게 싸움이라도 걸 것인가? 그러나 3000만 달러 모금에 성공하려면 그것으로는 부족하다. 두 가지가 더 있어야 한다. 우선 소수가 다수를 이용한다는 사실을 숨겨야 한다. 그다음 그 활동에 나선 사람들에게 실질적인 혜택이 있어야 한다. 첫 번째 조건은 어렵지 않게 충족시킬 수 있다. 그러나 두 번째 조건은 그렇지 못하다.

보조금의 정치학

내게 고위직 친구가 몇 명 있어서 1년에 3000만 달러씩 내 계좌에 불법으로 넣어준다고 가정해보자. 진정한 민주국가에서 이런 일이 장기간 계속되리라고는 기대할 수 없다. 많은 사람들이 손해를 보고 몇 사람만 혜택을 입기 때문은 아니다. 단지 손해를 입은 사람들이 자기가 손해를 입고 있다는 사실을 너무나 쉽게 알아차리기 때문이다. 집요한 기자나 정치인이 이 문제를 요약 정리해서 설명해줌으로써 가장 무지한 유권자라도 핵심을 파악할 수 있게 할 것이다.

설탕 보조금 같은 무역 장벽 역시 다수에게 손해를 끼치고 소수의 압력단체에게 혜택을 주지만 그러한 사실이 공공연히 드러나지는 않는다. 무역 장벽이 정말 어떤 역할을 하는지 알아내려면 많은 노력이 필요하다. 그 이유는 미국인들의 일자리를 해외의 경쟁자들에게 넘김으로써 전체 미국인들이 이득을 얻을 수 있다는 말이 반ṃ직관적으로 들리기 때문이다. 따라서 설탕 산업은 혼란을 최대한 이용한다. 20초 동안의 텔레비전 광고로 대통령이 납세자의 돈을 자신의 친구인 팀에게 주는 게 왜 잘못된 행동인지를 설명할 수는 있겠지만 무역 장벽을 20초 만에 설명하기는 어렵다. 그 때문에 압력단체들은 무역 장벽을 핑계로 우리의 현금을 유용하는 것이다. 그들은 일부러 혼란을 초래한다. 마치 4장에서 설명했던 스톡옵션이 고의적으로 혼란을 초래하는 것과 동일하다.

이런 식의 사적 유용이 합리적 유권자들에게 피해를 줄 정도로 공공연하게 저질러져서는 안 된다는 말은 여기까지만 하자. 어쨌든 로비스트들은 로비로 얻어낸 혜택이 압력단체 안에만 남아 있게 해야 한다. 이 일은 그리 쉽지만은 않다. 전미 부동산 중개인 협회NAR: National Association of Realtors가 보조금을 타기 위해 로비를 벌인다고 가정해보자. NAR의 로비스트들은 납세자나 소비자를 희생시킴으로써 모든 부동산 중개인에게 매년 1만 달러를 나눠주는 것을 목적으로 한다. 그러나 그 사실을 납세자와 소비자에게는 철저히 숨겨야 한다. 이때 누구나 부동산 업계로 진출하여 1만 달러의 보조금을 타낼 수 있다면 문제가 발생한다. 전화번호부는 부동산 중개인들의 전화번호로 넘칠 것이고, 늘어난 부동산 중개인 때문에 기존 부동산 중개인들은 손님이 줄어들면서 1만 달러 이상의 손실을 볼 것이다. 따라서 합리적인 부동산 중개인이라면 보조금을 따내기 위해 로비를 벌이지는 않을 것이다.

신규 진입이 어려운 산업들, 즉 경제학 용어를 빌리자면 '진입 장벽이 높은' 산업의 경우 보조금을 타내기 위해 운동을 벌일 가능성이 높다. 그러나 아무리 진입 장벽이 높다 해도 관련 산업이 호황을 맞고 있다면 신생 업체들의 진입을 막지 못한다. 월마트 같은 기존의 대형 소매 업체들이 로비에 성공하여 정부 보조금을 타게 되었다고 가정해보자. 그래봤자 월마트에게는 별로 이득이 되지 않을 것이다. 새로운 경쟁 업체들이 진입 장벽을 뚫고 들어와 보조금을 타내는 동시에 시장에도 안착할 것이기 때문이다.

반대로 여러분이 진입 장벽이 높고 장기 전망은 어두운 자동차나 강철 산업에 종사한다면 로비를 벌여 보조금을 타내는 것이 합리적이다. 이 경우 보조금을 받으려고 엄청난 돈을 들여 대규모 공장을 짓고 사양산업에 뛰어드는 사람은 없을 것이기 때문이다. 일단 공장이 완공되면 관세나 보조금으로 수익성은 맞출 수 있을지 모른다. 그러나 새로운 공장을 짓기 위해 들인 투자금을 건질 만큼 충분한 수익은 내기 어려울 것이다. 이는 정치적으로도 타당하다. 진입 장벽은 밀접하게 얽혀 있는 소규모 집단을 보호하고 그 혜택들이 신생 경쟁자들에게 넘어가지 않게 해주기 때문이다.

농업도 마찬가지다. 즉 농지를 개간한 사람에게 보조금을 줄 경우 이미 대부분의 땅이 개간된 상태이므로 외지인이 보조금을 받기는 사실상 불가능하다. 때문에 농업도 로비스트들에게는 또 다른 매력적인 목표가 된다. 농업 보조금은 토지의 가치를 끌어올릴 것이고, 농업 관련 기업 토지를 그대로 보유한 채 보조금을 받거나 웃돈을 받고 토지를 팖으로써 이익을 올릴 수 있다. 농업의 경우 로비로 경제적 이점을 얻을 수 있으므로 부유한 국가들이 농업 활동을 보조하는 건 정치적으로 합리적인 일이다. 흥미롭게도 미국의 농업 관련 기업들은 선거 때마다 약 5000만 달러를 기부하는 반면 부동산 중개인들은 한 푼도 기부하지 않는다.

타락한 정부

이제 보조금에 얽힌 수수께끼는 어느 정도 해결되었고, 7장 뒷부분에 제기되었던 질문("왜 도시가 시골에 보조금을 주는가?")을 해결할 수 있는 단서들도 확보되었다.

첫째, 도시 거주자들의 혜택은 공개되어 있는 반면 그 비용은 숨겨져 있기 때문이다. 전화, 우편, 전력 같은 공공 서비스가 단적인 예다. 이러한 서비스를 시골에 공급하려면 도시보다 훨씬 많은 비용이 든다. 시골 사람들은 그 사실을 알면서도

시골 우체국을 폐쇄하겠다는 계획이 발표되면 격렬히 저항한다. 물론 그럴 만한 충분한 이유가 있다. 이런 서비스의 수혜자가 명확하게 정의되어 있고 그 혜택을 크게 느끼기 때문이다. 도시 사람들은 많은 돈을 내고 수돗물을 쓰면서도 그러한 사실을 거의 눈치채지 못한다. 게다가 그들은 더 부유하고 더 숫자가 많다(미국인들의 80퍼센트, 그리고 영국인들의 약 90퍼센트가 도시에 산다).

둘째, 많은 사람들이 보조금 때문에 시골로 몰려드는 일은 없기 때문이다. 7장에서는 도시가 왜 그토록 중요한지, 왜 그토록 매력적인지, 그리고 왜 그토록 번창하는지를 살펴보았다. 따라서 쇠락하고 있는 시골로 사람들을 이주시키려면 많은 보조금이 필요할 것이다. 시골 출신의 로비스트들은 뒤늦게 시골로 흘러 들어온 사람들에게 보조금이 들어가지 않으리라는 사실을 깨닫고 더 열심히 로비를 벌인다.

시골이 항상 도시보다 열세에 놓였던 건 아니다. 옛날에는 시골 사람들의 상황이 지금과는 달랐다. 따라서 합리적 정치 이론은 매우 다른 결과를 보여준다. 농업이 경제를 대표하고 대부분의 인구가 농업에 종사하는 부유한 국가에서 농업을 보조금 타깃으로 삼겠다는 논리(농지가 새로 생겨나거나 사라지는 게 아니라 농지의 수익성이 변하는 것뿐이라는 논리)는 가난한 시골 경제에서 농업을 좋은 세원으로 삼겠다는 것과 같은 논리다. 이것은 다수의 욕구가 소수의 욕구보다 중요하다는 미스터 스포크의 견해를 뒤집는 또 다른 사례다.

이런 사례는 가까운 과거에도 찾아볼 수 있다. 현재 빠르게 도시화되고 있는 아프리카는 1960년대와 1970년대까지만 해도 농업 경제에 대부분 의존하고 있었다. 합리적 정치 이론이 전망하듯이 시골 지역의 생활은 상당히 힘들었다. 예를 들어 1970년(특별한 의미가 없는 연도다) 나이지리아 농부들은 야자유나 코코아를 국제 가격의 절반도 안 되는 가격에 팔았다. 면화나 땅콩의 현지 가격은 국제 가격의 3분의 1도 채 안 되었다. 세네갈의 농부들은 시장가격의 3분의 1도 안 되는 가격에 땅콩을 넘겼다. 다른 아프리카 국가들의 사정도 별반 다르지 않았다.

대체 왜 이런 일이 벌어졌을까? 농산물 가격을 책정한 것은 정부의 농업 위원회였다. 로버트 H. 베이츠Robert H. Bates에 따르면 농산물 가격을 안정시켜야 할 농업 위원회들이 월권을 휘둘러 농산물을 헐값에 사들였다고 한다. 농업 위원회들은 이렇게 사들인 농산물을 상당한 이익을 남기고 국제시장에 팔았다. 다음은 1967년 가나 정부가 실시한 조사 결과다.

코코아 마케팅 위원회는 코코아 독점사업으로 번 돈을 댄스 밴드, 축구 선수, 배우, 산하 조직에 지원해줬다. 10년 전이라면 엄두도 좀 더 은밀하게는 시중 금리의 절반 정도에 대출을 해주는 방법이 있었다. 그처럼 이자가 저렴한 대출에는 당연히 수요가 몰렸고, 특정 집단만이 대출을 받을 수 있었다.

합리적 정치 이론에 따르면 이는 미국의 설탕 관세 등 전통적인 무역 관세들과 그다지 다르지 않다. 아프리카 국가들은 농업 위원회를 통해 다수의 소규모 업자들로부터 돈을 뜯어서 정치적 영향력이 훨씬 큰 소수의 대규모 업자들에게 전달했다. 당시 여러 아프리카 국가들의 경우 제조업 부문에 종사하는 기업의 수는 1000개도 되지 않았고 전체 산업이 하나의 독점 기업에 좌지우지될 확률이 컸다. 농장의 수는 수십만 개에 이르렀다(가나 80만 개, 잠비아 40만 개, 탄자니아 250만 개). 가나의 농장들은 절반가량이 4에이커(약 1만 6187제곱미터) 이하의 규모였다. 그런데 농산품의 가격을 잘 받으려면 농장의 규모가 커야 했다(케냐의 농장들은 절반가량이 400에이커 이상의 규모였다).

1960년대와 1970년대의 아프리카 농업 위원회와 오늘날 선진국의 무역 장벽 사이에는 한 가지 커다란 차이가 존재한다. 바로 농업 위원회의 영향력이 훨씬 컸다는 점이다. 대부분의 미국인들은 설탕값의 상승으로 연간 6달러를 추가로 부담하면서도 그 사실을 눈치채지 못하지만 아프리카 농부들은 소득의 절반 가까이가 엉뚱한 곳으로 흘러간다는 사실을 알고 있었다. 그러나 텍사스 A&M 대학교 학생들을 괴롭혔던 문제가 그들을 사로잡고 있었다. 제대로 된 민주국가에 살았더라면 그냥 야당을 찍는 것으로 충분했을 것이다. 그러나 부패한 정치인이 득실대는 곳에서는 더 많은 노력이 필요했다. 가나에서 착취당한 농부들이 야당을 결성하자 정부는 여당을 지지하는 농부들에게 낮은 금리로 대출을 해주었다. 게다가 고문과 암살도 횡행했다고 한다. 다른 아프리카 정부들 역시 착취당하는 다수가 정치적 조직으로 발전하지 못하도록 모든 수단을 동원했다.

농업 위원회의 노골적인 타락 행위는 20여 년간 개선되어 왔다. 국제사회의 압력 덕분이기도 했고, 많은 농부들이 도시로 진출한 덕분이기도 했다. 그러나 농부들이 농촌을 떠나는 와중에도 착취당하는 다수에 대한 압제는 없어지지 않았다. 『경제학 콘서트 1』를 읽은 독자라면 카메룬의 이야기가 기억날지도 모르겠다. 카메룬에는 선거 결과를 신뢰하는 사람이 거의 없다. 로버트 베이츠가 1960년대와 1970년대 아프리카에서 알아낸 사실을 나는 카메룬에서 알아냈다. 정부 정책이 관료나 경찰 등 소수의 사람들에게는 짭짤한 소득을 올려주지만 대다수의 사람들에게는 그러지 못한다는 점 말이다.

그러한 정책들은 민주국가의 압력단체들과 구조적인 면에

서는 별 차이를 보이지 않는다(미국에서는 이익집단에 현금을 주기도 한다). 다만 정부의 재분배 정책이 압력단체보다 훨씬 더 뻔뻔스러울 수 있다. 독재 정권은 대중을 속이고도 그 사실을 숨길 필요가 없다. 대중으로서는 어찌할 도리가 없기 때문이다. 그러나 때로 독재자들의 지나친 과욕은 화를 부르곤 한다. 이제 합리적 선택 이론을 혁명에 적용해볼 때가 되었다.

성공적인 혁명을 위한 협상 전략

세금 징수원이 4년간 세 번씩이나 인두세를 징수하려 하자 포빙의 에식스 마을 사람들은 그를 내쫓아버렸다. 다음 달에 군인들이 마을에 들이닥쳤으나 마을 사람들은 군인들도 내쫓아버렸다. 얼마 후 켄트에서 워트 타일러Wat Tyler가 대중 봉기를 주도했고, 분노한 농부들로 구성된 에식스와 켄트의 혁명군이 런던으로 향하면서 모든 세금 징수소를 불태웠다. 혁명군은 런던을 휘젓고 다니면서 왕실 재무상이 거처하던 하이버리 매너와 당대 최고의 귀족이었던 곤트의 존이 기거하던 사보이 궁전을 불태웠다. 그들은 런던 타워(템스강 북쪽에 위치한 중세 시대의 왕궁으로 영국 왕권의 상징-옮긴이)를 장악하고 왕실 재무상과 켄터베리 대주교를 처형했다.

당시 10대였던 리처드 2세는 런던 동쪽에 있는 스미스필드에서 워트 타일러를 만났다. 타일러는 봉건 귀족들의 권한을 박탈하고, 인두세를 폐지하며, 봉건적 의무가 아닌 자유 계약에 의한 직업을 보장하고, 저렴하게 농지를 임대해줄 것을 요구했다. 당시 기록에는 이렇게 적혀 있다. "타일러의 주장에 왕은 동의했다. 왕은 왕권만 유지할 수 있다면 무엇이든 주겠다고 했다. 그다음 왕은 타일러에게 지체 없이 고향으로 되돌아갈 것을 부탁했다."

혁명군은 왕의 약속을 신뢰하고 해산했다(타일러가 런던 시장과 싸우다 살해당한 직후였다). 그러나 왕은 약속을 지키지 않았다. 왕의 군대는 혁명군의 마을을 공격한 후 주모자들을 체포하여 처형했다. 워트 타일러는 왕이 변심할 수도 있음을 알았어야 했다.

혁명군은 가끔 일시적으로 세력을 얻는다. 워트 타일러의 농민군은 피폐한 삶을 '초점'으로 모임으로써 '조직화'의 문제를 해결했다. 혁명군은 억압적인 지도층의 군대가 전쟁 등으로 세력이 약화되었을 때 일시적으로 권력을 얻기도 한다. 또 전쟁 직후 혁명군이 권력을 잡을 때도 있다(그들은 잘 훈련된 무장세력이기 때문이다).

결론적으로 말하면 혁명군이 세금 인하나 복지국가나 최저임금 인상 같은 경제적 요구 사항을 내놓는 건 좋지 않다. 혁명군이 내걸 만한 이런 조건들은 나중에 혁명의 힘이 약화되었을 때 파기될 수 있다. 이것은 까다로운 문제다. 지도층은 위기를 모면하기 위해 모든 조건을 들어주려 할지 모른다. 혁명군은 그런 제안을 진심으로 받아들이고 싶을 것이다. 그래야만 지도층을 처형하는 등 극단적인 해결책을 썼을 때 발생할지 모를 위험한 혼란을 피할 수 있기 때문이다. 그러나 혁명군은 약속이 지켜질지 확신할 수 없다.

따라서 혁명은 납치범의 딜레마와 많은 유사성을 갖는다. 인질을 붙잡은 납치범은 일시적으로 힘을 갖는다. 그러나 과연 어떤 식으로 돈을 받을 수 있을까? 즉 인질을 넘겨주고 몸값이나 안전한 도피를 약속받으려면 어떻게 해야 할까? 배우 우디 앨런은 이렇게 말했다.

FBI가 집을 포위한 채 말한다. "아이를 풀어줘라. 총을 버리고 머리 위에 손을 얹고 나와라." 납치범은 말한다. "아이를 풀어주는 대신 총을 갖고 우리 차에 타게 해달라." FBI가 말한다. "아이를 풀어줘라. 차에 타게 해주겠다. 그러나 총은 버려야 한다." 납치범이 말한다. "아이를 풀어주는 대신 총은 갖고 있게 해달라. 차는 필요 없다." FBI가 말한다. "그냥 아이를 데리고 있어라."

물론 유머이긴 하지만 이런 상황에서는 신뢰성이 문제가

된다. 납치범들은 자신들에게 불리한 증언을 하지 않겠다고 확실히 약속해준다면 인질을 풀어주려 한다. 인질은 납치범의 그런 제안을 받아들이겠지만 납치범들 중 누구도 그 약속에 구속력을 부여할 수 없다. 토머스 셸링조차도 게임 이론을 인질과 납치범에게 적용하려다가 두 손을 들고 말았다.

따라서 사태가 그처럼 악화되기 전에 해결하는 것이 훨씬 낫다. 대런 에이스모글루Daron Acemoglu와 제임스 A. 로빈슨James A. Robinson에 따르면 이를 가능하게 하는 방법은 '민주주의'라고 한다. 혁명은 무無에서 나오는 게 아니다. 또한 인질처럼 고통스러운 입장에 처할까 봐 두려운 지도층은 자신의 권력을 일부 양보함으로써 위기를 모면하는 게 합리적이다.

에이스모글루와 로빈슨은 영국 총리였던 찰스 그레이Charles Grey가 1831년 개혁안을 옹호하면서 했던 말을 기억하고 있다. "나만큼 의회와 선거권에 반대하는 사람도 없을 것이다. 나는 그러한 기대와 계획을 옹호하려는 게 아니라 거기에 종지부를 찍으려는 것이다." 그는 덧붙여 이렇게 말했다. "내 개혁의 원칙은 체제 전복이 아니라 체제 유지를 위해 개혁하면서 혁명의 필요성을 막는 것이다." 물론 불안정한 정국에 노심초사했던 얼 그레이는 혁명론자들의 요구를 모두 들어줌으로써 그들을 진정시킬 수도 있었다. 그러나 합리적인 혁명론자라면 워트 타일러의 실수를 타산지석으로 삼아서 그러한 약속을 신뢰하지 않았을 것이다.

그렇다면 선거권이나 권력분립 같은 민주 제도들을 신뢰할 수 있는 이유는 무엇일까? 현 체제를 무력으로 전복할 수 있다면 이를 다시 뒤집어놓는 데도 무력이 동원될 수 있다. 쿠데타처럼 말이다.

제도가 중요하다. 제도를 뒤집으려면 협력이 필요하다. 다시 말해 14세기 영국 농부들은 자신의 운명에 좌절했지만 혼자서는 아무것도 할 수 없었다. 그 누구도 혼자서 런던 타워로 행진할 용기는 없었다. 워트 타일러의 봉기는 한 세대에 한 번 있을까 말까 한 협력의 사례였다. 그러한 협력은 혁명적인 농민 집단뿐만 아니라 반혁명적 쿠데타 지도자들에게도 어려운 일이다. 때문에 민주적인 제도든 독재적인 제도든 계속 유지되는 것이다.

정치 제도가 지속되는 또 다른 이유는 구성원들이 그 제도 내에서 힘을 갖기 위해 투자하기 때문이다. 민주주의는 압력단체와 정당을 수반한다. 독재주의는 도당과 사병을 수반한다. 민주 사회든 독재 사회든 권력층은 기존의 제도가 지속될 것으로 기대하고 모든 결정을 내린다. 사람들은 정치 제도가 존속할 것으로 기대할 경우 그것에 투자하고, 그렇지 않을 경우 투자하지 않는다. 사람들은 다른 사람들도 자신과 같으리라 기대할 때만 정치 제도를 옹호한다. 민주든 독재든 정치 제도에 대한 신뢰는 이처럼 '스스로를 정당화self-justifying'한다.

이것은 합리적 혁명의 기본 모델이다. 이 게임에는 두 부류의 사람이 참가한다. 하나는 부유한 엘리트들로서 잠재적인 인질 역할을 맡는다. 또 하나는 가난한 대중으로서 잠재적인 납치범 역할을 맡는다. 대중은 엘리트들과는 다른 경제정책을 원한다. 예를 들어 그들은 인두세 폐지와 자유로운 근로계약과 지대 인하 등을 원한다. 대중은 스스로를 조직할 수 있다면 봉기하여 더 큰 민주적 권리를 요구할 수 있다. 이때 경제정책들을 요구하는 것은 그리 유효성이 없다. 경제정책을 통해 정치 제도까지 변화시킬 수는 없기 때문이다. 때로 혁명의 낌새를 알아챈 엘리트들이 먼저 개혁안을 제시하기도 한다. 이때도 새로운 경제정책들은 신뢰할 수 없지만 새로운 정치 제도들은 신뢰할 수 있을 것이다.

엘리트들은 새로운 정치 제도가 제공하는 신뢰성에 만족할지도 모른다. 토머스 셸링은 구속력 있는 약속이 중요하다고 주장한다. 예를 들어보자. 채권 추심이 불가능한 나라에서 주택 대출을 받는다고 상상해보자. 여러분은 부채 상환을 결코 약속할 수 없으므로 합리적인 은행이라면 여러분에게 돈을 빌려주지 않을 것이다. 상호 신뢰가 없을 경우 여러분이나 은행이나 점점 궁지에 몰리게 된다. 이 모든 이야기는 다음 사례를 통해 쉽게 정리할 수 있다.

명예혁명 따라잡기

네덜란드를 통치하던 윌리엄 공과 영국 제임스 2세의 딸인 그의 부인 메리 스튜어트에게 한 장의 편지가 날아들었다. 거기에는 "영국을 공격해서 왕권을 찬탈하시오"라는 글귀가 적혀 있었다. 이 편지는 왕권을 확대하려는 제임스 2세에게 불만을 품은 휘그당과 토리당의 지도자들이 보낸 것이었다. 1688년 네덜란드군은 영국에 상륙하여 재빨리 영국 의회군과 합류했고, 제임스 2세는 전투가 시작되기도 전에 프랑스로 도피했다.

1648년 크롬웰 혁명에 이어 의회군은 또다시 군주를 몰아낸 것이다. 혁명을 주도한 의원들은 상인과 지주의 권리를 옹호하는 권리선언을 제출했다. 권리선언에 따르면 의회에 많은 권력을 양도해야 했지만 윌리엄과 메리는 반대할 입장이 아니었다. 어쨌든 권리선언은 윌리엄과 메리에게도 아주 유리하게 작용했다.

윌리엄과 메리가 권력을 잡기 전 영국 왕실은 심각한 세수 부족에 시달리고 있었다. 의회가 약해지자 아무도 부채를 상환하겠다는 왕실의 약속을 믿지 않았다. 결국 현금이 부족해질 때마다 왕은 자신의 토지를 팔았다. 엘리자베스 1세는 스페인과의 전쟁 자금을 조달하기 위해 자신의 토지를 25퍼센트나 매각해야 했다. 그로 인해 세수 기반은 줄어들었고, 미래의 군주들은 이보다 훨씬 더 빠른 속도로 토지 매각에 나서야 했다.

　독재에 가까운 권력을 쥐고 있던 왕은 다른 곳에서 세수를 늘리려고 했다. 왕은 독점사업권을 판매하여 쉽게 돈을 벌어들였다. 왕은 이스트 런던에서의 독주 판매권이나 서인도제도와의 담배 교역권을 판매했다. 이런 전매권은 이윤이 짭짤했기 때문에 높은 가격에 팔렸다. 이로 인해 가장 많은 이익을 올린 곳이 동인도 회사였다. 그러나 전매로 경제 질서가 심각하게 왜곡되자 의회가 반발했다(의회에도 돈에 눈이 먼 사람들이 가득했다).

　세수를 늘리는 또 다른 방법은 '강제 대출forced loan'이었다. 예를 들어 1617년 엘리자베스 여왕의 뒤를 이어 왕위에 오른 제임스 1세는 런던의 은행가들로부터 10만 파운드를 대출받았다. 10퍼센트의 이자와 함께 1년 내에 상환하는 조건이었다. 그러나 1년이 지나자 왕은 이자만 지불하고 대출 기한을 연장해줄 것을 요구했다. 제임스 1세는 일방적으로 대출 이자를 깎고는 원금은 한 푼도 갚지 않았다. 그는 5년 뒤에야 원금을 갚았다. 이는 매우 편리한 방법이었다. 1617년 파산한 왕은 이자 지불금을 몰수하는 방법으로 간단히 3만 6000파운드의 예산 적자를 메웠다. 그러한 강제 대출은 흔하게 일어났다.

1688년 이후 윌리엄과 메리는 강력해진 의회 때문에 그런 일을 벌일 수가 없었다. 전매권 판매나 강제 대출은 금지되었다. 왕을 두 명이나 쫓아낸 의회에 왕은 고분고분할 수밖에 없었다. 그러한 제약이 윌리엄과 메리에게 불리하게 작용했을 걸로 생각할 수도 있지만, 천만의 말씀이다. 은행가들의 신뢰를 얻게 된(의회가 두 사람의 채무 불이행을 방치하지 않을 것이기 때문이다) 윌리엄과 메리는 거액의 자금을 빌릴 수 있었다.

1688년 약 100만 파운드였던 제임스 1세의 부채는 9년 만에 1700만 파운드 가까이 늘어났는데, 이는 전체 영국 경제의 절반 수준이었다. 윌리엄과 메리는 이 돈을 프랑스와의 전쟁에 썼고, 영국의 상인과 은행가는 부동산을 담보로 이자율을 낮춰주었다(1690년대 초만 해도 14퍼센트였던 이자율이 1700년도 직전에는 6~8퍼센트로 떨어졌다). 권력을 제한함으로써 오히려 권력은 확대되었다(셸링이라면 이 상황을 완벽하게 이해할 것이다). 새로운 신뢰는 두 세력의 '상생相生'을 가능하게 했다. 물론 프랑스 사람에게는 반가운 소식이 아니었지만 말이다.

더글러스 노스Douglass North와 배리 웨인개스트Barry Weingast는 "명예혁명으로 프랑스 경제는 파산 위기를 맞았고, 영국은 산업혁명을 향한 발걸음을 떼었다"라고 말했다. 마지막 장에서 좀 더 자세히 알아보자.

CHAPTER 9

부유한 나라는
어떻게
만들어지는가

경제성장

지난 세기, 인류는 상상할 수 없을 만큼 눈부신 속도로 발전해왔다. 그중에서도 특히 괄목할 만한 성장을 이룬 것은 산업혁명에 성공한 나라들이다. 이 나라들이 성공한 이유는 지리적 위치 때문일까? 놀라운 발명품을 만들어낸 천재들 때문일까? 네안데르탈인과 호모 사피엔스의 생존 경쟁에서, 유럽인들의 대항해 모험에서 그 해답을 찾을 수 있을 것이다.

경제성장의 비밀

지난 100만 년 동안의 역사를 1년으로 압축한다고 상상해 보자. 1000년이 하루, 2년이 1분이 될 것이다. 이처럼 인간의 역사를 1년이라고 가정하면 우리 조상들이 처음 불을 사용한 것은 봄이다. 이 같은 초기의 획기적인 발견에도 불구하고 새로운 발명들은 천천히 등장했다. 12월 9일 문명의 시작이 가시화되었고, 동굴벽화와 장례 문화가 생겨났다. 12월 27일에야 비로소 바늘이나 작살, 투창기, 활, 화살 등이 대거 등장했다.

역사시대로 진입한 이후에도 경제성장은 순조롭게 진행되지 않았다. 12월의 마지막 며칠을 확대해서 보면 혁신과 성장의 속도가 지속적으로 빨라졌다는 사실을 알 수 있다. 12월 30일 늦은 오후, 세계경제의 규모는 그 전날보다 열 배 더 커졌다. 제국주의 중국의 경제성장은 12월 31일 내내 지속됐다.

이 시간 동안 로마제국은 흥망했고 유럽은 중세를 거쳤다. 한편 세계경제 규모는 12월 30일 자정부터 12월 31일 오후 7시 30분(콜럼버스가 아메리카 대륙을 발견한 것과 같은 시각)까지 또다시 열 배 증가했다. 성장은 더 빠른 속도로 진행되어, 세계경제는 오후 7시 30분에서 제1차 세계대전이 발발한 시각인 11시 20분 사이에 열 배 더 성장했다.

100만 년 동안의 역사에서 세계경제의 성장세는 놀라울 정도였지만 21세기를 기준으로 했을 때는 보잘것없는 수준이었다. 그 이유는 마지막 40분 동안(20세기의 나머지 기간)에 세계경제가 열 배 성장했기 때문이다. 현재와 같은 성장세가 지속된다면 자정이 지난 후 25분 정도 경과되었을 때 또 열 배가 성장할 것이다.

경제성장세가 이처럼 극적인 속도로 이루어지는 이유에 대해서는 어떤 합리적인 설명도 불가능해 보인다. 여러분은 갈릴레오, 마리 퀴리, 뉴커먼(증기기관 발명자), 에디슨처럼 과학·기술 분야에서 놀라운 업적을 이룩한 사람들 덕분이라고 생각할지도 모른다. 그러나 그런 생각은 현재의 놀라운 경제성장세를 단순히 '운'으로 만들 뿐이다.

나의 의견이 여러분과 다르다고 해서 놀랄 이유는 없다. 이번 마지막 장에서 나는 지난 2세기 동안 이루어진 눈부신 경제성장은 절대 '운'이 아니었다고 주장할 것이다. 그것은 세계 전역에서 나타나는 성장 패턴도 아니다. 여러분이 혁신가 한 명 한 명을 면밀히 지켜보든, 아니면 한 발 물러나 구석기시대까지 거슬러 올라가면서 전반적인 경제성장의 흐름을 조사해보든 급성장하는 경제나 정체된 경제 모두 우연의 산물이 아니라 각자 직면한 인센티브에 합리적으로 반응하는 개인이 빚어낸 결과임을 발견하게 될 것이다.

우리는 점점 더 먼 과거로 이끌려 들어가면서 점점 더 많은 추리를 하게 될 것이다. 우리가 정말로 얼마나 부자가 됐는지 알아보기 위해 과거의 기술을 재창조하려고 노력한 경제학자의 업적을 살펴볼 것이다. 사실 이것은 설명하기 어려운 문제다. 그런 다음 급속한 경제발전의 도화선이 된 순간, 즉 산업혁명이 천재 과학자 덕택에 시작된 것이 아니라 경제적인 인센티브에 대응하는 합리적이면서 주도면밀한 반응에 의해 시작되었다는 사실을 보여주는 증거를 찾을 것이다.

경제적 인센티브에 대한 연구는 왜 어떤 국가는 경제 혁명에 필요한 비옥한 토대를 갖추고 있는지를 묻게 만든다. 나는 그 질문에 대한 대답으로 유럽의 탐험과 정복의 시대를 주목하라고 말한다. 이것은 일반적으로 알려진 것처럼 아프리카와 신세계(특히 남북 아메리카 대륙)에 대한 탐험이 유럽을 부유하게 만들었기 때문이 아니라 교역 기회가 상인 계급에 강력한 권력을 부여하면서 경제성장에 필요한 법과 제도가 창조되었기 때문이다. 이것이 천재적인 작업에 기초한 것이라고 해도 내가 말한 대로 추측일 뿐이다. 이제 나는 경제학자들이 해답을 알려주기보다는 적절한 질문을 던진다는 걸 보여주면서 이 책을 마무리하고 싶다.

여러분은 선사시대와 역사시대 상당 기간 경제성장 정도를 추측하기는 어렵다고 생각할지도 모른다. 여러분의 생각이 옳다. 어쩌면 여러분은 지금 말하고 있는 놀랄 만한 성장 속도가 다소 '극단적'이라고 생각할지도 모른다. 그러나 그렇지 않다.

엄청난 발전의 속도

사실 성장에 대한 내 추측은 보수적이다. 제품의 품질을 개선하는 방식을 충분히 고려하지 않기 때문이다. 경제학자들이 현재의 물질적인 생활수준을 조상들의 물질적인 생활수준과 비교하려면 가격 변화를 계산해야 한다. 1900년에는 오늘날보다 1달러로 살 수 있는 물품이 훨씬 더 많았다. 그러나 얼마나 많이 살 수 있었는지 비교하는 것은 불가능하다. 우리는 1900년에는 돈을 주고 샀던 것을 지금 똑같이 사고 있는 게 아니기 때문이다. 예를 들어 19세기 후반에는 자전거 한 대 값이 일반 근로자가 260시간 일해서 번 돈에 육박했다. 그러나 2000년에 자전거 한 대 값은 일반 근로자가 7.2시간 일해서 번 임금 수준이다. 반면 은 스푼을 사려면 1900년보다 더 많은 시간 일해야 한다. 여러분은 둘 중 어떤 물가상승률을 이용하겠는가? 그것은 자전거나 스푼 중에서 어떤 걸 사느냐에 따라 달라진다.

좀 더 어려운 문제도 있다. 예를 들어 1900년의 거래 가격을 알 수 없는 것은 어떻게 할까? 페니실린처럼 인간의 생명을 구하는 약은 공식 경제 통계에 반영되어 있지 않다. 1900년 이후 소득 증가에 대한 표준 측정법을 보면 그런 약들은 아예 발명되지 않았을지도 모른다.

윌리엄 노드하우스William Nordhaus는 '어두운 방을 밝히는 데 드는 비용'이란 한 가지 사례만을 들어 이러한 새로운 제품이 얼마나 중요한지 보여주려고 노력했다. 선사시대 사람이라면 자신이 사는 동굴 안을 밝히기 위해 나무를 모아야 했을 것이다. 그런 일을 하는 데 얼마나 많은 시간이 걸렸을까? 나무에 불을 붙이면 얼마나 밝은 빛을 낼 수 있었을까? 노드하우스는 직접 장작을 잘라서 벽난로에 넣고 태우면서 미놀타 빛측정기로 불빛을 측정했다. 로마의 기름 램프는 어땠을까? 노드하우스는 로마의 기름 램프를(진짜 골동품이란 소리를 들었던) 사서, 심지를 세워놓았다. 그는 기름 램프에 참기름을 채웠다. 무게가 20파운드(약 9킬로그램)인 장작은 세 시간이 약간 더 넘게 탔지만 술잔만큼 참기름을 부은 기름 램프는 하루 종일 더 밝고 훨씬 더 일정한 빛을 내며 탔다. 전구와 LED(발광다이오드)에 비교할 수는 없겠지만 눈부신 발전이었다.

노드하우스의 실험 결과는 빛과 관련하여 경제성장은 두 배나 세 배 정도가 아니라 1만 배 이상 과소평가되었다는 사실을 보여준다. 1년 동안 오후 6시부터 자정까지 방을 밝히는 근대의 전구는 19세기 초에 3만 4000개의 촛불이 내는 것과 같은 빛을 발산한다. 19세기 초에 3만 4000개의 초를 사려면 일반 근로자는 1년 내내 일해야 했을 것이다. 여러분이 불필요한 전등을 꺼야겠다고 생각할 때마다 여러분의 고조할아버지가 한평생 일해야 살 수 있었던 만큼의 촛불을 절약하고 있는 것이다. 그렇지만 이렇게 해서 절약한 돈은 눈에 띄지 않을 만큼 적다.

모든 제품이 그처럼 놀라운 변화를 겪은 것은 아니다. 예를 들어 식품과 식품 생산 기술은 좀 더 느린 속도로 발전했다. 노드하우스는 근대 경제의 3분의 1 정도는 조명 분야와 유사한 속도로 발전해왔다고 생각했다. 노드하우스의 효과를 완전히 배제하고 공식적인 통계에 대한 보수적인 추정에 전적으로 의존하더라도 놀랄 만한 성장 속도를 보여주는 자료는 그대로 남는다.

오늘날 가장 부유한 국가의 1일 소득은 1인당 100달러 정도다. 역사상 대부분의 시기에 대부분의 사람들이 생활을 위해 필요로 한 소득은 1일에 1달러 정도였다. 먹고사는 데 필수적인 것만을 사고 그 외에는 거의 아무것도 사지 않는 최소한의 금액이다. 오늘날 미국의 생활수준과 기원전 100만 년의 생활수준(사실 기원전 10만 년이나 기원전 1만 년의 생활수준을 비교해도 거의 차이가 없다) 사이의 중간 지점은 1880년이다. 1880년까지 1인당 소득은 1일에 10달러 정도로 열 배가 늘어났고, 1880년 이후 125년 동안 또다시 100달러로 열 배가 늘어났다. 이 숫자는 노드하우스의 효과를 전혀 감안하지 않은 것임을 명심하라.

물론 우리는 선사시대의 소득을 설득력 있게 측정할 방법을 모른다. 그러나 대부분의 시간 동안 소득이 대략 0달러에 가까웠다는 걸 어느 정도 확신할 수는 있다. 기록으로 남은 역사시대를 살펴보면 최근까지 인간의 소득 증가액은 0달러였다. 유일한 경제성장은 인구의 성장이었다. 예를 들어 영국의 실질임금은 크게 변동했지만(1300년은 어려운 시기였지만 1450년은 상당히 좋은 시기였다), 1215년 마그나카르타(영국 귀족들이 국왕 존에게 강요하여 왕권의 제한과 제후의 권리를 확인한 문서-옮긴이)가 만들어졌을 때와 1800년 사이에는 어떤 장기적인 발전도 이루지 못했다. 경제가 활황일 때마다 부유한 사람들보다 일반인들 사이에 활황의 조짐이 더 잘 나타났다.

이러한 기준에 따르면 선사시대의 경제는 활황세를 보인 적이 한 번도 없었다. 우리의 먼 조상인 호모 에렉투스는 1세기에 0.03퍼센트 정도로 아주 천천히 늘어났다. 주위 상황은 빠른 속도로 변화했지만 인구는 그렇지 못했다. 기원후 0~100년 사이에 인구 증가율은 2퍼센트에 불과했다. 근대에 들어오면 상황이 달라진다. 1960년대에 인구 증가율은 1세기 동안이 아니라 1년 동안 2퍼센트까지 상승했다. 그리고 조상들과는 달리 더 많은 사람들이 더 부유해졌다. 선사시대의 경제성장률은 1세기당 0.03퍼센트에 불과했지만 근대의 경제성장률은 연간 4퍼센트에서 5퍼센트 수준이다. 뭔가가 변했다. 대체 그것이 뭘까? 이제 과거로 여행을 떠나 산업혁명의 요람을 방문할 시간이다.

산업혁명의 원동력

1709년 아브라함 다비는 임무를 수행하기 위해 콜브룩데일에 도착했다. 그의 임무는 석탄을 코크스로 가공해서 저렴한 철을 생산하는 일이었다. 그가 성공을 거두어 저렴한 철을 생산할 수 있게 되자, 다비의 손자는 콜브룩데일에 철제 다리를 세웠다. '저렴한' 철 덕분에 철도와 증기선, 공업용 기계가 제작되었고 산업혁명의 토대가 만들어졌다. 이것이 천재의 노력이 이루어낸 결과일까? 다비의 퀘이커교도 특유의 근로 윤리와 실용적인 영국의 기업가 정신이 빚어낸 승리일까?

그렇지 않다. 경제사학자인 로버트 앨런Robert Allen은 다비가 경제적 인센티브에 대한 단순한 반응을 보여주었을 뿐이라고 지적한다. 기존의 철 제련소에서는 나무를 연료로 사용했는데, 용광로에 나무 대신 석탄을 집어넣을 생각을 하는 데는 아인슈타인 같은 천재가 필요하지 않았다. 다만 이런 계획을 가치 있게 만들기 위해서는 세계에서 가장 싼 석탄이 필요했고 콜브룩데일의 광산이 바로 그런 값싼 석탄 공급을 맡았다. 경제적 타당성을 검토해본 다비는 연구원들에게 수수료를 주고는 그의 생각에 기술적인 문제가 있으면 해결하고, 그의 프로젝트를 실현시켜달라고 의뢰했다. 그러나 다비의 아이디어가 실제로 시도돼서 검증을 거쳤는데도 비싼 석탄 가격 때문에 유럽 본토까지 확산되지 못했다. 유럽에서 쓰는 석탄의 대부분은 영국의 뉴캐슬 지방에서 수입한 것이었다. 코크스 주조는 프랑스나 독일에서도 기술적으로는 가능했지만 이후로도 150년 동안 수익성이 없었다.

독특한 사례처럼 보이지만 좀 더 자세하게 조사해보면 산업혁명 당시 다른 많은 기술적인 발전 과정에서도 이와 같은 일이 벌어진 것을 알 수 있다. 예를 들어 면방적 기계를 개발하는 데는 과학적인 지식이 필요했던 게 아니라, 그저 신중한 개량과 실험 과정에 약간의 창의성만 있으면 충분했다. 일설에 따르면 초기 방적기인 다축 방적기는 땅에 쓰러진 상태에서도 계속해서 실을 생산한 중세의 전통적인 물레로부터 영감을 받아 만들어졌다고 한다.

다축 방적기와 워터 프레임water frame(1769년에 영국의 아크라이트가 발명한 방적 기계로 현대적 방적 기계의 기원이 되었다-옮긴이) 같은 방적 기계를 발명한 사람들은 진지한 연구 활동을 시작했다.

그들은 자신들이 무엇을 성취하고 싶은지 정확히 알고 있었고, 일련의 적절한 기술적인 문제를 해결하기만 하면 되었다.

그들이 이처럼 엄청난 노력을 들인 것은 재정 상태가 좋아진 것에 대한 합리적인 반응이었다(프랑스나 중국 발명가들은 그러한 노력을 들이지 않는 것이 합리적인 선택이었다). 로버트 앨런의 계산에 따르면 그 당시 영국 근로자들은 세계에서 가장 높은 임금을 받았다. 이는 그들이 수입산 면을 대량으로 소비할 수 있게 되었을 뿐만 아니라 노동력을 절약해주는 장비가 경제적인 혜택을 창출해줄 수 있을 거라는 의미였다. 영국에서는 다축 방적기의 가격이 근로자의 5개월치 임금에 못 미쳤다. 반면 임금이 낮았던 프랑스에서는 다축 방적기의 가격이 근로자의 1년치 임금을 웃돌았다. 방적 기계가 유럽 대륙에 확산되는 속도가 늦었던 것은 영국의 뛰어난 과학적 독창성이나 상업적인 통찰력 때문이 아니라 값싼 프랑스의 노동력 때문이었다.

증기 엔진은 더욱 직설적인 사례였다. 산업혁명 때 일반적으로 쓰인 증기 엔진은 실제로 과학적인 발전의 결과물이었다. 갈릴레오는 대기에도 무게가 있기 때문에 압력을 가할 수 있다는 사실을 발견했다. 그러나 증기 엔진의 실질적인 발명은 갈릴레오의 조국 이탈리아가 아니라 영국에서 이루어졌다. 그 이유는 방적기와 마찬가지로 천재나 기업가 문화 때문이 아니라 영국의 고임금과 저렴한 석탄 가격 때문이었다.

17세기 초에 영국 뉴캐슬의 시간당 임금은 프랑스의 파리나 스트라스부르와 같은 대륙 도시들의 임금보다 열 배가 높았으리라고 추정된다. 중국의 인건비는 이보다도 훨씬 더 저렴했다. 이와 똑같은 방법으로 비교해봤을 때 런던의 임금은 대륙 도시의 임금보다 세 배 더 높았고, 중국의 임금보다는 여섯 배 내지는 일곱 배 높았다. 따라서 노동력을 석탄으로 대체하는 증기 엔진이 영국에서 개발됐다는 사실은 전혀 놀랄 일이 아니다.

이러한 모든 사실은 산업혁명 당시에 개발된 중요 발명품 중 다수가 영국의 고임금과 저렴한 석탄 가격에 대한 계산되고 의도적인 반응에서 탄생한 것이라는 사실을 보여준다. 값싼 석탄은 우연한 지리적 혜택이었지만 임금은 그렇지 않았다. 이러한 사실은 우리에게 "영국의 임금이 그토록 높았던 이유는 무엇인가?"라는 또 다른 질문을 던지게 만든다.

영국과 네덜란드가 특별한 이유

우리는 이 질문에 대한 답변 가운데 일부를 앞 장에서 설명한 명예혁명에서 찾을 수 있다. 영국이 17세기 말에 개인 부동산을 더욱 존중해주면서 좀 더 자유로운 사회로 움직이고 있을 때 네덜란드를 제외한 대부분의 유럽 국가는 독일의 합스부르크 왕가와 프랑스의 부르봉 왕가의 통치하에서 정반대 방향으로 움직이고 있었다. 영국과 네덜란드에서는 정부가 부자에게 임의로 세금을 부과하거나 전매 금지를 반대하지 못하게 되자 사업가들이 재산을 훨씬 더 많이 투자할 수 있게 되었다. 자본 투자가 더 활발히 이루어지고 기업가 정신이 더 풍부한 사회는 더 높은 임금을 지불할 가능성이 높다. 1776년에 애덤 스미스는 다음과 같이 말했다.

> 웬만큼 안전이 확보된 국가에서 평범한 이해력을 지닌 사람들은 현재의 고용이나 미래의 이윤을 획득하는 데 자신이 동원할 수 있는 모든 자본을 쏟아부으려고 할 것이다. (중략) 그러나 윗사람의 폭력을 계속해서 두려워하는 불행한 국가에서 그들은 자신이 보유한 자본 중 상당 부분을 숨기고 은폐하곤 한다. (중략) 이런 일은 튀르키예와 힌두스탄(인도)은 물론, 대부분의 다른 아시아 국가에서는 일반적인 관행이라고 한다. 폭력이 판치던 봉건 시대에 살던 우리 조상들 사이에서도 이것이 일상적인 관행이었던 것 같다.

당시 프랑스가 점점 더 빠른 속도로 전제주의 국가가 되어가고 있었기 때문에 스미스는 프랑스도 언급했을지 모르겠다. 이러한 변화를 가늠케 해주는 지표는 도시 인구다. 7장에서 살펴본 것처럼 도시 인구는 국가 번영의 건전한 지침이다. 브래드포드 드롱Bradford DeLong과 안드레이 슈레이퍼Andrei Shleifer 는 전제주의가 국가 경제에 미치는 영향을 차트로 그리기 위해 도시 인구를 지표로 삼았다. 1500년에 파리는 유럽에서 가장 큰 도시였으며, 이탈리아의 나폴리와 밀라노, 베니스 같이 커다란 (그리고 상대적으로 자유로운) 도시들은 인구가 10만 명 이상인 몇 안 되는 도시였다. 1800년을 기준으로 런던은 파리보다 거의 두 배가 컸고, 암스테르담은 성장세를 보였으며, 영국의 통치를 받던 더블린과 맨체스터, 에든버러 같은 도시도 급속히 성장했다. 유럽에서 가장 큰 56개 도시 가운데 열두 군데는 영국령이었다. 강압적인 군주들은 도시를 생기 없게 만든 반면 좀 더 자유로운 도시들은 번성했다.

도시가 아니더라도 임의적인 세금 부과에서 자유로웠던 국가의 근로자들은 더 높은 임금을 받으리라 기대할 수 있었을 것이다. 자유로운 국가에서 도시가 번성하면서 임금이 오르고, 산업혁명이 탄생할 여건이 마련되었다. 그렇다면 영국과 네덜란드가 프랑스와 독일, 스페인보다 더 많은 자유를 누리게 된 이유는 무엇일까? 이 질문에 대한 대답을 얻기 위해서는 합리적인 역사학자가 절대적으로 필요하다. 드롱과 슈레이퍼는 '정치와 운과 심지어 신학'을 원인으로 지목한다. 나는 이보다 더 좋은 대답은 없다고 생각한다. 적어도 그처럼 아주 간단하게 잘 요약한 설명은 본 적이 없다.

그러나 영국과 네덜란드의 자유로운 경제 제도에 대한 설명은 어렵더라도 두 나라와 전제주의 국가의 제도 사이에 존재했던 차이가 점점 커진 이유는 설명 가능하다. 그러한 설명은 사이먼 존슨Simon Johnson과 앞 장에서 소개했던 합리적 혁명 이론을 생각해낸 대런 에이스모글루와 제임스 A. 로빈슨에게서 들을 수 있다.

유럽은 1500년에서 1800년 사이에 신세계와 교역을 시작하면서 중국보다 더 부유해졌다. 그러나 유럽 전역이 그랬던 것은 아니었다. 대륙 간 교역에 관여한 스페인, 포르투갈, 프랑스, 네덜란드, 그리고 영국 같은 국가만 부유해졌다. 동유럽 국가는 이런 기회를 놓쳤다. 대서양 연안 항구 도시들은 폭발적인 속도로 성장한 반면 지중해 연안 항구 도시들은 그렇지 못했다. 이런 현상이 일어난 이유를 찾는 것은 어렵지 않았다. 아프리카에서 미국으로 건너오는 노예들과 유럽으로 선적되는 금과 설탕은 많은 수익을 안겨주는 사업이었기 때문에 교역 국가들이 번성하고, 그곳의 임금이 상승한 건 당연한 결과였다. 그러나 교역량은 괄목할 만한 경제성장을 뒷받침해줄 수 있을 정도의 규모는 아니었다. 서유럽의 내수 경제는 그들이 다른 국가들과 벌인 상품 교역 규모보다 적어도 25배는 더 컸다. 과연 무슨 일이 벌어졌을까?

에이스모글루와 존슨, 로빈슨은 대서양 국가 사이의 교역은 간접적으로 기여했다고 주장했다. 교역은 서유럽 국가들의 정치 구도를 재편성하면서 교역 국가들에게 새로운 기회를 부여했다. 그들은 강해졌고 그 덕분에 그들이 크게 가치를 둔 부동산에 대한 강력한 권리, 법치국가의 존속, 적절한 세금 제도의 강화가 가능했다(물론 노예들은 다른 경험을 했지만 말이다).

예를 들어 영국 정부는 워윅Warwick 백작의 도움으로 내전이 일어났을 때 승리를 거둘 수 있었다. 사략선私掠船(전시에 적선을 나포하는 면허를 가진 민간 무장선-옮긴이) 선장이었던 워윅은 대서양을 횡단하며 교역하고, 스페인과 포르투갈에서 얻은 전리품을 빼돌려 내전이 발발하기 1년 전에 5만 파운드라는 거금을 모았다. 그는 영국의 하원의원이 되기 위해 자신의 자금과 경험을 모두 바쳤다. 의회는 대서양 교역에 부과하는 세금과 그로부터 얻는 수익금을 자금으로 삼았다. 이후 1688년 명예혁명 중에 영국의 상인들은 오렌지 공 윌리엄의 전쟁 펀드에 80만 파운드 정도를 기부했다. 영국 경제 규모의 2퍼센트 정도에 해당하는 금액으로, 당시 2만 5000명에 가까운 군대를 무장시킬 수 있을 만큼 큰돈이었다. 덴마크 상인들 역시 네덜란드를 스페인의 통치에서 벗어나게 해준 독립 전쟁에 자금을 댔다.

에이스모글루와 그의 동료들은 1500년에 왜 영국과 네덜란드에 프랑스나 스페인에 비해 훨씬 더 강력한 상인 계급이 존재했는지 설명하지 못한다. 다시 드롱과 슈레이퍼가 주장했던 '정치와 운, 심지어 신학'이란 이유를 생각해보자. 그들이 알고 있는 건 대서양의 교역이 상인 계급의 권력을 크게 강화했다는 사실이다. 상인 계급이 생겨나기 전에는 교역으로 얻은 수익이 귀족들에게 돌아갔다. 이는 결과적으로 스페인과 프랑스에는 불리한 일이었다.

모든 사람들이 이것을 영국과 네덜란드의 상업적 혁명과 그에 따른 산업혁명의 궁극적 원인이라고 생각하지는 않을 것이다. 그러나 그렇게 생각하든 말든 경제 제도가 앞에서 설명한 극적인 경제성장에 아주 큰 영향을 미쳤다는 점은 인정해야 할 것이다. 합리적으로 충분히 일리 있는 일이다. 이러한 제도는 합리적인 기업가들이 투자하고, 교역하고, 새로운 사업을 구상하도록 인센티브를 제공한다. 인센티브는 부를 창출한다. 인센티브가 없으면 비참함만이 남는다.

이것은 개연성 있는 설명 같지만, 부와 부동산에 관한 권리 사이에 정립된 대응관계가 인과관계의 방향을 알려주는 엄격한 사례가 될 수는 없다. 따라서 다음과 같은 설명이 대안이 될지도 모르겠다. 부유한 국가들은 그럴 능력이 되기 때문에 부동산에 관한 권리와 원활하게 기능하는 법정 등을 존중해준다는 설명이다. 그런데 나는 이런 대안적 설명이 잘못됐다

고 생각한다. 앞으로 살펴볼 잔혹한 식민주의 역사가 내 생각
을 뒷받침해준다.

부유한 나라는 위치가 좋다?

2004년 7월, 세계에서 가장 유명한 개발 분야 경제학자인 제프리 삭스Jeffrey Sachs가 가난에 찌든 채 목숨을 연명하는 케냐 시아야 지역의 사람들을 방문했다. 그는 '처절하게 생활하고 있지만 구원이 가능한' 사람들을 만났다. 모든 사람들이 어린아이에게 치명적인 말라리아를 예방해주는 모기장을 쓰고 싶어 했다. 그러나 200명의 마을 사람 중에서 불과 두 명만이 모기장을 구입할 능력이 있었다. 에이즈는 성인들 사이에 널리 퍼져 있었고, 대부분의 가구에는 고아가 된 아이들이 살았다. 토양은 심각할 정도로 영양분이 고갈됐고, 농부들은 밭에서 질소를 없애는 데 필요한 묘목을 살 능력조차 없었다.

시아야 지역은 바다에서 수백 킬로미터 정도 떨어져 있으며, 수도인 나이로비에서도 꽤 멀다. 따라서 이곳에서 제조한 상품을 시장에 내다 팔기도 어렵거니와 훨씬 더 좋은 운송망을 갖춘 국가가 제공하는 세계시장에 접근하기는 특히 더 어려웠다. 제프리 삭스는 이곳의 가난은 지리 때문에 더욱 심화

된 게 분명하다고 주장했다.

삭스와 그의 동료들은 이미 가난한 국가들은 지리적인 핸디캡 때문에 더 가난해진다고 주장하는 논문을 발간한 적이 있었다. 말라리아 같은 질병은 경제를 어렵게 만든다. 자금 부족은 황폐한 토양에 다시 파종할 수 없게 만든다. 잠재 시장에서 멀리 떨어져 있기 때문에 중국 등 아시아 국가들과의 경쟁에서 불리할 수밖에 없다. 통계는 이러한 사실을 뒷받침해주는 듯이 보인다. 열대 기후의 내륙 국가들은 대부분 가난하다. 가난하기 때문에 부유한 국가처럼 공정한 재판과 부동산 등기부, 은행 시스템 같은 훌륭한 경제 제도를 갖추지 못했다.

이러한 삭스의 세계관은 설득력이 있다. 삭스는 이런 나라들에 말라리아 퇴치와 묘목 구입 자금을 지원해야 한다고 강력하게 주장하고 있다. 또 누군가가 도로를 정비하고, 전기를 안정적으로 공급해줄 수 있다면 케냐의 사정은 더 나아질 것이라고 주장한다. 그러나 케냐가 가난해진 것이 단지 지리 때문일까? 그렇지는 않다. 다음 두 가지를 들어 그 이유를 설명할 수 있다.

첫째, 지리적인 고립은 경제적 성공을 가로막는 절대적인 장벽은 아니다. 미국과 호주는 과거에 철저히 고립됐지만 두 나라 모두 지금은 경제성장을 이루었다.

둘째, 말라리아는 저개발의 원인으로 보기에는 부적절하

다. 말라리아는 성인이 아니라 어린아이의 목숨을 빼앗아간다. 아이들의 생명을 구하기 위해 어떤 수를 써서라도 말라리아를 퇴치해야 한다. 그러나 말라리아를 퇴치했다고 경제성장을 이룰 수 있는 건 아니다. 경제성장에 대한 협의적 관점에서 봤을 때 에이즈는 경제적으로 생산성이 높은 젊은 성인 인구를 감소시킨다. 때문에 말라리아보다 훨씬 더 무서운 질병이라고 할 수 있지만 에이즈는 최근에 창궐한 전염병이고, 아프리카는 오랫동안 가난했다. 어쨌든 자원을 가진 국가라면 이러한 질병들을 퇴치할 수 있다. 말라리아는 과거에 호주, 이스라엘, 파나마 운하 지대에서 유행한 적이 있지만 지금은 퇴치되었다.

비열대성 질병 역시 치명적일 수 있다. 미국에서는 불과 20세기 초만 해도 도시에 산다는 이유만으로도 심각한 질병에 걸릴 확률이 높았다. 그러나 미국은 지금 부유해졌으며, 도시 질병은 퇴치됐다.

그렇다고 말라리아의 경제적인 의미를 무시하고 싶은 마음은 없다. 말라리아가 아주 효과적으로 수행한 일이 하나 있는데, 바로 모기장이나 키니네, 심지어 말라리아의 전염 경로에 대해 전혀 모르고 있던 성인들까지 죽인 것이다. 간단히 말해 말라리아는 유럽 정착민들을 죽였다. 그렇게 함으로써 말라리아는 열대 지역의 경제성장을 억눌러야겠다는 인센티브를 창조했고, 역사의 흐름을 바꿔놓았다.

말라리아가 세계경제에 미친 영향

종교 박해를 피해 영국에서 네덜란드 레이덴으로 도망친 청교도 급진파 집단 필그림 파더스Pilgrim Fathers는 그곳의 사정이 영국보다 좋지 않다는 걸 깨달았다. 일자리가 거의 없었고, 그들이 저축해둔 돈은 점점 줄어들었다. 또 신앙으로 모인 사람들이었지만 사치와 방종의 유혹에 흔들리고 말았다. 그들의 지도자들은 대서양을 넘어 신세계로 가기로 결심했다. 그들은 신세계에는 모든 사람들에게 기회가 주어지고, 영혼을 구원해야 할 수백만 명의 토착민이 살고 있으며, 음탕한 네덜란드인은 없을 것이라 생각했다. 이렇게 해서 필그림 파더스는 브라질 북부 접경 지대에 있는 가이아나로 출발했다.

그러나 그들은 가이아나로 가지 않았다. 그곳 정착민의 사망률이 북미 정착민에 비해 두 배 이상 높았기 때문이다. 이 문제를 두고 격론을 벌이던 필그림 파더스는 가이아나에서 걸릴 수 있는 열대성 질병의 위험에 대해 크게 우려한 끝에 가이아나 대신 뉴잉글랜드로 향하기로 결정했다.

질병에 대한 두려움으로 열대지방을 멀리한 것은 그들만

이 아니었다. 영국 정부는 죄수들을 미국 식민지에 보내곤 했지만, 미국이 영국으로부터 독립하자 더 이상 그렇게 할 수 없었다. 그러자 죄수들을 미국 식민지 대신 어디로 보낼지 결정하기 위해 1785년에 뷰챔프 위원회Beauchamp Committee를 설립했다. 잠비아와 아프리카 서남부 지역이 대안으로 거론됐지만 결국 치명적인 풍토병이 죄수들조차 감당하기 어려운 위험을 안겨줄 것이라는 결론을 내렸다. 아프리카 식민지의 경우 생후 1년 안에 사망하는 아이의 비율이 40퍼센트에서 50퍼센트 수준이었다. 이런 사실은 사법 당국의 양심을 흔들어놓은 것은 물론, 식민지에 정착하고자 했던 유럽 열강의 잠재적 이민자들에게도 널리 알려졌다. 그들은 호주, 캐나다, 뉴질랜드, 미국 같은 더 안전한 나라에 정착하고 싶어 했다.

유럽인들은 초기 식민지 이주자들을 무시무시한 열대성 질병이 만연한 지역으로 보내는 것보다 훨씬 더 잔인하면서 합리적인 결정을 내렸다. 초기 식민지 이주자들은 그러한 장소에서 노예 무역을 하고 그곳 토지와 사람들을 착취하거나 최단 기간에 최대한 많은 금과 상아를 수집하기 위한 악랄한 경제 시스템을 만들었다. 플랜테이션 농장이 그것이다. 따라서 대런 에이스모글루와 사이먼 존슨, 제임스 A. 로빈슨은 식민주의의 상이한 제도적인 유산 때문에 국가의 부를 결정하는 건 지리가 아니라 역사라는 주장을 펼친다. 뉴질랜드, 캐나다, 미국, 호주처럼 초기 식민지 이주자들이 만든 나라는 개인의 재산을 존중하고 법을 준수하기 위해 설계한 훌륭한 정치적 제도를 갖추고 독립에 성공했다. 반면 플랜테이션 국가들은 단기적인 소득을 한 푼도 빠짐없이 빨아들여 권력자들에게 보내기 위해 설계된 정치적 시스템으로부터 독립했다. 정치와 경제 시스템은 당장 바꾸기 어렵다. 그 때문에 과거 식민지였던 국가들의 정치적·경제적 시스템은 그들이 독립 당시에 갖고 있던 시스템과 크게 다르지 않았다.

오늘날 열대성 질병이 미치는 직접적인 영향은 모기에 물린 사람들에게는 클지 몰라도 경제에는 크지 않다. 반면 과거의 질병은 심각한 식민지화 노력을 무산시켰다는 점에서 오늘날 가난의 중요한 원인이 된다. 그러나 이처럼 다소 복잡한 역사적 추세를 되짚어가면서 진행하는 분석에 과연 얼마나 많은 신뢰성을 부여할 수 있을까? 식민지화가 근대 경제에 미치는 영향을 검증하는 실험을 구상할 수 있다면 유용할 것이다.

운 좋게도 그러한 실험과 아주 유사한 일이 태평양 제도에서 벌어졌다. 이곳 섬들은 각각 식민 지배를 받으면서, 다양한 식민 열강이 벌인 이주 활동에서 혜택을 누리기도 하고, 고통을 받기도 했다. 각각의 섬은 식민지 역사가 시작된 시기도, 지속된 기간도 달랐다. 이것이 정말로 실험이라면 여러분은 전능한 연구원이 임의로 골라놓은 시간에 서로 다른 섬에 식민지 이주자를 배열해주기를 바랄 텐데, 실제로도 그런 일이 벌어졌다. 어떻게 그런 일이 일어났을까? 바로 바람 때문이다 (이렇게 말해서 미안하다). 선원들은 18세기 후반까지 경도經度에 대해 전혀 몰랐다. 그러나 그들은 정오에 해가 얼마나 높이 뜨는지 측정해 위도를 쉽게 파악했다. 태평양 제도에 정박하고 싶은 선장은 남미 최남단의 케이프혼 주위를 항해하다가 올바른 위도에 도달할 때까지 정북 방향으로 항해했다. 그런 다음에 아무 섬에나 도착할 때까지 태평양을 가로질러 정서 방향으로 나아가곤 했다. 북서로 대각선 방향으로 배를 움직이면 섬을 지나쳐버릴 위험이 있었는데, 선원 한 명이 괴혈병에 걸리고 식수가 바닥난 상황에서 이런 일이 벌어지면 정말로 큰일이었다.

이런 번거로운 과정을 거쳐야 했기 때문에 동쪽에서 믿음직한 미풍이 불어오는 위도에 우연히 자리 잡은 태평양의 섬들은 더 자주 선원들의 눈에 띄어 물을 구하기 위한 경유지로 이용되다가 식민지화되곤 했다. 예를 들어 괌은 태평양을 가로지르는 중요한 동서 항로 위에 있다. 괌은 1521년에 페르디난드 마젤란Ferdinand Magellan이 발견했으며, 400년이 넘는 시간 동안 식민지가 되었다. 다른 섬들도 괌과 마찬가지로 비옥한 토양과 목가적인 해안을 갖추었지만 괌만큼 자주 눈에 띄지는 않았다.

태평양 제도와 그 지역에서 주로 부는 바람 사이의 관계는 임의적이다. 그렇기 때문에 바람의 강도와 방향이 섬의 발견과 조기 식민지화에는 영향을 주었을지 몰라도 그 섬이 식민지로서 얼마나 매력이 있는지와는 아무런 관련이 없었다. 이것은 식민 정권이 성장에 좋은지 나쁜지를 알아볼 수 있는 자연적인 실험을 제공한다.

제임스 페이러James Feyrer와 브루스 새서도트는 이 문제에 대한 연구에 착수했다. 그들은 근대의 부와 식민 역사와 80개의 소규모 섬의 날씨 패턴에 대한 자료를 면밀히 수집한 뒤 16세기와 17세기에 태평양 제도에서 주로 분 바람 때문에 선원들이 쉽게 도달할 수 있었던 섬들이 그렇지 못한 섬에 비해 더 부유하다는 결론에 도달했다. 식민 지배 시기가 1세기 더 길수록 1인당 소득이 40퍼센트 높았고, 신생아 100명당 사망자 수는 2.6명 감소했다.

말할 필요도 없이 식민 통치가 가져온 부는 일반적으로 식민지의 원주민들에게는 혜택을 주지 않았다. 호주는 불과 몇 세기 만에 세계에서 가장 가난한 나라에서 세계에서 가장 부유한 나라 중 하나로 발돋움했다. 그렇지만 이처럼 인상적인 기록은 대부분의 호주 원주민들이 천연두로 사망했다는 사실 때문에 다소 빛을 잃는다. 식민주의가 현재의 부에 미치는 긍정적인 영향은 그것이 축하할 만한 일이기 때문이 아니라 그것이 국가가 부유해질 수 있는 방법을 알려주기 때문에 흥미롭다. 그리고 부유한 국가는 그럴 만한 능력이 있기 때문에 좋은 제도를 갖추었다는 말은 사실이 아니다. 식민 시대를 집중 조명한 창의적인 논문들은 먼저 제도를 만든 다음에 경제성장이 뒤따랐음을 보여준다.

분업의 우수성

과거로 갈수록 당시 경제 제도가 어떤 모습이었는지에 대해 더 많이 추측해야 한다. 고고학자들은 고고학 기록에서 새로운 장비와 기술을 찾아볼 수 있지만 시골과 도시 사이의 가장 분명한 차이 말고는 어떤 물리적인 흔적도 찾을 수 없다. 이번 장의 마지막 몇 페이지는 지금까지 다룬 내용 중에 가장 추측적인 내용이 될 것이다.

첫 번째 추측성 질문은 이것이다. "우리의 조상들은 네안데르탈인을 어떻게 절멸시켰을까?" 네안데르탈인은 마지막 빙하기의 잔인한 추위도 버텨내면서 20만 년 이상 생존했었다. 그들은 몸이 크고 강했으며, 커다란 두뇌도 갖고 있었지만 어떤 이유에서인지 지금으로부터 약 4만 년 전 근대 인류가 유럽에 나타나고 불과 수천 년 만에 사라졌다. 그들이나 근대 인류나 같은 상황에서 경쟁했으므로 한 가지 추측이 가능하다. 즉 호모 사피엔스가 유럽 생활에 더 잘 적응했기 때문에 네안데르탈인은 멸종할 수밖에 없었다는 것이다. 그러나 증명하기 어려운 주장이다. 호모 사피엔스는 아프리카에서 건너왔고, 네안데르탈인은 20만 년 동안 유럽에 적응해왔기 때문이다. 그들은 털이 많았고 거칠었다. 일부 고생물학자들은 네안데르탈인이 언어를 사용했으며, 경쟁자인 호모 사피엔스와 똑같은 지능을 갖고 있었다고 주장한다.

역사에 대한 '합리적인' 관점으로 추측해보건대 네안데르탈인은 '분업'을 하지 않았던 것 같다. 분업의 가치에 대해서는 앞에서 설명한 바 있다. 분업은 현대 사회에 널리 퍼져 있다. 앞에서 설명했듯이 내가 늘 마시는 카푸치노는 많은 손을 거쳐 만들어진다. 전기와 강철 주조법과 종이컵을 개발한 사람들은 물론이거니와 전기 생산에 필요한 석탄을 채굴한 광부들, 원두를 재배한 농부들, 그리고 젖소를 키운 낙농업자들이 없다면 카푸치노는 꿈도 꿀 수 없다. 많은 사람들이 일대일로 거래할 수 있는 시장이 있기 때문에 카푸치노는 최저가로 생산된다. 원시사회에서조차 사람들은 자신이 상대적으로 잘하는 일에 더 많은 시간을 쓰고, 반대로 자신이 잘 못하는 일에는 적은 시간을 쓸 수 있었다.

분업은 한 가족이 다른 가족과 물물교환을 하거나 한 공동체가 멀리 떨어져 있는 다른 공동체와 거래하는 걸 의미할지도 모른다. 4만 년 전에도 인류는 다른 지역에서 온 석기 연장들을 사용했고, 멀리 바닷가에서 들여온 조개껍질 장신구를 걸쳤다. 초기 인류는 다양한 목적에 맞는 다양한 공간이 갖춰진 집에서 살았다. 이것은 전문화된 기술이 존재했다는 신호일 수도 있다. 이런 전문화된 기술은 인류에게 큰 도움이 되었을 것이다. 머리가 좋은 사람은 집에서 낚싯바늘을 만들고, 힘이 좋은 사람은 밖에 나가 매머드를 사냥한다.

애덤 스미스는 '물건을 사고팔고 교환하려는 성향'은 인간의 본성이라 지적했다. 실제로 이런 성향은 인간을 다른 동물들과 구분해준다. 스미스는 "개가 다른 개와 뼈를 주고받는 등 공정하고 의도적인 거래를 하는 모습은 볼 수 없다"라고 말했다.

이런 면에서 네안데르탈인은 비록 지능은 갖추고 있었을지 몰라도 인간보다는 개에 가까웠던 것 같다. 고고학적 기록을 뒤져보면 그들이 거래를 한 흔적은 없다. 그러한 사실은 그들에게 아주 불리하게 작용했을 것이다. 컴퓨터 시뮬레이션 결과 '물건을 사고팔고 교환하려는 성향' 덕분에 호모 사피엔스는 불과 몇천 년 만에 네안데르탈인을 몰아낼 수 있었다. 아무리 네안데르탈인이 현생 인류보다 더 빠르고, 더 강하고, 더 똑똑했을지라도.

그러나 분업은 더 단순한 형태로 이루어졌을지 모른다. 가장 중요한 거래는 해변 마을과 광산 마을 사이의 거래가 아니라 남자와 여자 사이의 거래였다(3장). 단순한 수렵-채집hunter-gatherer 사회는 성별로 할 일을 나눈다. 남성은 큰 사냥감을 사냥하고 다른 일은 거의 하지 않는 반면 여성은 딸기와 땅콩을 채집하고, 옷을 만들고, 아이들을 돌본다. 초기 인류 역시 비슷한 방식으로 사냥꾼과 채집꾼의 역할을 분담했을 것이다. 그러나 네안데르탈인은 그러지 않았다. 남자와 여자와 아이가 모두 순록과 마스토돈(코끼리와 비슷한 동물-옮긴이)을 사냥했다.

과거에 대한 이야기는 여기서 접자. 그렇다면 미래는 어떻게 될까?

맬서스의 잘못된 선택

경제학자는 종종 미래에 대한 잘못된 전망을 내놓는다. 하지만 토머스 맬서스Thomas Malthus만큼 잘못된 전망으로 유명해진 사람도 없을 것이다. 케임브리지 대학교 지저스 칼리지에서 수학하고 호주 앨버리 인근의 오크우드 교회에서 목사를 지낸 토머스 맬서스는 1798년 그의 가장 유명한 저서『인구론』을 집필했다. 맬서스는 다음과 같은 두 가지 '가설'을 제시했다. "첫째, 식량은 인간에게 필수적이다. 둘째, 남녀 사이의 정욕은 지금과 같은 수준을 유지할 것이다." 다시 말해 사람은 언제나 먹어야 하며, 아이를 갖는 걸 포기하는 일도 없을 것이란 가설이었다.

그다음 맬서스는 이렇게 말했다. "인구는 억제되지 않을 경우 기하급수적으로 증가한다. 반면 식량은 산술급수적으로 늘어날 뿐이다." 다시 말해 식량을 재배하는 데는 한계가 있기 때문에 인구는 억제될 수밖에 없다는 것이었다. 바보가 아니었던 그는 인간의 기술은 항상 진보했기 때문에 인구도 함께 늘어나리라는 사실을 알고 있었다. 그러나 그는 기술은 10, 20, 30, 40, 50, 60, 70처럼 '산술적인 비율로' 진보하는 반면 인구는 2, 4, 8, 16, 32, 64, 128처럼 기하급수적으로 늘어날 것으로 생각했다.

맬서스의 분석은 묵시적 의미를 갖기보다는 단조로운 결론을 내포한다. 그는 인구가 기하급수적으로 성장할 것이라 생각했지만, 실제로는 인간의 생식력이 점진적인 기술 발전과 지속적으로 충돌하면서 인구는 산술적으로 성장했다. 9장 앞부분에서 확인했던 것처럼 맬서스의 분석은 1898년까지는 맞아떨어졌다. 그러나 그의 저서가 출간된 바로 그 순간부터 그의 주장과 모순된 증거가 쌓이기 시작했다.

맬서스는 피임약 덕분에 '남녀 사이의 정욕'이 인구 증가로 직결되지는 않으리라는 사실을 예상하지 못했다. 그러나 피임약을 예상하지 못한 게 맬서스의 잘못은 아니다. 그의 잘못은 기술이 산술급수적으로 발전한다는 가정이었다.

1993년 하버드 대학교의 마이클 크레머Michael Kremer는 맬서스의 분석이 어떻게 틀렸는지를 우아한 문장으로 설명했다. 크레머는 기원전 100만 년부터 1990년까지의 경제성장 모델을 제시했다. 즉 그는 단 하나의 방정식으로 100만 년간의 인류 역사를 제시한 것이다.

크레머의 모델에 따르면 어떤 원시인이 불이나 바퀴 등을 발명하면 새로운 발명품은 모든 원시인에게 확산된다. 물론 그런 발명품이 확산되는 데는 시간이 걸리겠지만 인류 역사가 100만 년이나 되는데 무슨 상관이 있겠는가? 크레머가 찾아낸 통찰은 어떤 아이디어든 누군가에 의해 활용될 수 있다는 것이다. 여러분이 원시인의 도끼를 빼앗는다 해도 원시인은 도끼 만드는 법을 잊어버리지 않을 것이다. 발명은 인구가 많을 때 훨씬 더 유용하다. 기원전 30만 년에는 100만 명의 원시인들이 하나의 아이디어를 공유했을 뿐이다. 그러나 오늘날 바퀴는 무려 60억 명의 삶을 더 편리하게 해주고 있다.

이 논리가 옳다면 이제 크레머의 방정식을 알아볼 차례

다. 그것은 바로 기술의 진보율과 세계 인구의 성장률이 비례한다는 것이다. 해마다 10억 명당 한 개의 비율로 정말 똑똑한 아이디어가 나온다면 기원전 30만 년 100만 명의 강인한 호모 에렉투스가 살던 시절에는 똑똑한 아이디어가 1000년에 하나꼴로 나왔을 것이다. 산업혁명의 여명이 밝아오던 1800년에 세계 인구가 10억 명이었다면 매년 한 개의 놀랄 만한 아이디어가 튀어나왔을 것이다. 1930년에는 세계를 바꿀 수 있는 아이디어가 6개월에 하나씩 나왔을 것이다. 현재 세계 인구는 60억 명이므로 계산대로라면 두 달에 하나씩 경이로운 아이디어가 나와야 한다. 그러한 아이디어는 복식부기에서부터 이모작에 이르기까지 그 무엇이든 될 수 있다.

어처구니없을 정도로 단순한 모델이지만 놀랄 만큼 정확하다. 크레머는 인구 성장을 기술 진보의 척도로 간주해줄 것을 제안한다. 인구가 더 빨리 성장할수록 기술도 빨리 진보하리라는 것이다. 맬서스의 가정은 적어도 1960년에 피임약이 발명되기 전까지는 정말 잘 들어맞았다. 1960년 세계 인구는 1920년에 비해 두 배 정도 증가했고, 인구 증가율도 두 배 정도 빨라졌다. 1920년 세계 인구는 1800년에 비해 두 배 정도 증가했고, 인구 증가율도 두 배 정도 빨라졌다. 또 1800년 세계 인구는 1500년에 비해 두 배 정도 증가했고, 인구 증가율도 두 배 정도 빨라졌다. 이런 계산은 석기시대까지 이어진다. 우리는 기원전 100만 년에 세계 인구가 얼마나 됐는지 정확히 알지 못한다. 그러나 고고학자들과 고생물학자들은 크레머의 모델이 등장하기 오래전부터 독립적인 자료를 토대로 추정치를 만들어왔다. 그 추정치는 크레머의 모델과 놀라울 정도로 일치한다.

마지막 빙하기를 살펴보면 인구가 많을수록 혁신에 유리하다는 증거를 좀 더 찾아볼 수 있다. 지금으로부터 약 1만 1000년 전 빙하가 서서히 녹으면서 해수면이 상승했다. 그 결과 태즈메이니아(호주 남동의 섬)와 호주를 이어주던 지협이 물속에 가라앉아버렸다. 이제 태즈메이니아와 플린더스섬은 고립된 장소가 되어버렸다.

길이가 80킬로미터에 불과한 플린더스섬은 생물이 생존하기에는 부적합한 장소였다. 그곳에 거주하던 수십 명의 섬 주민들은 수천 년 만에 모두 사라지고 말았다(기원전 5000년경). 인구가 많을수록 기발한 아이디어가 나올 가능성도 높다는 크레머의 주장에 따르면 인구가 적을 경우 집단적인 기억 상실에 걸릴 위험이 높다. 그리하여 플린더스섬 주민들은 조상이 전해준 기술을 서서히 잊어버렸고, 인구도 워낙 적다 보니 새로운 아이디어를 내놓는 사람들도 없었던 것 같다.

한편 배스 해협 건너편의 태즈메이니아섬에서는 수천 명의 사람들이 생존을 위해 투쟁하고 있었다. 고고학자들에 따르면 태즈메이니아 사람들은 기술적인 퇴보를 거듭하며 배를 만드는 법이나 물고기 잡는 법을 잊어버리고 있었다. 그런데 그들의 생존 조건은 꽤 좋았던 것 같다. 인구는 수천 명에 불과한 반면 섬의 크기는 아일랜드나 웨스트버지니아주와 맞먹었다. 기후는 미국 북동부 지역과 비슷하며, 땅은 비옥했다. 자연조건만 따지면 그들은 당연히 번영했어야 한다. 그러나 실제로는 그렇지 못했다.

크레머의 설명만이 그 이유를 명쾌히 밝혀준다. 아이디어를 낸다는 건 수천 명의 인구에게는 벅찬 일이었다. 그들은 태즈메이니아 전역으로까지 인구를 확장하지 못한 반면 1500년경 구세계(유럽, 아시아, 아프리카)의 인구밀도는 태즈메이니아보다 100배나 높았다.

호주 본토의 인구(당시 20만 명에 달했다)는 계속 늘어났지만 그 속도는 매우 느렸다. 그들이 인구가 무려 5억 명에 달하는 구세계에 맞서 획기적인 기술을 개발한다는 것은 불가능한 일이었다(그들이 부메랑 외에 뭔가를 발명했다는 증거는 없다). 이 때문에 유럽인들이 호주를 식민지로 편입하려 할 때 호주 토착민들은 아무런 저항도 할 수 없었다. 그만큼 유럽과 호주의 기술 격차는 컸다.

한편 콜럼버스가 등장하기 전까지 약 1400만 명의 원주민이 거주하던 아메리카 대륙의 상황은 훨씬 좋았다. 아메리카 대륙의 인구밀도는 호주의 열 배였다. 고도로 발달한 아메리카 대륙의 몇몇 문명권은 찬란한 도시들을 건설하기도 했다. 그러나 1400만 명의 머리는 4억 명의 머리를 능가하지 못했고, 유럽의 기술적 우위는 압도적이었다.

불쌍한 맬서스! 그의 이론은 100만 년간 잘 들어맞다가 하필이면 『인구론』이 발간된 이후부터 어긋나기 시작한다. 인간은 항상 기술 발전에 의해 제약을 받는다. 1798년 이전에는 기술 발전 속도가 너무나 느려 산술적인 발전과 기하급수적 발전을 구분하기 힘들었다. 기하급수적 발전은 일정 단계에 도달해야 가속이 붙는다.

1년에 1달러의 이자가 붙는(산술적) 예금계좌에 넣어둔 100달러와 1년에 1퍼센트의 이자가 붙는(기하급수적) 예금계좌에 넣어둔 100달러의 차이를 생각해보자. 처음 몇 년 동안은 두 계좌의 차이가 두드러지지 않을 것이다. 그러나 1000년이 지나면 기하급수적 계좌에는 산술적 계좌에 비해 2000배나 많은 돈이 들어 있을 것이고 그 액수가 불어나는 속도도 산술적 계좌보다 2000배는 빠를 것이다. 처음에는 감지하기 어려울 정도로 미미했던 차이가 결국에는 가늠할 수 없을 정도로 커진다. 맬서스가 『인구론』을 집필할 당시 세계 인구는 10억 명에 근접해 있었다.

마침내 기술은 산술적인 비율로 성장하는 게 아님을 증명해 보일 순간이 되었던 것이다. 맬서스의 주장이 언젠가 사실로 드러날지는 더 두고 봐야 한다. 또한 지구온난화나 물고기 남획이나 토양의 황폐화나 석유의 고갈로 인간의 기술이 무용지물로 변하면서 삶의 수준이 최저로 주저앉을 수도 있다. 다행히 아직까지는 그런 조짐이 별로 보이지 않지만 말이다. 예를 들어 20세기 내내 상품 수요는 폭발적으로 증가했지만 기술 발전 덕분에 대부분의 상품 가격이 떨어졌다.

지금까지는 테드 박스터Ted Baxter의 전략이 옳은 것 같다. 〈메리 타일러 무어 쇼The Mary Tyler Moore Show〉에 나오는 거만한 뉴스 해설자인 박스터는 아이들 중 한 명이 인구 문제를 해결해줄 것이라는 기대를 품고 여섯 명의 아이를 낳기로 한다.

그렇다면 우리는 어떻게 해야 할까? 여러분이 이 책을 읽고 인간은 상당히 똑똑하다는 확신을 품게 되었기를 바란다. 우리의 합리적인 행동은 종종 사회적인 부작용을 낳기도 한다. 6장의 인종차별, 1장과 5장의 범죄, 그리고 지금 우리가 당면한 환경 문제가 그렇다. 그러나 우리의 합리적인 행동은 경이로운 결과를 낳을 수도 있다. 논리적인 삶을 사는 사람이 늘어갈수록 인류의 생존 가능성도 더욱 높아질 것이다.

옮긴이 이진원

경제경영 및 자기계발 분야 전문번역가. 『투자의 배신』, 『머니』, 『결단』, 『필립 코틀러의 마켓 5.0』, 『구글노믹스』, 『혁신 기업의 딜레마』 등 지금까지 100권이 넘는 책을 번역했다. 《코리아 헤럴드》와 로이터통신 등에서 기자 생활을 했으며, 자본시장 전문 매체인 더벨의 제휴사 캐피탈커넥트에서 해외 투자자들에게 국내 자본시장 정보를 알리는 일을 총괄했다. 이후 《MIT 테크놀로지 리뷰》와 CNBCKOREA 수석 편집자를 거쳐 현재는 외신·출판 번역 및 외신 모니터링 전문업체인 에디터JW(editorjw.kr)를 운영하고 있다. 홍익대 영어영문학과를 졸업하고 서울대 대학원에서 영어영문학 석사 학위를 취득했다.

경제학 콘서트 ❷

초판　1쇄 발행 2008년 4월 16일
초판 53쇄 발행 2020년 5월　2일
개정판 1쇄 발행 2023년 9월　8일

지은이 팀 하포드 **옮긴이** 이진원
발행인 이재진 **단행본사업본부장** 신동해
편집장 김예원 **책임편집** 김다미
디자인 최희종 **일러스트** 추덕영 **교정** 윤정숙
마케팅 최혜진 백미숙 **홍보** 송임선
국제업무 김은정 김지민 **제작** 정석훈

브랜드 웅진지식하우스
주소 경기도 파주시 회동길 20
문의전화 031-956-7363(편집) 031-956-7129(마케팅)
홈페이지 www.wjbooks.co.kr
인스타그램 www.instagram.com/woongjin_readers
페이스북 https://www.facebook.com/woongjinreaders
블로그 blog.naver.com/wj_booking

발행처 ㈜웅진씽크빅
출판신고 1980년 3월 29일 제 406-2007-000046호

한국어판 출판권 ⓒ ㈜웅진씽크빅, 2008, 2023
ISBN 978-89-01-27514-7 03320